高等院校"十三五"经济类核心课程规划教材

西方经济学简明教程

（第二版）

FUNDAMENTAL PRINCIPLES OF ECONOMICS

康静萍 李国民 饶晓辉 封福育 编著

经济管理出版社

ECONOMY & MANAGEMENT PUBLISHING HOUSE

图书在版编目（CIP）数据

西方经济学简明教程（第二版）/康静萍等编著 . —北京：经济管理出版社，2015.3
ISBN 978 - 7 - 5096 - 3671 - 8

Ⅰ. ①西⋯　Ⅱ. ①康⋯　Ⅲ. ①西方经济学—高等职业教育—教材　Ⅳ. ①F091.3

中国版本图书馆 CIP 数据核字（2015）第 055524 号

组稿编辑：王光艳
责任编辑：许　兵　吴　蕾
责任印制：司东翔
责任校对：超　凡

出版发行：经济管理出版社
　　　　　（北京市海淀区北蜂窝 8 号中雅大厦 A 座 11 层　100038）
网　　　址：www. E - mp. com. cn
电　　　话：（010）51915602
印　　　刷：北京晨旭印刷厂
经　　　销：新华书店
开　　　本：720mm × 1000mm/16
印　　　张：17
字　　　数：343 千字
版　　　次：2016 年 1 月第 2 版　　2016 年 1 月第 1 次印刷
书　　　号：ISBN 978 - 7 - 5096 - 3671 - 8
定　　　价：48.00 元

前　言

　　西方经济学是经济学科的基础理论，是理论经济学和应用经济学各专业的学科基础课。西方经济学指的是西方发达国家的经济理论和经济政策思想，因此，它所覆盖的内容是十分广泛的。但人们一般所说的西方经济学，通常是指微观经济学和宏观经济学的基本原理。西方经济学是在我国形成的一个特殊称谓，它在国外的通行叫法就是"经济学"。

　　西方经济学从它的产生一直到现在，经历了重商主义、古典经济学、新古典经济学、凯恩斯主义学派、新自由主义学派以及其他学派（如瑞典学派、新制度学派、熊彼特创新学派等）的发展。其中凯恩斯主义学派是在 20 世纪 30 年代世界经济大萧条的历史背景下产生的，标志着现代西方经济学的开始。凯恩斯主义学派又分为凯恩斯经济学、新古典综合派和新剑桥学派三个派别，现代西方经济学就是在新古典综合派的基础上发展起来的。我们在本书中所介绍的西方经济学理论就是新古典综合理论。

　　根据多年来西方经济学的教学实践，我们把自己的教学体会融进编写本书过程中，力求有所创新，同时也解决一些在教学过程中遇到的问题。与以往大多数高校《西方经济学》教科书相比，本书有以下两个显著特点：

　　第一，全书结构紧凑、突出重点、简明扼要。本书是针对高等财经院校财经类专科生的教学要求编写的，突出简明扼要的特点，但又力求让学生对西方经济学的基本理论都有所了解。财经类专科生的学制只有三年，课时量有限；同时，各专业在一年级时已经修学了"微积分"，有一定的高等数学基础。所以，在内容选取上，我们不要求涵盖大多数西方经济学教科书所介绍的所有内容，但又力争把微观经济学和宏观经济学的主要理论介绍给学生，我们除导论外，微观、宏观各选取了六章。微观部分主要对均衡价格理论、消费者行为理论、生产与成本理论、厂商结构理论以及微观经济政策等的基本原理作了较简明的介绍。宏观部分主要对国民收入核算理论、国民收入决定理论（三大模型）以及宏观经济政策及其应用作了介绍。全书内容的选取既考虑了财经类专科生的专业基础和学时

(本书适合课堂授课时数 48~64 课时)，又涵盖了西方经济学的基本内容，为培养财经类专科生的经济学素养奠定了基础。

第二，在阐述经济学的相关理论后，引入了一些经济生活中的案例来帮助学生加深对理论的理解。在国内外大多数教材中，作者并没有把案例插入原理阐述过程中，有些教材的作者另外编写一本案例供学生参考，如美国的斯蒂格利茨著有《〈经济学〉小品和案例》。而我们在编写本书时，把一些案例插入其中，以方便学生参考阅读。

在每章的最后，我们编写了复习思考题供学生练习。国内大多数西方经济学教材的作者一般都在每章后编写一些练习题，因为只有让学生多练习才能巩固课堂上所学的原理。在多年教学过程中，我们发现学生通过练习一定量的选择题，对扎实地掌握西方经济学的理论有较大的帮助。而国内大多数教材中复习思考题只有问答题和计算题，为此，我们选取了三种题型：单项选择题、问答题和计算题，所有习题答案请登陆经济管理出版社网站 www.E-mp.com.cn 查询。

本书的编写充分吸收了近几年其他高校同行编著的《西方经济学》教科书的有益成果（主要参考书目列于书后），由本书编著者之一康静萍教授提出编写大纲，经江西财经大学经济学院西方经济学教研组共同讨论后分工撰写，最后由康静萍统稿完成。各章执笔编著人分别是：康静萍撰写第一、第二、第三、第四章；李国民撰写第五、第六、第七章；饶晓辉撰写第八、第九、第十章；封福育撰写第十一、第十二、第十三章。

本书的编著出版得到了江西财经大学经济学院陆长平、胡文烽等领导及经济学系和国际经济学系老师们的大力支持，也得到了经济管理出版社王光艳老师的全力支持，我谨代表本书作者，向给我们提供学术参考的同行和给予我们支持的领导、老师们表示衷心的感谢。

限于编写人员的知识水平和教学经验，本书的缺点和疏漏之处在所难免，欢迎同行提出宝贵意见，也希望使用本书的读者向编写人员提出意见。

康静萍

2015 年 10 月

目　　录

第 一 章

导　论

　　西方经济学是指西方发达国家的经济理论和经济政策思想，因此，它所覆盖的内容是十分广泛的。西方经济学是在我国形成的一个特殊称谓，它在国外的通行叫法就是"经济学"。为了使初学者对现代西方经济学有一个总体印象，明确这一理论体系的框架结构，本章将主要介绍西方经济学的研究对象、研究方法、分类和发展。

第一节　西方经济学的由来与演变

　　西方经济学从它的产生一直到现在，经历了四个阶段：重商主义、古典经济学、庸俗经济学和庸俗经济学后。

一、重商主义

　　大约 15 世纪到 16 世纪中叶为早期重商主义，16 世纪中叶到 17 世纪下半叶为晚期重商主义。重商主义虽然没有提出一整套完整的理论体系，但从它们的一系列政策主张中可以提炼出如下基本观点：

　　第一，认为只有金银货币才是真正的财富，金银多寡才是一国是否富强的标准，一切经济活动和经济政策的实行，都是为了获得金银货币。

　　第二，认为顺差的对外贸易是财富的来源。

　　第三，要发展顺差贸易，国家就应积极干预经济生活，利用立法和行政手段，奖励出口，限制进口。

二、古典经济学

　　18 世纪中叶出现的法国重农主义学说是最早的资产阶级古典政治经济学。

英国的资产阶级古典政治经济学，是由威廉·配第（1623～1687年）开始的，马克思称他是一个"最有天才的和最有创见的经济研究家"。

英国的亚当·斯密（1723～1790年）是古典经济学的集大成者，他的代表作就是著名的《国民财富的性质和原因的研究》（1776年）。

英国的大卫·李嘉图（1772～1823年）是古典经济学的最终完成者，他的主要代表作是《政治经济学及赋税原理》（1817年）。

古典政治经济学的成就主要表现在：古典政治经济学克服了重商主义的缺陷，研究了资本主义生产的内在联系，提出了劳动创造价值等重要观点，并接触到剩余价值这一资本主义生产的实质。古典政治经济学的完成者大卫·李嘉图，进一步发展劳动价值论，把工资和利润，特别是利润和地租的对立当作研究的出发点，开始触及资本主义内部阶级利益对立的本质，达到了资产阶级政治经济学不可逾越的高度。

三、庸俗经济学

1830年以后，西方经济学从古典学派阶段走上了庸俗的道路，庸俗经济学结束于19世纪70年代。其代表人物主要有法国的萨伊，英国的马尔萨斯、詹姆斯·穆勒、西尼尔，德国的李斯特，庸俗经济学的集大成者是英国的约翰·穆勒。

庸俗经济学主要是否定古典经济学的劳动价值论，提出了效用论、供求论、生产费用论以及劳动和资本共同创造价值等理论。

四、庸俗经济学后

19世纪70年代，庸俗经济学结束，西方经济学界开始经历了几次重大的变动。

1. 边际效用学派的兴起

英国的杰文斯、奥地利的门格尔、瑞士的瓦尔拉斯顺次建立了英国学派、奥地利学派和格桑学派。这三个学派的共同点是，放弃了劳动价值论而提出了边际效用价值论。

2. 马歇尔的新古典学派

1890年，英国剑桥大学教授马歇尔把三个派别的边际效用论和当时一些其他的学说综合在一起，构成了一个折中的理论体系，被称为新古典经济学。由于马歇尔长期在剑桥任教，他的许多学生也成为著名的经济学家，因而马歇尔及其学生又被称为剑桥学派。马歇尔的代表作是《经济学原理》（1890年）。

该学派把完全竞争和充分就业假设为既存条件，进而从供需的角度分析市场价格，以便解决资源在生产上的配置、资源的报酬等问题。

3. 凯恩斯主义对经济学的挑战

1929～1933 年，西方世界爆发了经济危机，传统的经济学已经不能完全适应西方社会的需要，在这种背景下产生了凯恩斯主义经济学。

英国著名经济学家约翰·梅纳德·凯恩斯（1883～1946 年）于 1936 年出版了《就业、利息和货币通论》。在这本书里，他宣称：资本主义的自发作用不能保证资源的使用达到充分就业的水平，因此，国家必须干预经济生活以便解决失业和经济周期性波动问题。

4. 新古典综合派的产生

第二次世界大战后，凯恩斯主义的流行使整个西方经济学的体系出现了显著的漏洞，鉴于此，以萨缪尔森为首的一些西方经济学者逐渐建立了新古典综合派理论体系。

新古典综合学派是现代凯恩斯主义的一个重要流派，也是现代西方经济学在世界上流传最广、影响最大的一个经济学派。它在西方经济学中占据统治地位，直到 20 世纪 60～70 年代随着资本主义滞胀局面的出现才开始动摇。新古典综合学派的代表人物有保罗·萨缪尔森、詹姆斯·托宾、罗伯特·索洛、阿瑟·奥肯、阿尔文·汉森，等等。

现代西方经济学就是在新古典综合派的基础上发展起来的。我们现在所讲授的西方经济学理论就是新古典综合理论。

第二节 西方经济学的研究对象

要了解经济学是研究什么的，就必须知道：人类社会面临着什么样的基本经济问题？这些问题是如何产生的？人类解决这些经济问题有哪些可供选择的方式？

一、资源的稀缺性和三大基本经济问题

物质资料的生产和消费，是人类社会赖以生存和发展的物质基础。而物质资料的生产需要投入一定量的生产要素（又称经济资源），如土地、劳动力、资本、企业家才能等。地租、工资、利息和利润分别是土地、劳动力、资本和企业家才能的价格。经济资源是有限的，而人类的欲望则是无限的；相对于人类无限

的欲望来说，经济资源具有稀缺性的特征。稀缺的经济资源与人类无限的欲望之间便产生了矛盾，这一矛盾的存在让人类必须做出选择，从而引发了三大基本经济问题：

1. 生产什么

资源的稀缺性决定了人们不可能生产所有想要生产的产品（或服务），必须做出选择，生产什么？不生产什么？还有如果生产，又生产多少？

2. 如何生产

当选择好了生产什么后，接着又产生了第二个问题，即采用什么生产技术和生产方式进行生产？产品的生产一般可以采用多种生产技术和生产方式进行，而每一种生产技术和生产方式对资源的需求是不同的。这就需要人类做出选择，即选择一个最优的生产技术或生产方式进行生产。

3. 为谁生产

生产出来的产品如何在社会成员之间进行分配？产品的分配问题是一个很复杂的问题，其解决得好坏关系到生产的持续、社会的稳定和社会总福利水平。

二、选择引致机会成本

以上三大基本经济问题的解决过程也就是人类进行选择的过程，而每一次选择都要付出一定的代价，由于选择所导致的代价被称为机会成本（Opportunity Cost）。

所谓机会成本，是指如果一种生产要素被用于某一特定用途，它便放弃了在其他用途上可能获取的收益，这笔收益就是生产要素这一特定用途的机会成本。

例如，某人在一块土地上投入一定量的劳动和资本可生产谷物 1000 公斤，价值 1000 元人民币；用同量的投入可生产棉花 200 公斤，价值 800 元人民币。那么，他若决定生产 1000 公斤谷物，其机会成本就是 200 公斤棉花，即 800 元人民币；若决定生产 200 公斤棉花，其机会成本就是 1000 公斤谷物，即 1000 元人民币。

机会成本的存在需要两个前提条件：生产要素是稀缺的；生产要素具有多种用途。

三、生产可能性曲线

经济资源的稀缺性产生基本经济问题，人们为解决这些经济问题必须进行选择，选择又会产生机会成本。我们可以用几何的方法来表示这种情况，这就是生产可能性曲线（Production Possibility Curve）。

所谓生产可能性曲线，是指社会在既定的经济资源和生产技术条件下所能达到的两种产品最大产量的组合（见图 1 - 1）。

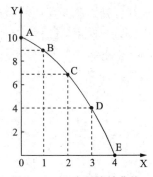

图 1 - 1 生产可能性曲线

举例：

假定条件：①在一定时点上，可供使用的各种生产要素是固定不变的；②充分就业；③生产技术固定不变；④假定某一经济仅生产两种产品，分别用 X 和 Y 代表。

我们可以列出下面几种可能性的产品组合（见表 1 - 1）：

表 1 - 1 两种产品的生产可能性组合

产品类型	可供选择的产量组合				
	A	B	C	D	E
X 产品	0	1	2	3	4
Y 产品	10	9	7	4	0

生产可能性曲线有以下经济含义：

（1）任何经济都不可能无限量地生产，揭示了稀缺法则。

（2）任何一个经济都必须做出选择，选择了线上的某一点就意味着决定了资源的配置。

（3）选择就会有机会成本，在生产可能性曲线上任意一点的斜率就代表着 X 的机会成本。

（4）具有凹性的生产可能性曲线反映了"机会成本递增法则"。

（5）生产可能性曲线可以说明资源配置效率：曲线上任意一点都隐含着资源配置是有技术效率的，曲线内的点隐含着两种可能性：资源出现闲置；没有达到现有的技术水平。

当社会生产处在生产可能性曲线上时，表示社会经济处于有效率的充分就业状态。但在这种状态下，社会在选择两种产品的组合时，必须确定最佳的比例，到底是选择曲线上的哪一点，这便是资源配置问题。生产可能性曲线是供社会选择的清单。

四、经济学的研究对象

总之，需要的无限性和多样性与资源的稀缺性和用途的多样性，要求我们必须在各种资源配置之间做出选择。确切地说，经济学就是要研究人们如何做出选择，以便使用稀缺的或有限的资源来生产各种产品和服务。经济学是研究个人和团体从事生产、交换以及对产品和劳务消费的一种社会科学，它研究怎样最佳使用稀缺资源以满足人们无限的需求。

第三节　西方经济学的分类——微观经济学和宏观经济学

经济学分为两个主要分支：微观经济学（Microeconomics）和宏观经济学（Macroeconomics）。其他的分类大多与此属交叉关系，如管理经济学、信息经济学和制度经济学的大部分内容属于微观经济学的范畴，发展经济学和金融学的部分内容则属于宏观经济学的范畴。

一、微观经济学

微观经济学的研究对象是经济社会中单个经济单位的经济行为以及相应的经济变量的数值如何决定，这里的单个经济单位包括消费者、生产者（企业）和生产要素所有者等。微观经济学阐明这些单个经济单位如何进行经济决策，以及为什么做出这样的决策。例如，消费者如何做出购买商品的决策，他们的选择是如何受商品价格变动和收入变动影响的；企业是如何做出生产的决策，雇用多少工人生产多少产品；生产要素所有者是如何决定生产要素的供给行为的；等等。

微观经济学的内容实际上包括两大部分：一是考察消费者对各种产品的需求与生产者对产品的供给怎样决定着每一种产品的产销数量和价格；二是考察生产要素所有者如何提供生产要素以及生产要素的需求者怎样决定生产要素的使用量和生产要素的价格（工资、利息与地租）。而对于这两方面问题的理论分析，实际上涉及一个社会既定的生产资源被用来生产哪些产品、每种产品的产量以及采用什么样的生产方法，生产出来的产品怎样在社会成员之间进行分配。所以，微观经济学的内容，是考察既定的经济资源总量如何被分配使用于各种不同用途的问题，即经济资源的配置问题。

同时，微观经济学还研究另一个问题：单个经济单位如何相互作用以构成更大的单位——市场和产业。通过研究单个厂商和消费者的行为及其相互作用，微观经济学将揭示行业和市场是如何运行和演进的，为什么它们各不相同，它们是如何受政府政策以及全球经济环境影响的。

鉴于市场经济的资源配置归根到底涉及价格问题，因而微观经济学的核心理论是价格理论，这里所指的价格包括产品的价格和生产要素的价格。

微观经济学的主要内容有均衡价格理论、消费者行为理论、生产理论、成本理论、厂商均衡理论、收入分配理论、福利经济学和一般均衡分析、微观经济政策，等等。

二、宏观经济学

宏观经济学的研究对象是整个国民经济的总体活动，研究经济中各有关经济总量的决定及其变化。经济总量有国民收入、就业量、消费、储蓄、投资、物价水平、利息率、汇率及这些变量的变动率等。总体经济问题包括经济波动、经济增长、就业、通货膨胀、国家财政、进出口贸易和国际收支等。

宏观经济学通过对这些总体经济问题及其经济总量的研究，来分析国民经济中的几个根本问题：一是已经配置到各个生产部门和企业的经济资源总量的使用情况如何决定着一国的总产量或总就业量；二是商品市场和货币市场的总供给和总需求如何决定着一国的国民收入水平和一般的物价水平；三是国民收入水平和一般物价水平的变动与经济周期及其经济增长的关系。其中，国民收入的决定是一条主线，所以，宏观经济学又称为国民收入决定理论。它研究的实际上是一国经济资源的利用现状怎样影响着国民经济总体，用什么手段来改善经济资源的利用，实现潜在的国民收入和经济的稳定增长。也就是说，宏观经济学研究的是经济资源的利用问题。

宏观经济学的主要内容有国民收入核算理论、国民收入决定理论、就业和失业理论、通货膨胀理论、经济周期理论、经济增长理论、宏观经济政策，等等。

三、微观经济学与宏观经济学的关系

微观经济学和宏观经济学是西方经济学中互为前提、彼此补充的两个分支学科。经济学的目的是要实现社会经济福利的最大化，为了达到这一目的，既要实现资源的最优配置，又要实现资源的充分利用。微观经济学在假定资源已实现充分利用的前提下分析如何达到资源的最优配置问题；宏观经济学在假定资源已实现最优配置的前提下分析如何达到资源的充分利用的问题。它们从不同的角度分析社会经济问题。从这一意义上说，微观经济学与宏观经济学不是相互排斥的，而是相互补充的。它们共同组成经济学的基本原理。

微观经济学是宏观经济学的基础。整个经济是单个经济单位的总和，总量分析建立在个量分析的基础之上。也正因为如此，宏观经济学的许多理论是建立在微观经济学理论的基础上的。例如，对整个社会消费的分析是以分析单个消费者

的消费行为的理论为基础的，对整个社会的投资的分析也是以单个企业的投资行为分析为基础的。

但是，西方经济学之所以有微观、宏观之分，主要是因为经济目标与分析方法有着明显差异。微观经济学以经济资源的最佳配置为目标，采取个量分析方法，而假定资源利用问题已解决；宏观经济学以经济资源的有效利用为目标，采取总量分析方法，而假定资源配置问题已解决。正是由于分析问题的角度不同，因而有些问题从微观经济学的角度看可行或有效，但从宏观经济学的角度看却不行或无效；反过来也如此。例如，从微观经济学角度来看，企业实行低工资，成本降低了，市场竞争力增强了，是好事。但从宏观经济学角度来看，若所有企业都降低工资，则原来实行低工资的企业就失去了竞争力，而且工人整体收入也降低了，不但影响了政府的税收，还影响了全社会的消费、储蓄和投资，影响了社会总需求。

总之，微观经济学和宏观经济学之间的关系可以比喻为树木和森林的关系，所有的经济总量都是由经济个量加总而成，孤立地考察就会只见树木不见森林。对同一个经济现象，从一个角度看是宏观经济问题，从另一个角度看又是微观经济问题，全面考察才不至于偏颇。所以，近年来，当代西方经济学出现了微观经济学宏观化、宏观经济学微观化的趋势。

应该指出的是，微观经济学和宏观经济学是西方经济学的基本原理，其他的经济学分支，如管理经济学、国际经济学、发展经济学、财政学、货币银行学、区域经济学、人口经济学，等等，都是在这一基础之上发展而来的，是微观经济学和宏观经济学在其他领域中的具体运用。因此，我们学习西方经济学，应该从微观经济学和宏观经济学入手。

第四节　西方经济学的研究方法

每一门学科都有自己的研究方法，西方经济学也不例外，经济学要运用一些特有的研究方法。

一、实证经济学和规范经济学

人们在研究经济学时，会有两种态度和方法：一是实证经济研究方法；二是规范经济研究方法。

1. 实证经济学

所谓实证经济学（Positive Economics），是指用理论对社会各种经济活动或经济现象进行解释、分析、证实或预测。它有两个特点：①它要说明的是"是什么"的问题，并不涉及价值判断；②它所研究的内容具有客观性。

实证分析要求，一个理论或假说涉及的有关变量之间的因果关系，不仅要能反映或解释已经观察到的事实，而且要能够对有关现象将来出现的情况做出正确的预测，也就是说，要能经受将来发生的事件的检验。因此，实证经济学具备客观性，即实证命题有正确和错误之分，其检验标准是客观事实，与客观事实相符者为真理，否则就是谬误。实证经济研究的目的是了解经济是如何运行的。

2. 规范经济学

所谓规范经济学（Normative Economics），是指以一定的价值判断作为出发点，提出行为的标准，并研究如何才能符合这些标准。它也有两个特点：①它要说明的是"应该是什么"的问题；②它所研究的内容没有客观性。

规范经济学涉及是非善恶、应该与否、合理与否的问题，由于人们的立场、观点、伦理道德标准不同，因而对同一个经济事物，就会有截然不同的看法。因此，规范经济学不具有客观性，即规范命题没有正确和错误之分，不同的经济学家会得出不同的结论。规范经济研究的目的是对经济行为的福利后果进行分析。

这里要说明的是，实证经济学和规范经济学尽管有以上不同，但它们也并不是绝对相互排斥的。规范经济学要以实证经济学为基础，而实证经济学也离不开规范经济学的指导。实际上，无论是实证经济学还是规范经济学，都与经济目标相关。经济目标是分层次的，目标层次越低，与经济运行联系越密切，因而研究越具有实证性；目标层次越高，越需要对经济运行进行评价，研究越具有规范性。

二、均衡分析方法

在西方经济学中，均衡分析处于重要的地位。均衡（Equilibrium）原本是物理学中的名词，表示当一个物体同时受到来自几个方向的不同外力作用时，若合力为零，则该物体将处于静止或匀速直线运动状态，这种状态就是均衡。英国经济学家马歇尔把这一概念引入经济学中，是指在一个经济体系中，由于各种经济因素的相互作用而产生的一种相对静止状态。

均衡分析是指对均衡形成的原因及其变动条件进行的分析，其分为局部均衡分析和总体均衡分析。

局部均衡分析是指在其他条件不变的假设下，分析单个经济行为者（生产者或消费者）的经济行为所达到的均衡以及单个商品（或要素）市场的均衡。

总体均衡分析是研究整个经济体系的价格和产量结构如何实现均衡的经济分析方法。总体均衡分析把整个经济体系视为一个整体，从市场上所有商品的价格、供给和需求是互相影响、互相依存的前提出发，考察各种商品的价格、供给和需求同时达到均衡状态下的价格决定。也就是说，一种商品的价格不仅取决于它本身的供给和需求状况，也受到其他商品的价格和供求状况的影响，因而一种商品的价格和供求的均衡，只有在所有商品的价格和供求都达到均衡时才能决定。总体均衡分析方法，是由法国经济学家瓦尔拉斯首创的。

三、边际分析方法

在西方经济学中，把研究一种可变因素的数量变动会对其他可变因素的变动产生多大影响的方法，称为边际分析方法。

"边际"就是一阶导数，边际分析实质上就是将微分学引进了经济学。西方经济学家普遍非常重视"边际分析方法"，把边际分析法的发现和应用看成是一场"边际革命"。

边际分析就是研究相对于某种现状的微小变动的效应。经济学家将所有经济决策都作为边际决策，并在对成本和收益变动加以比较的基础上进行分析。通常把做出一种选择而不是另一种选择所产生的利益变动称为边际收益，而把做出一种选择而不是另一种选择所导致的费用变动称为边际成本。一个经济决策者将选择任何使边际收益大于其边际成本的行为；反过来，将放弃任何使其边际收益小于其边际成本的行为。实现最终净利益最大化的一般原则是边际收益等于边际成本。

四、静态分析、比较静态分析和动态分析方法

与均衡分析密切相关的是静态分析、比较静态分析和动态分析方法。微观经济学和宏观经济学所采用的分析方法，从一个角度看是均衡分析，从另一个角度看就是静态分析、比较静态分析和动态分析。它们是密不可分的。

1. 静态分析

静态分析是分析经济现象的均衡状态以及有关的经济变量达到均衡状态时所具备的条件。它完全抽掉了时间因素和具体变动过程，是一个静止地、孤立地考察某些经济现象的方法。例如，考察市场上商品的供求状况为既定条件下，实际的市场价格趋向点或均衡价格。这种分析只考察任一时点上的均衡状态，注重的是经济变量对经济体系产生影响的最后结果。

2. 比较静态分析

比较静态分析是分析在已知条件发生变化以后，经济现象的均衡状态的相应变化，以及有关经济变量在达到均衡状态时的相应变化，即对经济现象有关变量一次变动（而不是连续变动）的前后进行比较。例如，已知某种商品的供求状

况，可以考察其供求达到均衡时的价格和产量。现在如果由于消费者的收入增加而导致对该商品的需求增加，从而产生新的均衡，则价格和产量都较前有所提高。这里把新的均衡所达到的价格和产量与原来的均衡所达到的价格和产量进行比较，这便是比较静态分析方法。

3. 动态分析

动态分析是对经济变动的实际过程所做的分析，其中包括分析有关总量在一定时间过程中的变动，这些经济总量在变动过程中的相互影响和彼此制约的关系，以及它们在每一时点上变动的速率，等等。特点是考虑时间因素。

本书在微观经济学部分，主要采用的是静态分析和比较静态分析方法；无论是考察个别市场的供求均衡分析，还是考察个别厂商的价格、产量均衡分析，都是采用静态分析和比较静态分析方法。在宏观经济学中，则主要采用的是比较静态分析和动态分析方法。例如，在讨论社会消费品的需求将随着国民收入的增加而增加时，主要对两种经济现象进行比较，即比较由国民收入变动而产生的前后两个不同的总量消费需求，而不分析社会对消费品需求的变化过程。

本章小结

（1）西方经济学指的是西方发达国家的经济理论和经济政策思想，大约从 15 世纪开始产生一直到现在，经历了四个阶段：重商主义、古典经济学、庸俗经济学、庸俗经济学后。

（2）由于经济资源的稀缺性，使人类的经济活动总是面临着三大基本经济问题：生产什么？如何生产？为谁生产？为解决这三大基本经济问题，人们需要进行选择，选择如何有效地利用稀缺的资源以最大限度地满足自身的欲望，而选择会产生机会成本。所谓机会成本是指如果一种生产要素被用于某一特定用途，它便放弃了在其他用途上可能获取的收益，这笔收益就是生产要素被用于这一特定用途的机会成本。经济学就是关于选择的学问，即经济学是研究个人和团体从事生产、交换以及对产品和劳务消费的一种社会科学，它研究怎样最佳使用稀缺资源以满足人们无限的需求。

（3）西方经济学分为微观经济学和宏观经济学两部分。微观经济学的研究对象是经济社会中单个经济单位的经济行为以及相应的经济变量的数值如何决定，这里的单个经济单位包括消费者、生产者（企业）和生产要素所有者等。宏观经济学的研究对象是整个国民经济的总体活动，研究经济中各有关经济总量的决定及其变化。经济总量有国民收入、就业量、消费、储蓄、投资、物价水平、利息率、汇率及这些变量的变动率等。

（4）西方经济学的研究方法主要有实证研究方法、规范研究方法、均衡分析方法、边际分析方法、静态分析、比较静态分析和动态分析方法，等等。

基本概念

资源配置　机会成本　生产可能性曲线　经济学　微观经济学　宏观经济学
实证经济学　规范经济学

复习思考题

一、单项选择题

1. 投入一般又被称为（　　）。

A. 土地　　　　　B. 资本　　　　　C. 企业家才能　　　　　D. 资源

2. 工资、租金、利息、利润被称为（　　）的价格。

A. 商品　　　　　B. 产品　　　　　C. 生产要素　　　　　D. 生产

3. 时间的利用隐含着（　　）。

A. 机会成本　　　B. 价格　　　　　C. 生产要素　　　　　D. 生产可能性

4. 科学的方法能用于检验（　　）经济学命题。

A. 实证性　　　　B. 规范性　　　　C. 微观　　　　　　　D. 宏观

5. 生产可能性曲线上任何一点都隐含着资源配置是（　　）效率。

A. 有　　　　　　B. 无　　　　　　C. 不一定　　　　　　D. 帕累托

6. 微观经济学也被称为（　　）经济学。

A. 小　　　　　　B. 个量　　　　　C. 消费者　　　　　　D. 生产者

7. 经济问题强调在竞争性目的之间做出选择，这意味着必须牺牲某些选择，一种行为的机会成本是（　　）。

A. 所放弃的各种选择的价值之总和

B. 必须牺牲的次佳选择

C. 所采取的行为的价值减去次佳选择的价值后的余额

D. 你今天所做的加上你明天所做的

8. 经济学研究的基本问题是（　　）。

A. 怎样生产   B. 生产什么，生产多少

C. 为谁生产   D. 以上都包括

9. 作为生产要素的资本，不包括（   ）。

A. 工厂   B. 机器   C. 机器人   D. 货币

10. 经济学家的理性行为假定（   ）。

A. 仅仅在其提供有效预测的限度内才是有用的

B. 导致错误的理论，因为人们并非总是理性的

C. 只有当所有人都是理性的，才是有用的

D. 不管人们是否为理性的，都是有效的

二、问答题

1. 经济问题的本质是什么？为什么说经济学产生于资源的稀缺性和选择的必要性？

2. 怎样区分"技术效率"与"经济效率"？技术上有效率一定是经济上也有效率，请论证说明这个命题是否正确。

3. 生产可能性曲线的假设条件是什么？

第 二 章

均衡价格理论

经济学的研究与资源配置问题有关，而资源配置主要又是通过市场价格机制进行的。因此，价格的决定及其变化问题就成为了经济学首先要回答的问题。本章分别考察决定价格的两种基本力量：需求和供给，在此基础上阐明均衡价格的决定及其变动，并利用均衡价格模型讨论政府对价格的管制政策及其效应，最后介绍弹性理论。

第一节　需求和供给

经济学家认为，商品的交易是由买卖双方共同完成的，因此，商品交易的价格也就由买卖双方决定。买方代表商品的需求方，卖方代表商品的供给方，所以，对买卖双方的行为分析，也就是对需求和供给的分析。

一、需求理论

1. 需求的定义

经济学中所说的需求（Demand），是指居民在某一特定时期内，在每一价格水平上愿意而且能够购买的商品量。

需求不同于需要。需要是指人们想要得到的物品或劳务，而需求则是人们想要且有能力购买的商品或劳务，即需求是人们有支付能力的需要。

根据购买者在一定时期内和一定市场中按某种商品不同价格所愿意购买的商品量列成的表称为需求表，如表 2-1 所示。

2. 需求曲线与需求定理

需求曲线（用 D 表示）：根据需求表所画出的、表示需求量与商品价格之间关系的曲线（如图 2-1 所示）。

表2-1　某商品的需求表

价格（元）	需求量（单位数）		
	个人需求量		市场需求量
	甲	乙	
1	8	7	15
2	6	5	11
3	5	4	9
4	4	3	7
5	3	2	5
6	0	0	0

图2-1中的横轴代表需求量，纵轴代表价格，D曲线是需求曲线。与数学上的习惯相反，在经济学分析中，习惯于把价格放在纵轴。

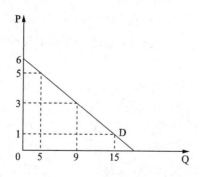

图2-1　需求曲线

经济学家通过大量的观察发现，在一般情况下，当其他条件不变时，商品的价格越高，对该商品的需求量越少，而商品的价格越低，对该商品的需求量越多。即需求量随价格的变动而反方向变动，所以需求曲线是一条向右下方倾斜的曲线，或者用数学语言说，需求曲线的斜率为负。经济学家把需求量与商品价格之间反向变动的关系称为需求定理。

需求定理之所以能够成立，这是由替代效应和收入效应共同发挥作用的结果。假设鸡蛋的价格下降，鸭蛋的价格不变，那么，人们在一定限度内会少买些鸭蛋，把原来购买鸭蛋的钱转用于购买鸡蛋。就是说，鸡蛋价格下降会促使人们用鸡蛋代替鸭蛋，因而引起对鸡蛋需求量的增加。鸭蛋的价格不变，鸡蛋价格下降（或上升）会引起消费者用鸡蛋代替鸭蛋（或用鸭蛋代替鸡蛋），从而引起鸡蛋需求量的增加（或减少）。这种因商品相对价格的变化对需求产生的影响称为替代效应。

再解释收入效应。假设鸡蛋价格下降，其他商品的价格没有发生变化，这意味着同量的货币收入在不减少其他商品消费量的情况下，可以买进更多的鸡蛋，也就是说，鸡蛋价格下降引起了消费者实际收入的提高。这种商品价格变化后实际收入发生变化进而对需求产生的影响称为收入效应。

需求定理指的是一般商品的规律，但这一定理也有例外。较典型的例外是炫耀性商品和吉芬商品。炫耀性商品是用来显示人的身份和社会地位的，例如，豪华汽车、名贵首饰等。这种商品只有在高价位时才有炫耀的作用，因此，价格下降时反而需求减少。吉芬商品是由英国经济学家吉芬 1845 年在爱尔兰发现的，当时爱尔兰发生大灾荒，马铃薯的价格上升，需求量反而增加。这种价格上升、需求增加的情况被称为"吉芬之谜"。具有这种特点的商品被称为吉芬商品。

3. 影响商品需求的其他因素

很多因素会影响消费者对商品的需求量，概括起来主要有以下几种因素：

（1）商品本身的价格。在其他商品价格不变的条件下，商品本身的价格越高，消费者对该商品的需求量就越少；反之，商品本身的价格越低，则消费者对该商品的需求量就越多。

（2）消费者的偏好。偏好是消费者对商品或服务的主观感觉。如果消费者认为多吃苹果对身体有益，那么，他将增加对苹果的购买。所以，一个消费者对某种商品的偏好增加后，即使价格不变，需求量也会增加。

（3）消费者的收入。收入对需求的影响根据商品的不同特性而有所不同。对大多数正常商品而言，消费者的收入越高，对它们的需求量就越多；反之则越少。但也有被称之为劣品的少数商品，随着消费者收入的提高，对这类商品的需求量反而减少。生活中常见的劣品如化纤服装、黑白电视机等，随着居民收入水平的提高，其需求量就会下降。

（4）其他商品的价格。各种商品之间有着不同的关系，其他商品价格的变动也会影响某种商品的需求。这也要区分两种情况：一种情况是两种商品之间是替代关系，如猪肉和牛肉，当猪肉的价格上升，牛肉的价格不变时，人们就会用牛肉代替猪肉，从而牛肉的需求就会增加；反之，当猪肉的价格下降，牛肉的价格不变时，人们就会用猪肉代替牛肉，从而牛肉的需求就会减少。另一种情况是两种商品之间是互补关系，如汽车和汽油，当汽油的价格上升，虽然汽车的价格不变，但是人们使用汽车的费用却增加了，从而就会减少对汽车的需求；反之，当汽油的价格下降，虽然汽车的价格不变，但是人们使用汽车的费用却减少了，从而就会增加对汽车的需求。总之，两种替代商品之间价格与需求呈同方向变动；两种互补商品之间价格与需求呈反方向变动。

（5）人口数量和结构的变动。人口数量的增加会使需求增加，人口数量的减少会使需求数量减少。人口结构的变动主要影响需求的构成，从而影响某些商品的需求。例如，人口的老龄化会减少时尚服装的需求，但会增加对保健商品的需求。

（6）政府的消费政策。例如，政府提高车船购置税率的政策会使人们减少对汽车的需求，而政府对农村居民家用电器消费进行补贴的（如家电下乡）政策则会增加农村居民对电视机、电冰箱、洗衣机和空调等家用电器的需求。

（7）消费者对未来的预期。如果消费者预期自己未来的收入水平会上升，就会增加现在的消费需求；反之，则会减少现在的消费需求。同样，如果消费者预期某种商品未来的价格会上升，也会增加现在的消费需求；反之，则会减少现在的消费需求。

4. 需求函数

影响人们对商品或劳务需求量的因素有很多，如商品或劳务本身的价格、人们的收入水平、人们的偏好，等等，如果把影响需求的各种因素作为自变量，把需求量作为因变量，则可以用函数关系来表示影响需求的因素与需求之间的关系，这种函数称为需求函数（Demand Function）。以 D 代表需求，a，b，c，d，…，n 代表影响需求的因素，则需求函数为：

$$D = f(a,b,c,d,\cdots,n) \tag{2.1}$$

在所有影响需求的因素中，最重要的莫过于商品本身的价格。如果只考虑价格因素，即把一种商品的需求量仅仅看成是这种商品的价格的函数，则可以得到较为简单的需求函数：某种商品需求量（Q_d）与其价格（P）之间的需求函数，可以表示为：

$$Q_d = f(P) \tag{2.2}$$

5. 需求的变动和需求量的变动

在西方经济学文献中，需求量的变动和需求的变动都是需求数量的变动，它们的区别在于引起这两种变动的因素是不相同的，而且，这两种变动在几何图形中的体现也是不相同的。

需求的变动：当商品本身的价格不变，其他因素的变动所引起的需求量的变动。在几何图中，需求的变动表现为整条需求曲线的位置发生移动。以图 2 - 2 加以说明。

在图 2 - 2 中，价格是 P_0，由于其他因素变动（如收入变动）而引起的需求曲线的移动是需求的变动。例如，收入减少了，在同样的价格水平 P_0 时，需求从 Q_0 减少到 Q_1，则需求曲线由 d_0 移动到 d_1。收入增加了，在同样的价格水平时，需求从 Q_0 增加到 Q_2，则需求曲线由 d_0 移动到 d_2。可见，需求曲线向左移动是需求减少，需求曲线向右移动是需求增加。

需求量的变动：当其他因素不变时，商品本身价格的变动所引起的需求量的变动。在几何图中，需求量的变动表现为商品的价格—需求数量组合点沿着一条既定的需求曲线的移动。以图 2-3 加以说明。

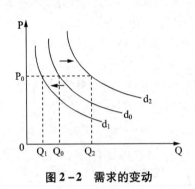

图 2-2　需求的变动　　　　　图 2-3　需求量的变动

在图 2-3 中，当价格由 P_1 下降到 P_2 时，需求量从 Q_1 增加到 Q_2，在需求曲线 D 上则是从 A 点向下移动到 B 点。可见，在同一条需求曲线上，向上方移动是需求量减少，向下方移动是需求量增加。

【案例】

车市为何突然"变天"

从 2010 年第一季度高达 70% 以上的增幅，一下子降到 2011 年第一季度的 8.1%；从 2010 年 4 月闹车荒，到 2011 年的大量库存积压，短短几个月时间内，中国车市出现如此天翻地覆的变化。是什么原因使得中国车市不得不承受突如其来的市场洗礼？

（1）高油价压抑市场刚性需求。2011 年 5 月，燃油价格处在历史高位，97 号汽油已经突破 8 元大关。从国际形势以及市场需求方面看，未来油价还将继续上升。无论是现实的油价还是未来油价预期，都不可避免地会影响到消费者的消费心理。

（2）利好政策退市重创小排量车。从 2009 年开始实施的汽车下乡、以旧换新和小排量购置税减免政策，曾极大地刺激了中国汽车市场，尤以微型车和 1.6L 及以下排量车型最为受益。而进入 2011 年，随着上述政策的一一收回，那些受惠车型的市场销售业绩每况愈下。2011 年第一季度的销售数据表明，曾被誉为黄金排量的 1.6L 车型销售量开始下滑。

（3）交通压力是车市"瓶颈"。在我们兴致勃勃地宣布进入"汽车时代"的同时，巨大的交通压力也让我们同时跨进了"塞车时代"。塞车、停车难，给车主带来苦恼，也影响了人们购车的信心和热情。于是，一些城市开始出台限制机动车辆销售的措施。2011 年 1 月，北京市出台了限牌购车措施，使得第一季度北京市场汽车销售量大幅下降，同比下降 67.1%。

案例来源：《江南都市报》2011 年 5 月 12 日 B44 版。

二、供给理论

1. 供给的定义

供给（Supply）是指厂商在某一特定时期内，在每一价格水平上愿意而且能够出卖的商品量。

根据生产者在一定时期内和一定市场中按某种商品不同价格所愿意并能够供给的商品量可列出某商品的供给表，如表 2 - 2 所示。

表 2 - 2　某商品的供给表

价格（元）	供给量（单位数）		
	个别厂商供给量		市场供给量
	A	B	
1	2	3	5
2	3	4	7
3	4	5	9
4	5	6	11
5	6	7	13

2. 供给曲线与供给定理

根据供给表可以画出供给曲线（用 S 表示），如图 2 - 4 所示。

在图 2 - 4 中，横轴 0Q 代表供给量，纵轴 0P 代表价格，S 即为供给曲线。供给曲线是根据供给表画出的、表示某种商品价格与供给量关系的曲线，向右上方倾斜。

经济学家通过大量的观察发现，在一般情况下，

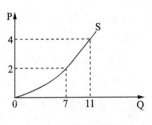

图 2 - 4　供给曲线

当其他条件不变时，商品的价格越高，对该商品的供给量越多；而商品的价格越低，对该商品的供给量越少。即供给曲线是一条向右上方倾斜的曲线，表明商品价格与供给量之间存在同方向变动关系。或者用数学语言说，供给曲线的斜率为正。经济学家把供给量与商品价格之间同方向变动的关系称为供给定理。

供给定理之所以成立，是因为追求利润并使其达到极大化是厂商的目标。商品价格越高，则在其他条件不变时，其利润也就越大，所以厂商就越愿意供给商品。

当然，供给定理也有例外。

例如，某些无法复制的商品（如一幅名画），价格上升，其供给也不会增加，其供给曲线为垂直线。

再如，某些原来只能以手工单件生产的商品，由于生产技术的发展和规模经营，使成本锐减且大批量供给成为现实，这时虽然商品价格下降，但厂商仍愿意供给更多的产品。在这种情况下，其供给曲线表现为向右下方倾斜，斜率为负值。

3. 影响商品供给的其他因素

除了商品本身的价格以外，还有一些因素会影响商品的供给量，概括起来主要有以下几种因素：

（1）生产技术水平的高低。生产技术水平提高，可以提高劳动生产率，从而降低原有的生产成本，在同一价格水平下获得更大的利润，厂商愿意增加商品供给。

（2）生产要素的价格。生产要素价格的变化会直接影响生产商品的成本变动，生产要素价格上升，生产商品的成本上升，则在商品本身价格不变的前提下，供给减少；反之，生产要素价格下降，生产商品的成本下降，则在商品本身价格不变的前提下，供给增加。

（3）其他商品的价格。一种商品的供给量不仅随自身价格变化而变化，而且还随着其他商品价格的变化而变化。例如，在两种替代品之间，一种商品的价格上升，另一种商品的价格不变，则生产者就会增加生产价格上升的商品，在既定资源条件下必然减少生产价格不变的商品，从而这种商品的供给减少；反之则反是。

（4）生产者对未来的预期。当生产者预期未来商品价格上升时，他们就会减少当前商品的供给（囤积居奇，待价而沽）；当生产者预期未来商品价格下跌时，他们就会大量抛售，从而使商品的供给增加。

（5）政府的政策。如果政府对某一行业采用鼓励投资与生产的政策（如减税），可以刺激生产，增加该行业商品的供给；反之，如果政府对某一行业采用限制投资与生产的政策（如增税），则会抑制生产，减少该行业商品的供给。

4. 供给函数

影响生产者对商品或劳务供给量的因素有很多，如商品或劳务本身的价格、生产的技术水平、生产要素的价格，等等，如果把影响供给的各种因素作为自变量，把供给作为因变量，则可以用函数关系来表示影响供给的因素与供给之间的关系，这种函数称为供给函数（Supply Function）。以 S 代表供给，a，b，c，d，…，n 代表影响供给的因素，则供给函数为：

$$S = f(a,b,c,d,\cdots,n) \tag{2.3}$$

在所有影响供给的因素中，最重要的莫过于商品本身的价格。如果只考虑价格因素，即把一种商品的供给量仅仅看成是这种商品的价格的函数，则可以得到较为简单的供给函数。某种商品供给量（Q_S）与其价格（P）之间的供给函数可以表示为：

$$Q_S = f(P) \tag{2.4}$$

5. 供给的变动和供给量的变动

供给的变动：当商品本身的价格不变，其他因素的变动所引起的供给量的变动。在几何图中，供给的变动表现为整条供给曲线的位置发生移动。以图 2－5 加以说明。

在图 2－5 中，价格是 P_0，由于其他因素变动（如生产技术水平变动）而引起的供给曲线的移动是供给的变动。例如，生产技术水平提高了，在同样的价格水平 P_0 时，供给从 Q_0 增加到 Q_1，则供给曲线由 S_0 移动到 S_1。生产技术水平下降了，在同样的价格水平时，供给从 Q_0 减少到 Q_2，则供给曲线由 S_0 移动到 S_2。可见，供给曲线向左移动是供给减少，供给曲线向右移动是供给增加。

供给量的变动：当其他因素不变时，商品本身价格的变动所引起的供给量的变动。在几何图中，供给量的变动表现为商品的价格—供给数量组合点沿着一条既定的供给曲线的移动。以图 2－6 加以说明。

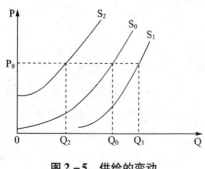

图 2－5 供给的变动

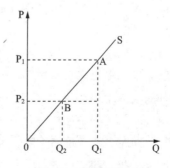

图 2－6 供给量的变化

在图 2 - 6 中，当价格由 P_1 下降到 P_2 时，供给量从 Q_1 减少到 Q_2，在供给曲线 S 上则是从 A 点向下移动到 B 点。可见，在同一条供给曲线上，向上方移动是供给量增加，向下方移动是供给量减少。

第二节　均衡价格及其运用

在理解了需求与供给的基础上，下面我们来了解均衡价格的形成、变化及其在现实生活中的运用。

一、均衡价格的形成

1. 均衡价格的定义

一种商品的均衡价格（Equilibrium Price）是指该种商品的市场需求量和市场供给量相等时的价格。从几何意义上说，一种商品的市场均衡出现在该商品的市场需求曲线与供给曲线相交的交点上，该交点被称为均衡点。均衡点上的价格和相等的供求量分别被称为均衡价格和均衡数量。

2. 均衡价格的形成

现在把前面图 2 - 1 中的需求曲线和图 2 - 4 中的供给曲线结合在一起，用图 2 - 7 说明一种商品的市场均衡价格的决定。

在图 2 - 7 中，假定 D 曲线为市场的需求曲线，S 曲线为市场的供给曲线。需求曲线 D 与供给曲线 S 相交于 E 点，E 点为均衡点。在均衡点E，均衡价格为 P_0，均衡数量为 Q_0。显然，在均衡价格的水平上，消费者的购买量和生产者的销售量是相等的，都是 Q_0。

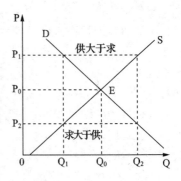

图 2 - 7　均衡价格的决定

商品的均衡价格是如何形成的呢？

商品的均衡价格是在市场上的供求力量的自发调节下形成的。在图 2 - 7 中，当市场的实际价格为 P_1 时，高于均衡价格 P_0，商品的需求量为 Q_1，供给量为 Q_2，出现了供大于求的市场状况，价格有向下降的压力，一直下降到均衡价格水平。与此同时，随着价格下降，商品的需求量逐步增加，供给量逐步减少，从而实现供求量相等的均衡数量。相反地，当市场的实际价格为 P_2 时，低于均衡价格 P_0，商品的需求量为 Q_2，供给量为 Q_1，出现了求大于供的市场状况，价格有向上升的压力，一直上升到均衡价格水平。与此同时，随着价格上升，商品的需求量逐步减少，供给量逐步增加，从而实现供求量相等的均衡数量。

二、均衡价格的变化

以上对均衡价格的分析，是在假定需求曲线和供给曲线既定且不发生移动的前提下进行的。但是，如果需求和供给发生了变化，即需求曲线或者供给曲线发生了移动，市场均衡就要发生相应的变化。

1. 需求变动对均衡价格的影响

假定某种商品的供给状况不变，需求会因为偏好、收入变动而变动，这将引起需求曲线移动，从而均衡价格也会变化。需求增加，需求曲线右移，均衡价格上升，均衡量增加；需求减少，需求曲线左移，均衡价格下降，均衡量减少。如图 2-8 所示。

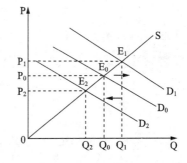

图 2-8 需求变动对均衡价格的影响

2. 供给变动对均衡价格的影响

假定某种商品的需求状况不变，供给会因为生产技术水平、要素价格等因素变动而变动，这将引起供给曲线移动，从而均衡价格也会变化。供给增加，供给曲线右移，均衡价格下降，均衡量增加；供给减少，供给曲线左移，均衡价格上升，均衡量减少。如图 2-9 所示。

3. 需求和供给同时发生变动对均衡价格的影响

需求和供给同时发生变动的情况较复杂，因为两者变动的方向、变动的程度的差异均可能对均衡价格产生不同的影响。以图 2-10 为例进行分析。假定消费者对某种商品的偏好改变引起需求增加，使得需求曲线 D_1 向右平移至 D_2；同时，厂商的生产技术水平提高引起供给增加，供给曲线 S_1 向右平移至 S_2。比较

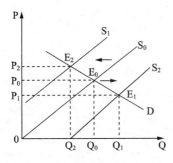

图 2-9 供给变动对均衡价格
的影响

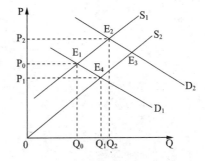

图 2-10 需求和供给同时变动对均衡价格
的影响

S_1 曲线分别与 D_1 曲线和 D_2 曲线的交点 E_1 和 E_2 可见，需求增加使得均衡价格上升。再比较 D_1 曲线分别与 S_1 曲线和 S_2 曲线的交点 E_1 和 E_4 可见，供给增加使得均衡价格下降。最后，在这两种因素同时作用下的均衡价格变动，将取决于需求和供给各自增长的幅度。若需求增长的幅度大于供给增长的幅度，则均衡价格上升；若供给增长的幅度大于需求增长的幅度，则均衡价格下降。

三、均衡价格理论的运用

在市场经济中，经济的运行是由价格调节的，但是政府可以根据不同的经济形势采取不同的经济政策影响价格以达到某种目标。我们可以运用均衡价格理论来分析政府对经济活动的影响，下面介绍政府采取价格政策时的两种做法：支持价格和限制价格。

1. 支持价格

支持价格又称为最低限价（Price Floor），是指政府为了扶持某一行业的生产，对该行业产品规定的高于市场均衡价格的最低价格。

图 2-11 表示政府对某种产品实行支持价格的情形。该商品的均衡价格为 P_0，均衡量为 Q_0，政府实行支持价格所规定的市场价格为 P_1。由图 2-11 可见，支持价格 P_1 高于均衡价格 P_0，且在支持价格 P_1 水平上，市场供给量 Q_2 大于市场需求量 Q_1，市场上出现产品过剩的情况。

政府实施支持价格的目的是为扶持某行业的发展。对农产品实行支持价格就是一些国家普遍采取的政策。实施这一政策后，由于出现产品过剩，为了维持支持价格，政府通常需要收购市场上过剩的产品，或用于储备，或用于出口。收购过剩产品必然会增加政府财政开支。

2. 限制价格

限制价格又称为最高限价（Price Ceiling），是指政府为了限制某种商品价格而对它规定的低于均衡价格的最高价格。

图 2-12 表示政府对某种商品实行限制价格的情形。该商品的均衡价格为

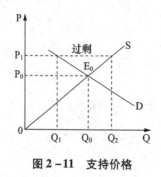

图 2-11　支持价格　　　　图 2-12　限制价格

P_0，均衡量为 Q_0，政府实行限制价格所规定的市场价格为 P_1。由图 2 - 12 可见，限制价格 P_1 低于均衡价格 P_0，且在限制价格 P_1 水平上，市场供给量 Q_1 小于市场需求量 Q_2，市场上出现供不应求的情况。

限制价格政策常见的是，针对某些生活必需品或劳务实行限制价格。例如，对关系国计民生的煤炭、电力、煤气、交通与邮电服务等，实行限制价格政策。这样有利于社会平等的实现，有利于社会的安定。但是这种政策也会引起一些不利的后果，最高限价下的供不应求会导致市场上消费者排队抢购和黑市交易盛行，且黑市交易价格将远高于限制价格。在这种情况下，政府或许采取配给制来分配产品，有权者会利用他们手中的权力套购低价物资进行倒卖，无权者只有通过贿赂等方法，以得到平价的短缺物资。因此，一般经济学家都反对长期采用限制价格政策。

【案例】

我国春运期间火车票是否该涨价？

春运火车票牵动着亿万中国人的心，购票难是中国人心头的一块伤！而春运火车票涨不涨价也是市民关心的话题之一，2013 年的春运火车票会不会涨价？是很多市民心中的问号。

早在 2002 年，铁道部为了发挥价格杠杆的作用，"削峰平谷"、分流客源，就曾发布《关于 2002 年春运票价实行政府指导价的通知》，对春运期间部分车次施行在原票价基础上硬座上浮 15%，其他席别上浮 20%。此后 2003 年起至 2006 年均参照 2002 年听证结果，每年春运期间的火车票价均有 15% ~ 20% 的价格上涨。

有人强调中国人重视春节，一定要回家，即使票价再高也要回家，所以提高价格是不可能抑制需求的。其实，这种观点是无法经得起推敲的，只要是让他们回家代价足够大，我想他们一定会放弃的。退一步来说，安全比团聚更加重要。低票价实际上向他们发出错误信号，而最终导致公共危机，2008 年春运就是一个很好的例子。不要说春节非回家不可，不要说留在他乡过年就如何惨，难道真的是不计成本选择回家过年吗？我看未必。那些在海外留学的中国人，有多少人是回家过年的？难道他们不想回家吗？当然不是，而是回家成本太高了。

有人认为，春运火车票应该涨价，淡季应该降价，这是符合经济学原理的。人们的需求没有止境，所以只要价格过低，就会出现短缺。消除短缺的唯一办法，就是把价格提到足够高。

请同学根据均衡价格理论参与讨论。

第三节 需求弹性与供给弹性

价格的变动会引起需求量或供给量的变动，由此，我们再进一步了解，当一种商品的价格上升或下降一定比例（如1%）时，该商品的需求量或供给量将变动多少呢？还有，当消费者的收入变动1%时，需求量又变动多少呢？弹性概念就是为解决这些问题而设立的。

一、弹性的一般定义

在现代微观经济分析中，弹性（Elasticity）是指一变量对另一变量的微小百分比变动所做的反应。弹性的一般方程式是：

$$弹性系数 = \frac{因变量变动的百分比}{自变量变动的百分比}$$

设有 X、Y 两个变量，则：

$$E = \frac{\Delta Y / Y}{\Delta X / X} = \frac{\Delta Y}{\Delta X} \cdot \frac{X}{Y} \tag{2.5}$$

式中，E 为弹性系数；ΔX、ΔY 分别为 X、Y 的变动量。该公式表示：当自变量 X 变化百分之一时，因变量 Y 变化百分之几。

由弹性的定义公式可以清楚地看到，弹性是两个变量各自变化比例的一个比值，所以，弹性是一个具体的数字，它与自变量和因变量的度量单位无关。

弹性分为需求弹性（Elasticity of Demand）和供给弹性（Elasticity of Supply），需求弹性又分为需求价格弹性、需求收入弹性和需求交叉弹性。我们将重点介绍需求价格弹性。

二、需求价格弹性

1. 需求价格弹性的定义

需求价格弹性常简称为需求弹性，它是表示和衡量某一商品的需求量对它本身价格变化的反应程度，其弹性系数等于需求量变动的百分比除以价格变动的百分比，即：

$$需求价格弹性系数 = \frac{需求量变动的百分比}{价格变动的百分比}$$

若用字母表示，则上式的更一般形式可写成：

$$E_d = \frac{\Delta Q / Q}{\Delta P / P} = \frac{\Delta Q}{\Delta P} \cdot \frac{P}{Q} \tag{2.6}$$

式中，ΔQ、ΔP 分别代表需求量和价格的变动量，P、Q 分别为变动前的价格和需求量。

需求量变动与价格变动一般来说是方向相反的，所以，需求价格弹性一般为负值。也可以在公式前加一负号取其绝对值，使 E_d 为正。

例题：表 2 – 3 为某商品的需求表。

表 2 – 3　某商品的需求表

价格（P）（元/件）	ΔP（元/件）	需求量（Q）（件）	ΔQ（件）
20	—	30	
15	−5	60	30

根据式（2.6）得：

$$E_d = \frac{\Delta Q/Q}{\Delta P/P} = \frac{\Delta Q}{\Delta P} \cdot \frac{P}{Q} = \frac{30}{-5} \times \frac{20}{30} = -4$$

2. 弧弹性和点弹性

式（2.6）只是需求价格弹性的定义式，在实际运用中是有缺陷的。若将上例倒过来，即该商品价格由 15 元/件上升到 20 元/件，需求量由 60 件减少为 30 件，则需求价格弹性为：

$$E_d = \frac{\Delta Q/Q}{\Delta P/P} = \frac{\Delta Q}{\Delta P} \cdot \frac{P}{Q} = \frac{-30}{5} \times \frac{15}{60} = -1.5$$

此时，虽然价格涨跌的幅度与需求量变动的幅度相同，但弹性系数却有不同的数值。这是由于计算的基础和出发点不同而造成的。为了克服这一缺陷，将引入弧弹性和点弹性。

（1）弧弹性。需求的价格弧弹性是用来表示需求曲线上两点之间的需求量变动对价格变动的反应程度。简单地说，是需求曲线上两点之间的一段弧的弹性。弧弹性的计算公式可以在式（2.6）的基础上改写成：

$$E_d = \frac{\Delta Q}{(Q_1 + Q_2)/2} \div \frac{\Delta P}{(P_1 + P_2)/2} = \frac{\Delta Q}{\Delta P} \cdot \frac{P_1 + P_2}{Q_1 + Q_2} \tag{2.7}$$

根据式（2.7）计算出来的上例中的弧弹性为：

$$E_d = \frac{\Delta Q/Q}{\Delta P/P} = \frac{30}{-5} \times \frac{20 + 15}{30 + 60} = -2.33$$

（2）点弹性。需求的价格点弹性是用来表示需求曲线上两点之间的价格变动量趋于无穷小时，或者说在需求曲线上某一点，当价格发生无穷小的变化（$\Delta P \to 0$）时所导致的需求量变动的程度。这样，在式（2.6）的基础上，点弹性公式可改写为：

$$E_d = \lim_{\Delta P \to 0} \frac{\Delta Q}{\Delta P} \cdot \frac{P}{Q} = \frac{dQ}{dP} \cdot \frac{P}{Q} \qquad (2.8)$$

根据点弹性的公式，若需求函数为已知，即可求出任一价格的点弹性系数。设某商品的需求函数为 $Q_d = 16 - 2P$，则根据式（2.8）可计算出任一价格水平的点弹性。

$$E_d = -2 \times \frac{P}{Q} = -\frac{2P}{16 - 2P}$$

若 $P = 4$，则 $E_d = -1$；若 $P = 6$，则 $E_d = -3$。

3. 需求价格弹性的分类

各种商品的需求弹性不同，根据需求弹性系数的大小，可以把需求价格弹性分为五类：

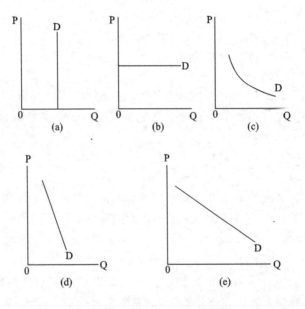

图 2 - 13　需求弹性的不同形态

（1）需求完全无弹性，即 $E_d = 0$。在这种情况下，无论价格如何变动，需求量都不会变动。这时的需求曲线是一条与横轴垂直的线。如图 2 - 13（a）所示。

（2）需求弹性无穷大，即 $E_d \to \infty$。在这种情况下，当价格为既定时，需求量是无限的。这时的需求曲线是一条与横轴平行的线。如图 2 - 13（b）所示。

（3）单位需求弹性，即 $E_d = 1$。在这种情况下，需求量变动的比率与价格变动的比率相等。这时的需求曲线是一条正双曲线。如图 2 - 13（c）所示。

以上三种情况都是需求弹性的特例，在现实生活中是很少见的。现实中常见的是以下两种类型：

（4）需求缺乏弹性，即 $1 > E_d > 0$。在这种情况下，需求量变动的比率小于价格变动的比率。这时的需求曲线是一条比较陡峭的线。生活必需品，如粮食、食用油等大多属此类型。如图 2-13（d）所示。

（5）需求富有弹性，即 $\infty > E_d > 1$。在这种情况下，需求量变动的比率大于价格变动的比率。这时的需求曲线是一条比较平坦的线。生活奢侈品和价格昂贵的享受性劳务多属于这类商品。如图 2-13（e）所示。

4. 影响需求价格弹性的因素

一般来说，商品的需求价格弹性系数大小（这里指绝对值）主要受以下几种因素影响：

（1）消费者对该商品的需求程度大小，即该商品是生活必需品还是奢侈品。一般而言，消费者对生活必需品的需求程度大且比较稳定，受价格变化的影响较小，所以价格弹性系数较小。相反，消费者对奢侈品的需求程度小且不稳定，受价格变化的影响较大，所以其价格弹性系数较大。

（2）商品的可替代程度大小。如果一种商品有许多替代品，那么，该商品的需求就富有弹性。因为价格上升时，消费者会购买其他替代品，价格下降时，消费者会购买这种商品来取代其他替代品，所以需求量变动幅度大于价格变动幅度。相反，如果一种商品的替代品很少，则该商品的需求缺乏弹性。因为价格变动时，只有很少的替代品可以取代该商品，所以需求量变动很小，从而该商品的需求缺乏弹性。

（3）商品本身用途的广泛性。一种商品的用途越多，其需求弹性也就越大，而一种商品的用途越少，则其需求弹性也就越小。因为，如果某种商品的用途很广，其价格上升，必然会从多方面影响对该商品的需求，从而使需求以较大的幅度减少。

（4）商品在消费者总支出中所占比例大小。一般来说，某种商品的消费支出在家庭消费总支出中所占比例小，价格变动对其需求的影响也小，所以其需求弹性小；而某种商品的消费支出在家庭消费总支出中所占比例大，价格变动对其需求的影响也大，所以其需求弹性大。

此外，还有一些因素，如时间、地域、消费习惯、商品质量等，也会影响需求价格弹性的大小。

某种商品的需求价格弹性的大小，是由上述因素综合决定的，不能只考虑其中的一种因素。

5. 需求价格弹性与总收益的关系

了解和计算某种商品的需求价格弹性系数到底有何意义呢？在现实生活中常

有这样一些现象：有的厂商可以通过提高自己产品的价格来提高总收益，但有的厂商却由于提高了商品的价格而使总收益下降。如何解释这种现象呢？厂商到底是应该提高商品的价格还是应该降低商品的价格呢？这就要借助商品的需求价格弹性大小来判断了。

厂商的总收益等于商品的价格乘以商品的销售量。在此假定厂商的商品销售量等于市场上对其商品的需求量，这样，厂商的总收益就表示为商品的价格乘以商品的需求量，即厂商的总收益 $= P \cdot Q$，其中，P 表示商品的价格，Q 表示商品的需求量。

根据需求定理，当一种商品的价格 P 发生变化时，其需求量 Q 会反方向变化，进而厂商的总收益（$P \cdot Q$）也会发生变化，但总收益如何变化，则取决于该商品的需求价格弹性大小，即在商品的需求价格弹性和提供该商品的厂商的销售收入之间存在着密切的关系。这种关系可归纳为以下三种情况：

（1）当商品的需求富有弹性，即 $\infty > E_d > 1$ 时，降低价格会使厂商的总收益增加；相反，提高价格则会使厂商的总收益减少。即厂商的总收益与价格呈反方向变动。

例题：电视机 $E_d = 2$，$P_1 = 500$ 元/台，$Q_1 = 100$ 台，如果价格下调 10%，试分析其收益是否会减少。

解：如果价格下调 10%，则：

$P_2 = 500 - 500 \times 10\% = 450$（元/台）

因为 $E_d = 2$，所以，需求量增加

$\Delta Q/Q = E_d \times \Delta P/P = 2 \times 10\% = 20\%$

即：

$Q_2 = 100 + 100 \times 20\% = 120$（台）

总收益 $TR_1 = P_1 \times Q_1 = 500 \times 100 = 50000$（元）

总收益 $TR_2 = P_2 \times Q_2 = 450 \times 120 = 54000$（元）

$TR_2 - TR_1 = 54000 - 50000 = 4000$（元）

（2）当需求缺乏弹性，即 $1 > E_d > 0$ 时，降低价格会使厂商的总收益减少；相反，提高价格则会使厂商的总收益增加，即厂商的总收益与价格呈同方向变动。

例题：面粉 $E_d = 0.5$，$P_1 = 0.20$ 元/斤，$Q_1 = 100$ 斤。如果价格下调 10%，总收益怎样？

解：如果价格下调 10%，需求量则增加 5%：

$P_2 = 0.20 - 0.20 \times 10\% = 0.18$（元/斤）

$Q_2 = 100 + 100 \times 5\% = 105$（斤）

总收益 $TR_1 = P_1 \times Q_1 = 0.20 \times 100 = 20.00(元)$

总收益 $TR_2 = P_2 \times Q_2 = 0.18 \times 105 = 18.90(元)$

$TR_2 < TR_1$，表明价格下跌，总收益减少。

（3）当需求为单位弹性，即 $E_d = 1$ 时，降低价格或提高价格对厂商的总收益都没有影响。这是因为，当 $E_d = 1$ 时，厂商变动价格所引起的需求量的变动率和价格的变动率是相等的。这样一来，由价格变动所造成的总收益的增加量或减少量刚好等于需求量变动所带来的总收益的减少量或增加量。

读者可以自己举出具体数字说明 $E_d = 1$ 的情况。

因此，需求价格弹性与总收益的关系可归纳为如表 2-4 所示。

表 2-4 需求价格弹性与总收益的关系

需求价格弹性 E_d	价格变动	需求变动	总收益变动
$\infty > E_d > 1$	上升	下降更多	下降
	下降	上升更多	上升
$1 > E_d > 0$	上升	下降较少	上升
	下降	上升较少	下降
$E_d = 1$	上升	同比例下降	不变
	下降	同比例上升	不变

由于需求价格弹性与总收益存在上述变动关系，因而，在现实经济生活中，生活必需品（如农产品中的粮食）因为缺乏弹性，所以即使丰收使其价格下降，需求也增加不多，从而生产者（如农民）收入下降，结果就有了增产不增收的现象。而生活奢侈品（如化妆品），由于其富有弹性，生产者往往通过降价使其需求量大增，从而总收益增加，这就是所谓"薄利多销"的现象。

三、需求收入弹性

1. 定义与计算方法

需求收入弹性是指需求量变化率对消费者收入变化率的反应程度，是需求量变动的百分比与收入变动的百分比之比。如果用 E_M 表示收入弹性系数，用 M 和 ΔM 分别表示收入和收入的变动量，Q 和 ΔQ 表示需求量和需求量的变动量，则需求收入弹性公式为：

$$E_M = \frac{需求量变动的百分比}{收入变动的百分比} = \frac{\Delta Q / Q}{\Delta M / M} = \frac{\Delta Q}{\Delta M} \cdot \frac{M}{Q} \qquad (2.9a)$$

当 $\Delta M \to 0$ 时，上式可写为：

$$E_M = \frac{dQ}{dM} \cdot \frac{M}{Q} \tag{2.9b}$$

2. 需求收入弹性与商品分类

在影响需求的其他因素既定的条件下，需求的收入弹性系数可正可负，并可据此来判别该商品是正常品还是劣品（如表2-5所示）。

表2-5 需求收入弹性系数与商品分类

收入弹性系数	含 义	商品类别
$0 < E_M < 1$	需求增加的百分比小于收入增加的百分比	必需品
$E_M > 1$	需求增加的百分比大于收入增加的百分比	奢侈品
$E_M = 0$	消费者收入变化后，消费量完全没有变化	收入中性品
$E_M < 0$	消费者收入增加时，对这种商品的需求量反而减少	劣品

四、需求交叉弹性

1. 定义与计算公式

需求交叉弹性是指一种商品的需求量对另一种商品的价格变化的反应程度，是一种商品需求量变动的百分比与另一种商品价格变动的百分比之比。如果用 E_{XY} 表示需求交叉弹性系数，用 X 和 Y 分别表示两种商品，Q 和 ΔQ 表示需求量和需求量的变动量，P 和 ΔP 表示价格和价格的变动量，则需求交叉弹性公式为：

$$E_{XY} = \frac{X \text{商品需求量变动的百分比}}{Y \text{商品价格变动的百分比}}$$

$$E_{XY} = \frac{\dfrac{\Delta Q_X}{Q_X}}{\dfrac{\Delta P_Y}{P_Y}} = \frac{\Delta Q_X}{\Delta P_Y} \cdot \frac{P_Y}{Q_X} \tag{2.10}$$

2. 对需求交叉弹性的三种判断

需求的交叉弹性可以是正值，也可以是负值，它取决于商品之间关系的性质，即两种商品是替代商品还是互补商品。同时，商品之间关系的密切程度可通过交叉弹性来度量。

（1）互补品需求交叉弹性为负值，即 $E_{XY} < 0$。表明随着 Y 商品价格的提高（降低），X 商品的需求量减少（增加），则 X 商品、Y 商品之间存在互补关系。

（2）替代品需求交叉弹性为正值，即 $E_{XY} > 0$。表明随着 Y 商品价格的提高（降低），X 商品的需求量增加（减少），则 X 商品、Y 商品之间存在替代关系。

（3）非关联性商品之间，需求交叉弹性等于零，即 $E_{XY} = 0$。说明 X 商品的需求量并不随 Y 商品的价格变动而发生变动，X 商品、Y 商品既非替代品也非互补品，它们之间没有什么相关性，是相对独立的两种商品。

五、供给弹性

在供给弹性中，供给的价格弹性是最基本、最主要的一种类型。因此，通常讲的供给弹性即指供给价格弹性。

1. 供给价格弹性的定义

供给价格弹性是一种商品的供给量对其价格变动的反应程度，其弹性系数等于供给量变动的百分比与价格变动的百分比之比。即：

$$供给价格弹性系数 = \frac{供给量变动的百分比}{价格变动的百分比}$$

若用字母表示，则上式的更一般形式可写成：

$$E_s = \frac{\Delta Q / Q}{\Delta P / P} = \frac{\Delta Q}{\Delta P} \cdot \frac{P}{Q} \qquad (2.11)$$

式中，ΔQ、ΔP 分别代表供给量的变动量和价格的变动量，P、Q 分别代表变动前的价格和供给量。供给量变动与价格变动一般来说是方向相同的，所以，供给价格弹性一般为正值。

同需求价格弹性系数的计算一样，供给弹性也有弧弹性公式和点弹性公式。弧弹性公式为：

$$E_s = \frac{\Delta Q}{(Q_1 + Q_2)/2} \div \frac{\Delta P}{(P_1 + P_2)/2} = \frac{\Delta Q}{\Delta P} \cdot \frac{P_1 + P_2}{Q_1 + Q_2} \qquad (2.12)$$

点弹性公式为：

$$E_s = \lim_{\Delta P \to 0} \frac{\Delta Q}{\Delta P} \cdot \frac{P}{Q} = \frac{dQ}{dP} \cdot \frac{P}{Q} \qquad (2.13)$$

2. 供给弹性的分类

各种商品的供给弹性是不同的，根据供给弹性系数的大小，也可以把供给弹性分为五类：

（1）供给完全无弹性，即 $E_s = 0$。在这种情况下，无论价格如何变动，供给量都不会变动。这时的供给曲线是一条与横轴垂直的线。如图 2 - 14 （a）所示。

（2）供给弹性无穷大，即 $E_s \to \infty$。在这种情况下，当价格为既定时，供给量是无限的。这时的供给曲线是一条与横轴平行的线。如图 2 - 14 （b）所示。

（3）单位供给弹性，即 $E_s = 1$。在这种情况下，供给量变动的比率与价格变动的比率相等。这时的供给曲线是一条正斜率的45°曲线。如图 2 - 14 （c）所示。

以上三种情况都是供给弹性的特例，在现实生活中是很少见的。现实中常见的是以下两种类型：

（4）供给缺乏弹性，即 $E_s<1$。在这种情况下，供给量变动的比率小于价格变动的比率。资本密集型产品多属于此类型。如图 2-14（d）所示。

（5）供给富有弹性，即 $E_s>1$。在这种情况下，供给量变动的比率大于价格变动的比率。劳动密集型产品多属于此类型。如图 2-14（e）所示。

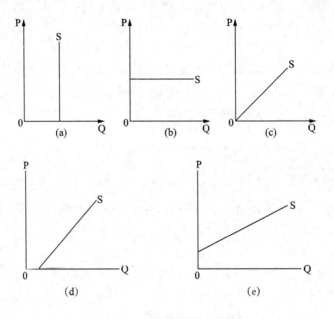

图 2-14　供给弹性的不同形态

3. 影响供给弹性的因素

供给弹性的大小主要受下列因素影响：

（1）产品供给的难易程度。一般而言，容易生产的产品（如劳动密集型产品），当价格变动时其产量变动的速度快，因而供给弹性大；反之，较难生产的产品（如资本密集型产品），当价格变动时其产量变动的速度慢，因而其供给弹性小。

（2）成本的变化。就生产成本来说，如果产量增加只引起生产成本轻微的提高，则供给弹性较大；反之，如果产量增加会引起生产成本较大的提高，则供给弹性较小。

（3）产品的生产周期长短。在一定时期内，对于生产周期较短的产品，厂商可以根据市场价格的变化及时调整产量，供给弹性相应就比较大；相反，生产周期较长的产品其供给弹性则较小。

本章小结

（1）消费者对商品的需求主要取决于商品的价格。需求是指消费者在一定时期内，在每一价格水平下愿意而且能够购买的商品量。需求可以用需求曲线来表示，需求曲线一般向右下方倾斜，表示商品的需求量与商品的价格呈反方向变化。

（2）厂商对商品的供给也主要取决于商品的价格。供给是指生产者在一定时期内，在每一价格水平下愿意而且能够供给的商品量。供给也可以通过供给曲线来表示，供给曲线一般向右上方倾斜，表示商品的供给量与商品的价格呈同方向变化。

除商品价格外，还有其他一些因素的变化也会引起需求或供给的变化，这将导致需求曲线或供给曲线的位置移动。它们分别被称作需求的变化和供给的变化。

（3）需求和供给是市场上的两种基本力量，它们的共同作用决定商品的均衡价格和均衡量。均衡价格指某种商品的市场需求量和市场供给量相等时的价格，此时的商品需求量和供给量称为均衡量。但市场均衡并非静止的，需求的变化会引起均衡价格同方向变化，供给的变化会引起均衡价格反方向变化。

（4）当两个经济变量之间存在函数关系时，可以用弹性来表示因变量对于自变量变化的反应程度。需求价格弹性表示和衡量某一商品的需求量对它本身价格变化的反应程度。需求收入弹性是指需求量变化率对消费者收入变化率的反应程度。需求交叉弹性是指一种商品的需求量对另一种商品的价格变化的反应程度。供给价格弹性是一种商品的供给量对其价格变动的反应程度。

任何弹性都可以表示为弧弹性或者是点弹性，利用弹性公式可以具体计算弧弹性和点弹性的数值。一般地，弹性系数按大小可以归纳为五种类型：富有弹性、缺乏弹性、单位弹性、完全有弹性、完全无弹性。

基本概念

需求　供给　需求定理　供给定理　需求函数　供给函数　均衡价格　均衡

量弹性　需求价格弹性　需求收入弹性　需求交叉弹性　供给价格弹性　点弹性
弧弹性

复习思考题

一、单项选择题

1. 在得出某人的需求曲线时，下列因素之中除（　　）外均保持常数。

A. 个人收入　　　　　　　　　　B. 其余商品价格

C. 个人偏好　　　　　　　　　　D. 所考虑商品的价格

2. 需求量同价格反向变化的原因是（　　）。

A. 收入效应

B. 替代效应

C. 收入效应同替代效应同时发挥作用

D. 以上均不正确

3. 在得出某种商品的供给曲线时，下列因素之中除（　　）外均保持常量。

A. 技术水平　　　　B. 投入品价格　　　　C. 气候　　　　D. 该商品价格

4. 建筑工人工资提高将（　　）。

A. 使新房子的供给曲线右移并使价格上升

B. 使新房子的供给曲线左移并使价格上升

C. 使新房子的供给曲线右移并使价格下降

D. 使新房子的供给曲线左移并使价格下降

5. 如果 X 商品与 Y 商品是替代品，X 商品价格下降，将使 Y 商品（　　）。

A. 需求量增加　　　B. 需求增加　　　　C. 需求量减少　　D. 需求减少

6. 如果 X 商品与 Y 商品是互补品，X 商品价格下降，将使 Y 商品（　　）。

A. 需求量增加　　　B. 需求增加　　　　C. 需求量减少　　D. 需求减少

7. 如果供给曲线与需求曲线同时右移，则该商品（　　）。

A. 均衡产量增加，价格上升

B. 均衡产量增加，价格下降

C. 均衡产量减少，价格向哪个方向变化不一定

D. 均衡产量增加，价格向哪个方向变化不一定

8. 如果人们对茶叶的偏好增强，则可预期（　　）。

A. 茶叶的需求增加　　　　　　　　　　B. 茶叶的供给增加

C. 茶叶的供给与需求均增加　　　　　　D. 茶叶的供给量和需求量都增加

9. 如果气候变得更适宜生产某种商品，但人们对该商品的需求没有以前强烈了，则可预期该商品（　　）。

A. 供给增加，需求减少，价格下降，均衡产量变化方向不定

B. 供给增加，需求减少，均衡产量下降，价格变化方向不定

C. 供给减少，需求增加，均衡产量下降，价格变化方向不定

D. 供给减少，需求增加，价格下降，均衡产量变化方向不定

10. 随着人们对电脑的需求增加，根据供求原理，电脑的价格将上升，事实却是电脑的价格下降了，这说明（　　）。

A. 供求原理不成立

B. 这是供求原理的一个例外

C. 供求原理能够解释这一现象

D. 这与供求原理无关，完全是技术变革引起的

11. 已知某商品的需求函数和供给函数分别为：$Q_D = 14 - 3P$，$Q_S = 2 + 6P$，该商品的均衡价格是（　　）。

A. 4/3　　　　　　　B. 4/5　　　　　　　C. 2/5　　　　　　　D. 5/2

12. 均衡价格一定随着（　　）。

A. 需求与供给的增加而上升　　　　　　B. 需求的增加和供给的减少而上升

C. 需求的减少和供给的增加而上升　　　　D. 需求和供给的减少而上升

13. 只有在（　　）时，存在供给小于需求。

A. 实际价格低于均衡价格　　　　　　　B. 实际价格高于均衡价格

C. 实际价格等于均衡价格　　　　　　　D. 消除了稀缺性

14. 下列因素中，除（　　）以外都会使需求曲线变动。

A. 购买者（消费者）收入变化　　　　　B. 商品价格下降

C. 其他有关商品价格下降　　　　　　　D. 消费者偏好变化

15. 如果消费者对某商品的偏好突然增加，同时这种商品的生产技术有很大改进，我们可以预料（　　）。

A. 该商品的需求曲线和供给曲线都向右移动并使均衡价格和均衡产量提高

B. 该商品的需求曲线和供给曲线都向右移动并使均衡价格和均衡产量下降

C. 该商品的需求曲线和供给曲线都向左移动并使均衡价格上升而均衡产量下降

D. 该商品的需求曲线和供给曲线都向右移动并使均衡产量增加，但均衡价格可能上升也可能下降

16. 政府为了扶持农业，对农产品规定了高于其均衡价格的支持价格。政府为了维持价格，应该采取的相应措施是（　　）。

A. 增加对农产品的税收　　　　　　　　B. 实行农产品配给制

C. 收购过剩的农产品　　　　　　　　　D. 对农产品生产予以补贴

17. 冰棒的需求价格弹性（　　）药品的需求价格弹性。

A. 大于　　　　　　B. 小于　　　　　　C. 等于　　　　　　D. 大于或等于

18. 已知某商品的需求富有弹性，在其他条件不变的情况下，卖者为增加收益，应该（　　）。

A. 适当降低价格　　　　　　　　　　　B. 适当提高价格

C. 保持价格不变   D. 先降价后提价

二、问答题

1. 供大于求,价格下降;价格下降后,需求增加;需求增加后价格又可能回升。请问:这种观点正确与否?为什么?

2. 政府的最高限价有什么影响?

3. 均衡价格是怎样形成的?

三、计算题

1. 设某商品的市场需求函数为 $D = 12 - 2P$,供给函数为 $S = 2P$,均衡价格和均衡产量各是多少?

2. 接问题1,如果市场需求曲线向右移动2个单位,均衡价格和均衡产量各是多少?

3. 接问题1,如果市场供给曲线向右移动4个单位,均衡价格和均衡产量各是多少?

4. 已知某产品的需求函数为 $Q = 60 - 2P$,供给函数为 $Q = 30 + 3P$,求均衡点的需求弹性和供给弹性。

第 三 章

消费者行为理论

第二章介绍了需求曲线和供给曲线的基本特征，作为第二章内容的深入，本章将进一步分析需求曲线背后的消费者行为，从而进一步阐明需求与供给。所以，本章理论被称为消费者行为理论。在西方经济学的发展过程中，对消费者消费行为的分析，采取了不同的分析方法。本章我们将分别介绍基数效用论（用边际效用分析方法）和序数效用论（用无差异曲线分析方法）。

第一节　基数效用论

基数和序数来自数学，基数是指 1，2，3……基数是可以加总求和的。序数是指第一，第二，第三……序数只表示顺序或等级，是不能加总求和的。

在 19 世纪末和 20 世纪初期，西方经济学普遍使用基数效用的概念，到了 20 世纪 30 年代，序数效用的概念被大多数西方经济学家所使用。但不管是基数效用还是序数效用，都使用的是"效用"这一概念，我们有必要先对"效用"这一概念进行阐述。

一、效用及效用函数

1. 效用

效用（Utility），就是指消费者从消费某种商品或劳务中所获得的满足程度（通常用效用单位"尤狄尔"来度量）。效用这一概念与人的欲望是联系在一起的，它是消费者对商品满足自己欲望的能力的一种主观心理评价。对效用的考察应注意两点：①效用是中性的；②效用具有主观性。

由于消费物品或劳务所获得的满足是一种主观心理感觉，因而产品效用的大小因人而异、因时而异、因地而异。例如，香烟对于喜欢吸香烟的人来说，效用很大，但对于不吸香烟的人来说，效用很小或没有效用，甚至是一种痛苦，会产生"负效用"。

2. 效用函数

效用函数：用消费商品或劳务数量作自变量、效用作因变量的一种数学关系。若消费者消费的商品是 X 和 Y，则效用函数为：

$$U = f(X, Y) \tag{3.1}$$

二、总效用和边际效用

基数效用论者认为，效用可以计量并加总，所以提出了总效用和边际效用的概念。

1. 总效用

总效用（Total Utility，TU）是指消费者在一定时间内从一定数量的商品消费中所得到的效用量的总和。假定消费者对一种商品的消费数量为 Q，则总效用函数为：

$$TU = f(Q) \tag{3.2}$$

2. 边际效用

边际效用（Marginal Utility，MU）是指消费者在一定时期内增加一单位某商品或劳务的消费所得到的效用的增量。边际效用函数为：

$$MU = \frac{\Delta TU(Q)}{\Delta Q} \tag{3.3}$$

当商品的增加量趋于无穷小时，即 $\Delta Q \to 0$ 时有：

$$MU = \lim_{\Delta Q \to 0} \frac{\Delta TU(Q)}{\Delta Q} = \frac{dTU(Q)}{dQ} \tag{3.4}$$

对于边际效用与总效用，我们也可以借助下面的例子得到进一步的理解，见表 3 - 1。

表 3 - 1　总效用和边际效用关系举例

商品数量	总效用	边际效用
0	0	
1	10	10
2	18	8
3	24	6
4	28	4
5	30	2
6	30	0
7	28	−2

根据表 3－1 所绘制的总效用曲线和边际效用曲线如图 3－1 所示。

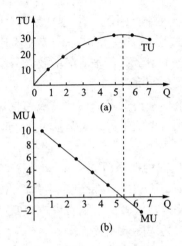

图 3－1　某商品的效用曲线

图 3－1 中的横轴表示商品的数量，纵轴表示效用量，TU 曲线和 MU 曲线分别为总效用曲线和边际效用曲线。

3. 边际效用递减规律

在图 3－1 中，MU 曲线是向右下方倾斜的，它反映了边际效用递减规律，相应地，TU 曲线也是以递减的速率先上升后下降的。当边际效用为正值时，总效用曲线呈上升趋势；当边际效用递减为零时，总效用曲线达到最高点；当边际效用继续递减为负值时，总效用曲线呈下降趋势。

边际效用递减规律是指，在一定时间内，在其他商品的消费数量保持不变的条件下，随着消费者对某种商品消费量的增加，消费者从该商品连续增加的每一单位消费品中所得到的效用增量即边际效用是递减的。

根据基数效用论者的解释，边际效用递减规律成立的原因，可以从人的生理和心理的方面去寻找。从人的生理和心理角度分析，随着相同消费品的连续增加，消费者从每一单位消费品中所感受到的满足程度和对重复刺激的反应程度是递减的。例如，一个人饥饿的时候，吃第一个包子给他带来的效用是很大的，以后，随着他所吃的包子数量的连续增加，每一个包子给他所带来的效用增量即边际效用却是递减的。当他完全吃饱的时候，包子带给他的总效用达到最大值，而边际效用却降为零。如果他还继续吃包子，就会感到不适，这时包子的边际效用为负。

三、消费者均衡

由于存在边际效用递减规律，因而，作为消费者，即使他只消费一种物品，也不能是无止境地消费。现实生活中，消费者总是把有限的收入分配到各种商品和劳务的消费中去。那么，消费者如何把有限的收入分配到各种商品或劳务的购买支出上，才能获得最大总效用呢？

消费者均衡，就是研究单个消费者如何把有限的收入分配到各种商品或劳务的购买中以获得最大总效用。也就是说，它是研究单个消费者在既定的收入下实现效用最大化的均衡条件。

消费者实现效用最大化的均衡条件是：如果消费者的货币收入水平是固定的，市场上各种商品的价格是已知的，那么，消费者应该使自己所购买的各种商品的边际效用与价格之比相等。或者说，消费者应该使自己花费在各种商品购买上的最后一单位货币所带来的边际效用都相等。

假定某一消费者用一定的收入 M 购买两种商品 X_1、X_2，且它们的价格为既定的 P_1、P_2，MU_1、MU_2 分别表示 X_1、X_2 两种商品的边际效用，则上述的消费者均衡条件可以用公式表示为：

$$\frac{MU_1}{P_1} = \frac{MU_2}{P_2} \qquad (3.5)$$

在获得最大效用时，消费者对商品的购买达到了均衡。在这个消费者均衡条件下，消费者的预算或者说所得（收入）的分配达到了最优化。

下面举例说明消费者均衡条件的实现。假定某消费者在某一时期内有既定收入 8 元并将其全部用于商品 X_1、X_2 的购买，两种商品的价格分别为 $P_1 = 1$ 元，$P_2 = 1$ 元，该消费者消费 X_1、X_2 商品的边际效用如表 3 – 2 所示。

---

① 均衡条件的推导：

$\max U = U(X_1, X_2)$

s. t. $P_1 X_1 + P_2 X_2 = M$

建立拉格朗日函数 L：

$L = U(X_1, X_2) - \lambda(P_1 X_1 + P_2 X_2 - M)$

最佳选择 (X_1, X_2) 必须满足三个一阶条件：

$L_1 = \frac{\partial L}{\partial X_1} = \frac{\partial U(X_1, X_2)}{\partial X_1} - \lambda P_1 = MU_1 - \lambda P_1 = 0$

$L_2 = \frac{\partial L}{\partial X_2} = \frac{\partial U(X_1, X_2)}{\partial X_2} - \lambda P_2 = MU_2 - \lambda P_2 = 0$

$L_\lambda = \frac{\partial L}{\partial \lambda} = M - P_1 X_1 - P_2 X_2 = 0$

整理得：

$\frac{MU_1}{P_1} = \frac{MU_2}{P_2} = \lambda$

表 3 – 2　某消费者的边际效用表

商品数量（Q）	1	2	3	4	5	6	7	8
商品 X_1 的边际效用（MU_1）	11	10	9	8	7	6	5	4
商品 X_2 的边际效用（MU_2）	19	17	15	13	12	10	8	6

那么，该消费者应当如何购买两种商品才能实现最大总效用呢？

根据消费者均衡条件可知，在商品的边际效用 MU 连续下降的情况下，消费者只有使每一元钱所带来的效用最大，才能在最后使总效用最大。根据表 3 – 2 来分析，为使总效用最大，消费者应该这样购买：用第一元钱购买第一单位的商品 X_2，得到 19 效用单位；用第二、第三、第四、第五元钱购买第二、第三、第四、第五单位的商品 X_2，分别得到 17、15、13、12 效用单位；用第六元钱购买第一单位的商品 X_1，得到 11 效用单位；用第七、第八元钱分别购买第二单位的商品 X_1 和第六单位的商品 X_2，分别得到 10 效用单位。至此，该消费者的全部收入 8 元都用完了，购买了两个单位的商品 X_1 和六个单位的商品 X_2，实现了效用最大，也满足了效用最大化的均衡条件：

$$P_1 X_1 + P_2 X_2 = 1 \times 2 + 1 \times 6 = 8$$

$$\frac{MU_1}{P_1} = \frac{MU_2}{P_2} = 10 = \lambda$$

此时，消费者获得了最大的总效用，为 $19 + 17 + 15 + 13 + 12 + 11 + 10 + 10 = 107$ 单位。

第二节　序数效用论

上一节我们介绍了基数效用理论，在那里，效用是可以用具体数字进行计量和比较的。但是，也有一些经济学家认为效用是主观的，不可能用数字进行计量，只能进行排序，就是说，效用大小可以表示为序数而不能表示为基数。这样，就有了序数效用理论，他们用无差异曲线分析消费者的行为。

一、无差异曲线

1. 无差异曲线的定义

无差异曲线（Indifference Curve）是用来表示能给消费者带来相同效用的两种商品的不同组合的轨迹。

在现实生活中，若两种商品 X_1、X_2 是替代品，则消费者可以多消费一点 X_1 少消费一点 X_2，或者多消费一点 X_2 而少消费一点 X_1，但得到的效用相同。例如，在对苹果和梨、猪肉和牛肉等替代品进行消费时，都可能出现这种情况。下面用表 3 – 3 和图 3 – 2 来说明无差异曲线。

表 3 – 3　效用函数和消费组合

效用函数	常数 k	组合 A	组合 B	组合 C	组合 D	组合 E
$I = X_1 X_2$	k = 1	(4, 1/4)	(3, 1/3)	(2, 1/2)	(1, 1)	(1/4, 4)
	k = 2	(4, 1/2)	(3, 2/3)	(2, 1)	(1, 2)	(1/2, 4)

表 3 – 3 是消费者关于苹果（X_1）和梨（X_2）的不同消费组合。表中有 A、B、C、D、E 五种商品组合，它们给消费者带来的效用都是相同的。

我们把表 3 – 3 中所反映的内容在一坐标图上表现出来，即可得到无差异曲线。用横轴表示苹果（X_1）的数量，用纵轴表示梨（X_2）的数量，每一组合均由图上的一点（如 A、B、C、D、E）表示，连接各点的连线就是无差异曲线。

根据表 3 – 3 绘制的无差异曲线如图 3 – 2 所示。

需要指出，在表 3 – 3 中我们对效用函数设定了两个常数，相应地，在图 3 – 2 中我们只得到了两条无差异曲线。实际上，我们可以假定，消费者的满足程度可以无限多，从而得到无数条无差异曲线。

2. 无差异曲线的特征

（1）无差异曲线在坐标平面图上是一条自左上方向右下方倾斜的曲线，即无差异曲线斜率为负。这意味着，消费者为了保持同等程度的满足程度或效用，他所放弃的商品 X_2 要用增加商品 X_1 来弥补。

（2）同一坐标平面图上有无数条无差异曲线，离原点距离越远的代表的效用水平越高；反之则反是。如在图 3 – 2 中，无差异曲线 I_2 的效用水平高于无差异曲线 I_1。

（3）在同一坐标平面图上的任何两条无差异曲线不会相交。否则，就与不同位置的无差异曲线代表不同程度的效用水平的理论命题相矛盾。这一点可以用图 3 – 3 来说明。

图 3 – 3 中两条无差异曲线相交于 A 点，这种画法是错误的。因为，根据无差异曲线的定义，由无差异曲线 I_1 可得 A、C 两点的效用水平是相等的，由无差异曲线 I_2 可得 A、B 两点的效用水平也是相等的。于是，必定有 B、C 两点的效用水平也是相等的。但是，观察和比较图中的 B、C 两点的商品组合，可以发现，B 组合的商品 X_2 要多于 C 组合的商品 X_2（商品 X_1 相同），B、C 两点的效

用水平不可能相等。由此证明，对于任何一个消费者来说，两条无差异曲线相交的画法是错误的。

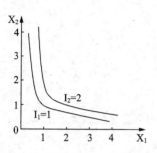

图 3 - 2 某消费者的无差异曲线

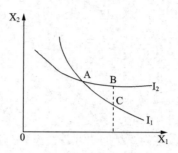

图 3 - 3 违反假定的无差异曲线

（4）无差异曲线是凸向原点的。这就是说，无差异曲线不仅斜率为负，而且其斜率的绝对值是递减的。这一特征在图 3 - 2 中表现得很明显。为什么无差异曲线具有凸向原点的特征呢？这要从商品的边际替代率递减规律中得到说明。关于这一点，将在下一个问题中详细阐述。

二、商品的边际替代率

1. 边际替代率的定义

边际替代率（Marginal Rate of Substitution，MRS）是指消费者在保持同等程度的满足时，增加一种商品的消费量而必须放弃的另一种商品的消费量。商品 X_1 对商品 X_2 的边际替代率的定义公式为：

$$MRS_{1,2} = -\frac{\Delta X_2}{\Delta X_1} \tag{3.6}$$

式（3.6）中，ΔX_1 和 ΔX_2 分别为商品 1 和商品 2 的增加量和减少量，由于 ΔX_1 是增加量，ΔX_2 是减少量，两者的符号肯定是相反的，所以，为了使 $MRS_{1,2}$ 的计算结果是正值，以便于比较，就在公式中加了一个负号。

当 ΔX 趋于无穷小时：

$$MRS_{1,2} = -\frac{dX_2}{dX_1} = \text{无差异曲线的斜率} \tag{3.7}$$

边际替代率还可以用两种商品的边际效用之比来表示，即：

$$MRS_{1,2} = -\frac{dX_2}{dX_1} = \frac{MU_1}{MU_2} \tag{3.8}$$

从数学上论证如下：设效用函数为 $TU = U(X_1, X_2)$，则：

令效用函数 $U(X_1, X_2)$ 等于任一常数 k，全微分后得：

$$dU = \frac{\partial U}{\partial X_1} \cdot dX_1 + \frac{\partial U}{\partial X_2} \cdot dX_2 = dk = 0$$

$$dU = MU_1 \cdot dX_1 + MU_2 \cdot dX_2 = 0$$

因此有：

$$-\frac{dX_2}{dX_1} = \frac{MU_1}{MU_2} = MRS_{1,2}$$

2. 边际替代率递减规律

西方经济学家指出，在两种商品的替代过程中普遍存在这么一种现象，这种现象被称为商品的边际替代率递减规律。

边际替代率递减规律是指在维持效用水平不变的前提下，随着一种商品的消费数量的连续增加，消费者为得到每一单位的这种商品所需要放弃的另一种商品的消费数量是递减的。之所以会发生商品的边际替代率递减现象，这是因为，随着对某种商品（如 X_1）的消费量的逐渐增加，消费者想要获得更多的这种商品的愿望会递减，也就是说，该商品的边际效用递减，从而消费者在维持相同效用水平的前提下，为了多获得一单位的该商品所愿意放弃的另一商品的数量会越来越少。

从几何意义上讲，由于商品的边际替代率就是无差异曲线的斜率的绝对值，因而边际替代率递减规律决定了无差异曲线的斜率的绝对值是递减的，即无差异曲线是凸向原点的。

我们可以用图 3 – 4 来具体说明商品的边际替代率递减规律和无差异曲线形状之间的关系。

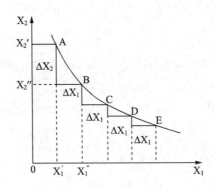

图 3 – 4　商品的边际替代率递减规律和无差异曲线形状之间的关系

三、预算线

无差异曲线描述了消费者对不同的商品组合的偏好，它仅仅表示了消费者的消费愿望。这种愿望只构成分析消费行为的一个方面，消费者的消费行为还要受到收入水平和商品价格的约束，这就是预算约束。

1. 预算线的定义

预算线（Budget Line）又称为预算约束线，它是指在消费者收入和商品价格既定的条件下，消费者的全部收入所能购买到的两种商品的各种可能性组合的轨迹。

如果用 I 表示消费者的货币收入，P_1、P_2 分别代表两种商品的价格，X_1、X_2 分别代表两种商品的数量，那么，我们可以列出相应的预算线方程：

$$I = P_1 \cdot X_1 + P_2 \cdot X_2 \tag{3.9}$$

式（3.9）表示消费者全部收入等于他购买商品 X_1 和商品 X_2 的总支出。而且，可以用 I/P_1 和 I/P_2 来分别表示全部收入仅购买商品 X_1 和商品 X_2 的数量，它们分别表示预算线的横截距和纵截距。此外，式（3.9）可以改写成：

$$X_2 = \frac{I}{P_1} - \frac{P_1}{P_2} \cdot X_1 \tag{3.10}$$

2. 预算线的斜率

从式（3.10）的预算线方程可知，预算线的斜率为 $-P_1/P_2$。

假定某个消费者的一笔收入为 $I = 120$ 元，他需要购买 X_1 和 X_2 两种商品，商品 X_1 的价格为 4 元，商品 X_2 的价格为 3 元。那么，如果消费者用其全部收入购买商品 X_1，可得到 30 件，用全部收入购买商品 X_2 可得到 40 件。由此画出预算线为图 3 - 5 中的线段 AB。

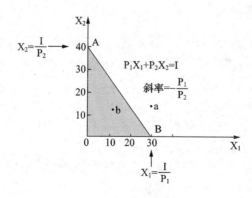

图 3 - 5　预算线

从图3-5中我们还可以看到，预算线 AB 以外的区域中的任何一点，如 a 点，是消费者利用全部收入都不可能购买到的商品组合点。预算线 AB 以内的区域中的任何一点，如 b 点，表示消费者的全部收入在购买该点的商品组合以后还有剩余。只有预算线 AB 上的任何一点，才是消费者的全部收入刚好花完所能购买到的商品组合点。

3. 预算线的变动

预算线是在收入和价格为一定的条件下的消费可能性曲线，如果收入或价格发生变化，预算线将发生变动。

假定商品的价格不变，但消费者的收入增加或者减少时，则预算线将向外或向内平行移动，如图3-6（a）所示。如果消费者收入和商品 X_2 的价格不变，商品 X_1 的价格变动，则如图3-6（b）所示。同样，如果消费者收入和商品 X_1 的价格不变，商品 X_2 的价格变动，则如图3-6（c）所示。

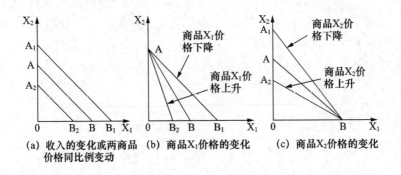

(a) 收入的变化或两商品
价格同比例变动
(b) 商品 X_1 价格的变化
(c) 商品 X_2 价格的变化

图3-6　预算线的变动

四、消费者均衡

在已知消费者的无差异曲线和预算线约束的前提下，就可以分析消费者对最优商品组合的选择。具体的做法是将无差异曲线和预算线结合起来，研究消费者如何使有限的收入取得最大的效用或者达到最大限度的满足，即研究消费者均衡问题。

消费者收入和两种商品价格既定，表示消费者的一个预算线被确定。同时，若消费者的偏好一定，表示消费者的无差异曲线图也为一定。消费者的最优购买行为必须满足两个条件：第一，最优的商品购买组合必须是能够给消费者带来最大效用的商品组合；第二，最优的商品购买组合必须位于给定的预算线上。

下面，我们利用图3-7来说明消费者的最优购买行为（消费者均衡）。

在图 3-7 中，给定消费者收入和商品的价格，我们把消费者的预算线置于无差异曲线图里，它与无差异曲线的关系将有以下三种情况：

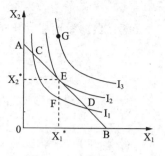

图 3-7 消费者均衡

第一，预算线 AB 与无差异曲线 I_1 相交于 C、D 两点，这两点虽代表着消费者一定的满足程度，但它们并没有达到消费者支出允许的范围内所获得的最大效用水平。因为与 E 点相比，C、D 两点代表的效用水平更小，而 E 点也在消费者支出允许范围之内，显然，E 点在 I_2 效用水平上，比 I_1 效用水平高。

第二，预算线 AB 与无差异曲线 I_3 不相交，也不相切，虽然 I_3 代表的效用水平较之 I_1、I_2 的效用水平更高，但对消费者来说，已经超越其财力的许可，即 I_3 中的 G 点是不可能达到的。

第三，预算线 AB 与无差异曲线 I_2 相切于 E 点，E 点同时在预算线 AB 及无差异曲线 I_2 上，意味着它所代表的商品组合是消费者用现有的收入可以购买到的，同时能给消费者带来最大的满足程度。显然，只要 E 点沿着预算线偏离原来的位置，它所代表的满足程度都将低于 I_2 水平。因此，切点 E 是在收入为一定的条件下给消费者带来最大效用的商品组合（X_1^*，X_2^*），此时预算线的斜率等于无差异曲线在该点切线的斜率。

通过以上分析，我们找出消费者效用最大化的均衡条件。无差异曲线的斜率的绝对值就是商品的边际替代率 $MRS_{1,2}$，预算线的斜率的绝对值可以用两种商品的价格之比 $\dfrac{P_1}{P_2}$ 来表示。因此，在均衡点 E 上有：

$$-\frac{P_1}{P_2} = -\frac{MU_1}{MU_2} \quad \text{或} \quad \frac{MU_1}{P_1} = \frac{MU_2}{P_2} \tag{3.11}$$

式（3.11）就是消费者效用最大化的均衡条件。它表示在一定的预算约束下，为了实现最大的效用，消费者应该选择最优的商品组合，使得两商品的边际效用之比等于两商品的价格之比。

至此，我们介绍了基数效用论者如何运用边际效用分析法研究消费者行为，也介绍了序数效用论者如何运用无差异曲线分析法研究消费者行为。虽然他们各自运用的是不同的分析方法，但两者所得出的消费者的均衡条件实质上是相同的。即式（3.5）与式（3.11）是一致的。

例题：已知某君每月收入 120 元，全部花费于 X 和 Y 两种商品，他的效用函数为 U = XY，X 的价格是 2 元，Y 的价格是 3 元。求：为使获得的效用最大，他购买的 X 和 Y 各为多少？

解：根据效用极大化条件 $\dfrac{MU_1}{P_1} = \dfrac{MU_2}{P_2}$ 计算最佳购买量。

由 $U = XY$ 得 $MU_X = Y$，$MU_Y = X$

又 $P_X = 2$，$P_Y = 3$

解方程组 $\begin{cases} 2X = 3Y \\ 2X + 3Y = 120 \end{cases}$

得 $X = 30$，　$Y = 20$

即为使获得的效用最大，他应购买 30 单位的 X 和 20 单位的 Y。

五、价格变化与收入变化对消费者均衡的影响

上述消费者均衡条件的实现是在消费者收入和商品价格既定条件下推导而得的。如果消费者收入或商品的价格发生了变化，消费者均衡点就将发生变动。

1. 价格变化：价格—消费曲线

当消费者收入不变，但商品的价格发生变化时，预算线将发生变动，从而引起消费者均衡点变动，把这些变动了的均衡点连接起来，就可以得到价格—消费曲线。

价格—消费曲线（Price Consumption Curve，PCC）：当单一商品价格发生变化，消费者收入和另一商品价格不变的情况下消费者均衡点变动的轨迹。

图 3-8 中的 PCC 就是价格—消费曲线。

2. 收入变化：收入—消费曲线

当商品的价格不变而消费者的收入发生变化时，预算线会平行向左、右移动并与一条又一条无差异曲线相切，把这些切点连成线就可得到一条收入—消费曲线。

收入—消费曲线（Income Consumption Curve，ICC）：商品价格不变而消费者收入变动引起的消费者均衡点变动的轨迹。

图 3-9 中的 ICC 就是收入—消费曲线。

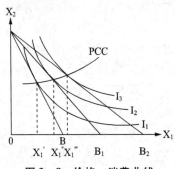

图 3-8　价格—消费曲线

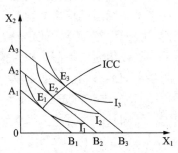

图 3-9　收入—消费曲线

六、消费者剩余

在消费者购买的商品所提供的总效用与消费者为此所花费的货币总效用之间，通常存在一个差额，这个差额一般用消费者剩余来刻画。

消费者剩余（Consumer's Surplus）是指消费者消费一定数量的某种商品所获得的总效用，与他为此所花费的货币总效用的差额。简言之，是消费者对一种商品愿意支付的价格与实际支付的价格之差额。如图 3 – 10 所示，某商品的均衡价格为 P_0，则消费者剩余为图中三角形 AEP_0 的面积。

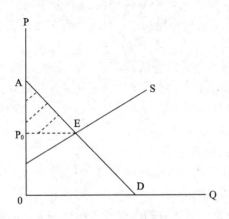

图 3 – 10   消费者剩余

例题：某人对苹果的需求状况如表 3 – 4 所示。苹果价格为 15 元时，他愿意购买 1 公斤；苹果价格为 14 元时，他愿意购买 2 公斤；苹果价格为 13 元时，他愿意购买 3 公斤……

表 3 – 4   消费者剩余状况表   单位：元

P	15	14	13
Q（公斤）	1	2	3
实际市场价格	13	13	13
消费者剩余	2	1	0

注：消费者从消费 3 公斤苹果中所获得的总效用为 42 元（15 + 14 + 13 = 42 元）或 42 元所代表的效用单位。他实际支付的费用是 39 元（13 × 3 = 39）或 39 元所代表的效用单位。其中，3 元（42 – 39 = 3）或 3 元所代表的效用单位差额便构成消费者剩余。

本章小结

（1）在西方经济学的发展过程中，对消费者的消费行为的分析，主要有基数效用论（用边际效用分析方法）和序数效用论（用无差异曲线分析方法）。

（2）效用就是指消费者从消费某种商品或劳务中所获得的满足程度。效用这一概念与人的欲望是联系在一起的，它是消费者对商品满足自己欲望的能力的一种主观心理评价。

（3）基数效用论用边际效用分析消费者行为。边际效用是指消费者在一定时期内增加一单位某商品或劳务的消费所得到的效用的增量。边际效用具有递减法则。消费者实现效用最大化的均衡条件是，如果消费者的货币收入水平是固定的，市场上各种商品的价格是已知的，那么，消费者应该使自己所购买的各种商品的边际效用与价格之比相等。

（4）序数效用论用无差异曲线分析消费者行为。无差异曲线是用来表示能给消费者带来相同效用的两种商品的不同组合的轨迹。预算线是指在消费者收入和商品价格既定的条件下，消费者的全部收入所能购买到的两种商品的各种可能性组合的轨迹。消费者实现效用最大化的均衡条件是，在一定的预算约束下，为了实现最大的效用，消费者应该选择最优的商品组合，使得两商品的边际效用之比等于两商品的价格之比。

（5）消费者均衡是会变动的。价格的变动会引起消费者均衡点变动，由此推导出价格—消费曲线。消费者收入的变动也会引起消费者均衡点变动，由此推导出收入—消费曲线。

基本概念

效用　总效用　边际效用　边际效用递减规律　无差异曲线　边际替代率　预算线　消费者均衡　价格—消费曲线　收入—消费曲线

复习思考题

一、单项选择题

1. 若无差异曲线上一点的斜率 dY/dX = -2，这意味着，消费者放弃一单位 X 商品能获得（　　）单位 Y 商品。

　　A. 2　　　　　　　　B. 1/2　　　　　　　C. 1/4　　　　　　　D. 4

2. 效用是人们需要的一切商品所共有的一种特性，它是（　　）。

　　A. 客观的　　　　　　　　　　　　B. 主观的

　　C. 客观和主观的统一　　　　　　　D. 既非客观，也非主观

3. 若消费者低于他的预算线消费，则消费者（　　）。

　　A. 没有完全用完预算支出　　　　　B. 用完了全部预算支出

　　C. 或许用完了全部预算支出　　　　D. 处于均衡状态

4. 一个人从物品与劳务消费中得到的好处被称为（　　）。

　　A. 边际效用　　　　　　　　　　　B. 效用

　　C. 消费需求　　　　　　　　　　　D. 消费者均衡

5. 无差异曲线上某一点切线的斜率表示（　　）。

　　A. 商品价格的比率　　　　　　　　B. 要素价格的比率

　　C. 边际替代率　　　　　　　　　　D. 收入水平

6. 某人消费苹果和香蕉。假定他的收入增加了一倍，苹果与香蕉的价格也上升了一倍，那么，他的预算线将（　　）。

　　A. 仍然不变　　　　　　　　　　　B. 向外移动，但斜率不变

　　C. 向外移动，但更陡峭了　　　　　D. 向外移动，但更平坦了

7. 序数效用论认为，商品效用的大小（　　）。

　　A. 取决于它的使用价值　　　　　　B. 取决于它的价格

　　C. 不可比较　　　　　　　　　　　D. 可以比较

8. $MRS_{x,y}$ 递减，MU_x 和 MU_y 必定（　　）。

　　A. 递增　　　　　　　　　　　　　B. 递减

　　C. MU_x 递减，而 MU_y 递增　　　D. MU_x 递增，而 MU_y 递减

9. 预算线上每一点所反映的可能购买的商品的数量组合是（　　）。

　　A. 相同的　　　　　　　　　　　　B. 不同的

　　C. 在某些场合下相同　　　　　　　D. 以上三者都不对

10. 如果消费者的预算收入为 100 美元，商品 X 和 Y 的价格分别为 10 美元和 3 美元，消费者打算购买 7 单位 X 和 10 单位 Y，这时商品 X、Y 的边际效用分别为 50 和 18，那么，要达到效用最大化，他应该（　　）。

A. 停止购买

B. 减少 X 和增加 Y 的购买量

C. 增加 X、Y 的购买量

D. 增加 X 的同时减少 Y 的购买量

11. 如果甲消费者想用商品 X 交换乙消费者的商品 Y，结果得到了乙的同意，可以推断在当时（　　）。

A. 甲的 $MRS_{X,Y}$ > P_X/P_Y > 乙的 $MRS_{X,Y}$

B. 乙的 $MRS_{X,Y}$ > P_X/P_Y > 甲的 $MRS_{X,Y}$

C. 甲的 $MRS_{X,Y}$ > 乙的 $MRS_{X,Y}$ > P_X/P_Y

D. P_X/P_Y > 乙的 $MRS_{X,Y}$ > 甲的 $MRS_{X,Y}$

12. 消费品价格变化时，连接消费者诸均衡点的曲线称为（　　）。

A. 价格—消费曲线　　　　　　　　B. 收入—消费曲线

C. 恩格尔曲线　　　　　　　　　　D. 需求曲线

13. 消费者预算线发生平移时，连接消费者诸均衡点的曲线称为（　　）。

A. 价格—消费曲线　　　　　　　　B. 收入—消费曲线

C. 恩格尔曲线　　　　　　　　　　D. 需求曲线

14. 当消费者收入提高时，下述（　　）曲线必然向右上方移动。

A. 预算线　　　　　　　　　　　　B. 无差异曲线

C. 成本曲线　　　　　　　　　　　D. 供给曲线

15. 当商品 X 和 Y 的价格按相同比率上升，而收入不变，此时预算线（　　）。

A. 向左下方平行移动　　　　　　　B. 向右上方平行移动

C. 向左下方或右上方平行移动　　　D. 不移动

二、问答题

1. 如果你有一辆需要四个轮子才能开动的车子有了三个轮子，那么当你有第四个轮子时，这第四个轮子的边际效用似乎超过第三个轮子的边际效用，这是不是违反了边际效用递减规律？

2. 消费品的边际替代率（MRS）的含义是什么？为什么它是递减的（其理论基础是什么）？

3. 我国许多大城市由于水源不足，自来水供应紧张，请根据边际效用递减原理，设计一种方案供政府来缓解或消除这个问题，并请回答这种措施：

（1）对消费者剩余有何影响？

（2）对生产资源的配置有何有利或不利的效应？

（3）对于城市居民收入分配有何影响？能否有什么补救的措施？

三、计算题

1. 若消费者张某消费 X 和 Y 两种商品所获得的效用函数为 $U = X^2Y^2$，张某收入为 500 元，X 商品和 Y 商品的价格分别为 2 元和 5 元，求张某的最优购买量。

2. 已知效用函数为 $U = X^2 + Y^2$，求当 X = 10，Y = 5 时的 $MRS_{x,y}$，$MRS_{y,x}$。

第 四 章

生产理论

第三章我们从需求方面研究了消费者的行为，本章我们将从供给角度研究生产者的行为，分析生产过程中随着生产要素投入的变化，产量将如何变动？考察厂商为了实现利润最大化，在生产中实现最优生产要素组合的均衡条件。

第一节 厂商及其目标

在西方经济学中，生产者又称为厂商或企业，它是指能够做出统一的生产决策的单个经济组织。

一、厂商的组织形式

按照其法律组织形式，厂商主要可以分为三类：个体业主制企业、合伙制企业、公司制企业。

（1）个体业主制企业是指单个人出资并负责经营的企业。个体业主制企业的优势是：管理成本低；个体业主的利润动机强烈；个体业主有很大自由决策权。其劣势是：资金有限，限制了企业发展；企业管理的专门化程度低；个体业主承担无限责任。

（2）合伙制企业是指两个或两个以上的业主合伙组成的企业。合伙制企业的优势是：企业一般不大，便于管理；资金来源较个体业主制企业多。其劣势是：多人所有和参与管理，不利于协调和统一；资金和规模仍有限，不利于企业发展；合伙人之间的契约关系欠稳定；无限责任依然没有解除。

（3）公司制企业是指按公司法建立和经营的具有法人资格的厂商组织，是一种现代企业组织形式，具有法人资格。公司制企业的优势是：公司是一种最有效的融资组织形式；有限责任；管理专门化；连续性强。其劣势是：所有权与管理权分离，导致管理层与股东目标不一致，由此带来一系列问题。

公司制企业实行法人治理结构，即形成由股东会、董事会、经理和监事会组成并有相互制衡关系的管理机制。其中，股东会是企业的权力机构；董事会是企业的经营决策机构，董事由股东选出并代表股东的意志对公司经营做出决策；经理层是董事会聘任的负责公司日常经营管理的人员；监事会是公司的监督机构。

二、厂商的目标

在经济学中，一般总是假定厂商（企业）作为生产经营性组织，其目标是追求利润极大化。对于个体业主制企业和合伙制企业来说，这一目标是非常明显的，对于现代公司制企业，这一目标似乎就不那么明显了。在公司制企业，所有者往往不是企业的真正经营者，虽然所有者（股东）的目标是利润极大化，但经营者直接关心的是如何把企业规模做大，实现产品销售的市场份额极大化，或者是追求他们自己的在职消费、个人收入等最大化。企业所有者和企业经理之间是委托人和代理人之间的契约关系。由于信息的不对称，所有者不能完全监督和控制公司经理的行为，这势必造成经理在一定程度上偏离企业的利润最大化目标。

第二节　短期生产函数

厂商进行生产就是对各种生产要素进行组合以制造产品或提供服务的过程。生产要素一般被划分为劳动、土地、资本和企业家才能这四种类型。生产过程中生产要素的投入量和产品的产出量之间存在着一定的关系，可以用生产函数来表示。

一、生产函数的定义

生产函数（Production Function）表示在一定时期内，在技术水平不变的情况下，生产中所使用的各种生产要素的数量与所能生产的最大产量之间的关系。一般记为：

$$Q = f(X_1, X_2, \cdots, X_n) \tag{4.1}$$

式（4.1）中，X_1，X_2，$\cdots$，X_n 表示投入生产的各种生产要素，Q 表示上述各种生产要素组合所能提供的最大产出量。

该生产函数表示在一定时期内在既定的生产技术水平下的生产要素组合

$(X_1,X_2,\cdots,X_n)$ 所能生产的最大产量为 Q。

为了讨论方便,通常假定生产中只使用两种生产要素,即劳动和资本。若以 L 代表劳动的投入量,以 K 代表资本的投入量,则生产函数为:

$$Q = f(L,K) \tag{4.2}$$

生产函数表示生产中的投入量和产出量之间的依存关系,这种关系普遍存在于各种生产过程之中。

二、短期生产函数

在微观经济学中,短期和长期不是以时间长短来划分的,而是以生产要素是否全部可变来划分的。短期是指生产者来不及调整全部生产要素的数量,至少有一种生产要素的数量是固定不变的时间周期。长期是指生产者可以调整全部生产要素的数量的时间周期。

现实经济中,短期内,厂房、设备等投入都是固定不变的,或者说,是难以改变的,厂商只能通过改变对劳动、原材料、燃料等的投入量来调整其产量。这些在短期内可以改变和调整投入数量的生产要素属于可变投入,而厂房、设备和使用的土地等短期内无法被改变投入数量的生产要素属于不变投入或固定投入。

为了论述方便,我们假定产出品只有一种,投入的生产要素只有两种,即劳动 (L) 和资本 (K),这样,生产函数便可记为:

$$Q = f(L,K_0) \tag{4.3}$$

式中,K_0 代表资本固定不变。这就是通常采用的一种可变生产要素的生产函数的形式,它也被称为短期生产函数。

三、总产量、平均产量和边际产量

短期生产函数 $Q = f(L,K_0)$ 表示在资本投入量固定时,由劳动投入量变化所带来的最大产量的变化。由此,我们可以得到劳动的总产量、劳动的平均产量和劳动的边际产量这三个概念。它们的英文简写顺次为 TP、AP 和 MP。

1. *劳动的总产量*(Total Product)

劳动的总产量是指与一定的可变要素劳动的投入量相对应的最大产量。简写为 TP_L,它的公式为:

$$TP_L = f(L,K_0) \tag{4.4}$$

2. *劳动的平均产量*(Average Product)

劳动的平均产量是指平均每一单位可变要素劳动投入量所生产的产量。简写为 AP_L,它的公式为:

$$AP_L = \frac{TP_L(L,K_0)}{L} \tag{4.5}$$

3. 劳动的边际产量（Marginal Product）

劳动的边际产量是指增加一单位可变要素劳动投入量所增加的产量。简写为 MP_L，它的公式为：

$$MP_L = \frac{\Delta TP(L,K_0)}{\Delta L} \tag{4.6}$$

当劳动的增加量趋于无穷小时，即 $\Delta L \to 0$ 时有：

$$MP_L = \lim_{\Delta L \to 0} \frac{\Delta TP(L,K_0)}{\Delta L} = \frac{dTP(L,K_0)}{dL} \tag{4.7}$$

根据以上的定义公式，可以举例编制一张关于一种可变生产要素的生产函数的总产量、平均产量和边际产量的表格，见表4-1。

表4-1 总产量、平均产量和边际产量

劳动投入量（L）	劳动的总产量（TP_L）	劳动的平均产量（AP_L）	劳动的边际产量（MP_L）
0	0	0	
1	3	3	3
2	8	4	5
3	12	4	4
4	15	3 (3/4)	3
5	17	3 (2/5)	2
6	17	2 (5/6)	0
7	16	2 (2/7)	-1
8	13	1 (5/8)	-3

4. 总产量曲线、平均产量曲线和边际产量曲线

根据表4-1中的数据，可以描绘总产量曲线、平均产量曲线和边际产量曲线。如图4-1所示。

总产量曲线有以下特征：①始于原点；②曲线在某一点的斜率就是该点的劳动边际产量；③是一条先凸后凹的曲线（相对于横轴和原点来说）；④曲线内的点代表缺乏效率，曲线外的点表示在现有的技术水平下不可能生产的点。

三条曲线之间存在着密切的关系：

（1）总产量与边际产量的关系。总产量曲线上任一点的边际产量，就是该点切线的斜率。

（2）总产量与平均产量的关系。总产量曲线上任一点到原点的连线的斜率，就是该总产量水平上的平均产量。

（3）边际产量与平均产量的关系。从图4-1中可以看出，边际产量曲线与平均产量曲线一定相交于平均产量曲线的最高点。

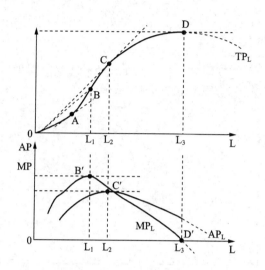

图4-1 总产量曲线、平均产量曲线和边际产量曲线

四、边际收益递减规律

由表4-1和图4-1可以清楚地看出，对一种可变生产要素的生产函数来说，边际产量表现出先上升而最终下降的特征，这一特征被称为边际收益递减规律，或者称为边际报酬递减规律（Law of Diminishing Marginal Return）。

边际收益递减规律可表述如下：在技术水平和其他生产要素投入量不变的条件下，连续地把某一生产要素的投入量增加到一定数量之后，所得到的产量的增量是递减的。

一般来说，某一可变生产要素的边际产量一开始是递增的，原因在于，当其他生产要素为固定投入，而某一生产要素刚开始投入时，生产要素的结构不合理，与可变生产要素相比，固定生产要素的投入过多，不能充分地发挥生产作用。而增加可变生产要素投入会使生产要素结构逐渐趋于合理，使各种投入要素的生产效率都得到提高。例如，当劳动人数过少时，有些机器设备就无法运转，此时增加劳动人数，就可以使机器设备有效地运转起来。但是，当可变生产要素的增加超过某一限度时，必定相对于其他固定生产要素而言显得过多，生产要素结构又会走向不合理。从而可变生产要素的边际产量递减，甚至出现负增长。例如，在技术水平和其他投入不变的条件下，只增加化肥投入到麦田中，若超过化肥的最佳使用量后，还继续增加化肥的使用量，就会对小麦生产带来不利影响，化肥的边际产量也会下降。过多地施用化肥甚至会烧坏庄稼，导致负的边际产量。

五、短期生产的三个阶段

根据短期生产的总产量曲线、平均产量曲线和边际产量曲线之间的关系，可以将短期生产划分为三个阶段。如图 4-2 所示。

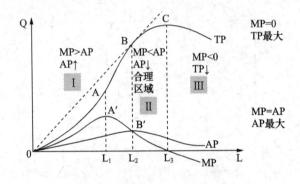

图 4-2　短期生产的三个阶段

（1）在第 I 阶段，即从原点到 AP_L 的最高点，产量曲线的特征为：劳动的平均产量始终是上升的，且达到最大值；劳动的边际产量上升达到最大值，然后，开始下降，且劳动的边际产量始终大于劳动的平均产量（$MP_L > AP_L$）；劳动的总产量始终是增加的。这说明，在这一阶段，不变要素资本的投入量相对过多，增加可变要素劳动的投入量是有利的。或者说，生产者只要增加可变要素劳动的投入量，就可以较大幅度地增加总产量。因此，任何理性的生产者都不会在这个阶段停止生产。

（2）在第 II 阶段，即从 AP_L 的最高点到 MP_L 为 0 点，产量曲线的特征为：劳动的平均产量递减，虽然劳动的边际产量始终小于劳动的平均产量（$MP_L < AP_L$），但边际产量大于零，总产量仍上升。这说明增加可变生产要素劳动的投入还是有利的。

（3）在第 III 阶段，即自 MP_L 为 0 点以后，产量曲线的特征为：劳动的平均产量继续下降，劳动的边际产量降为负值，有 $MP_L < 0$，总产量开始递减。这说明，在这一阶段，可变要素资本的投入量相对过多，生产者减少可变要素劳动的投入量是有利的。因此，这时即使劳动要素是免费供给的，理性的生产者也不会增加劳动投入量，而是通过减少劳动投入量来增加总产量，以摆脱劳动的边际产

量为负值和总产量下降的局面，并退回到第Ⅱ阶段。

理性的厂商会选择在哪个生产阶段从事生产呢？在第Ⅰ阶段，增加劳动投入能使平均产量增加，即增加劳动投入有利可图，因此，厂商必定会增加劳动投入，从而进入生产的第Ⅱ阶段。在第Ⅲ阶段，增加劳动投入反而减少产量，厂商不会进入第Ⅲ阶段。由此可见，任何理性的生产者既不会将生产停留在第Ⅰ阶段，也不会将生产扩张到第Ⅲ阶段，所以，生产只能在第Ⅱ阶段进行，第Ⅱ阶段即是可变要素的合理投入区域，或称为短期生产的决策区域。至于在第Ⅱ阶段的哪一点是生产者应选择的利润最大化的最佳点，则有待于以后结合成本、收益和利润进行进一步的分析。

例题：设某厂商品总产量函数为 $TP_L = 72L + 15L^2 - L^3$，求：

（1）当 $L = 7$ 时，边际产量 MP_L 是多少？

（2）L 的投入量为多大时，边际产量 MP_L 将开始递减？

解：（1）∵边际产量是总产量的一阶导数

∴当 $L = 7$ 时，$MP_L = TP_L' = 72 + 30L - 3L^2 = 72 + 30 \times 7 - 3 \times 7^2 = 135$

（2）边际产量 MP_L 达到最大值后开始递减，MP_L 最大时，其一阶导数为零，即令 $MP_L' = 30 - 6L = 0$，得 $L = 5$。

所以，L 的投入量为 5 时，边际产量 MP_L 将开始递减。

第三节 长期生产函数

对于厂商来说，虽然在短期内，厂房、设备等投入都是固定不变的，只能通过改变劳动等可变投入来调整其产量，但在长期内，所有投入的要素都是可变的。在本节，我们以两种可变生产要素（劳动 L 和资本 K）的生产函数，来讨论长期生产中可变生产要素的投入组合和产量之间的关系。

一、长期生产函数

在长期内，所有的生产要素的投入量都是可变的，两种可变生产要素的长期生产函数可以写为：

$$Q = f(L, K) \tag{4.8}$$

式中，L 为可变要素劳动的投入量；K 为可变要素资本的投入量；Q 为产量。

二、等产量曲线

1. 定义

等产量曲线（Isoquant Curve）是指在技术水平不变的条件下生产一定产量的两种生产要素投入量的所有不同组合的轨迹。以常数 Q_0 表示既定的产量水平，则与等产量曲线相对应的生产函数为：

$$Q = f(L,K) = Q_0 \tag{4.9}$$

下面举例来说明等产量曲线。

设某种产品的生产函数为 $Q = 0.5LK$，则产量 $Q = 10$ 时，可以采用的 L 与 K 的组合如表 4 – 2 所示。

表 4 – 2 等产量的四种组合

Q	组合	L	K
10	A	1	20
10	B	2	10
10	C	4	5
10	D	5	4

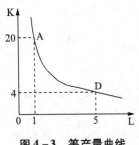

图 4 – 3 等产量曲线

依据表 4 – 2 可以画出等产量曲线，如图 4 – 3 所示。

2. 等产量曲线的特征

等产量曲线与无差异曲线的特征相似，具体说来有以下几点：

（1）等产量曲线是一条向右下方倾斜的线，斜率是负的。表明实现同样产量，增加一种要素，必须减少另一种要素。

（2）在同一个平面上可以有无数条等产量曲线。同一条曲线代表相同的产量水平；不同的曲线代表不同的产量水平。离原点越远的等产量曲线代表的产量水平越高，高位等产量曲线的生产要素组合量越大。

（3）同一平面上的任意两条等产量曲线不能相交。其证明方法参见无差异曲线特征的第（3）点。

（4）等产量曲线凸向原点。

3. 边际技术替代率

与等产量曲线相联系的一个概念是边际技术替代率（Marginal Rate of Technical Substitution，MRTS）。边际技术替代率是指在维持产量不变的条件下，增加一单位某种生产要素投入量时所减少的另一种生产要素的投入数量。

劳动对资本的边际技术替代率的定义公式为：

$$MRTS_{LK} = -\frac{\Delta K}{\Delta L} \tag{4.10}$$

式中，ΔK 和 ΔL 分别代表资本投入量的变化量和劳动投入量的变化量。公式中加一负号是因为 MRTS 值在一般情况下取正值，以便于比较。

如果要素投入量的变化量为无穷小，则：

$$MRTS_{LK} = \lim_{\Delta L \to 0} -\frac{\Delta K}{\Delta L} = -\frac{dK}{dL} \tag{4.11}$$

显然，等产量曲线上某一点的边际技术替代率就是等产量曲线在该点斜率的绝对值。

边际技术替代率还可以表示为两种要素的边际产量之比。即：

$$MRTS_{LK} = -\frac{dK}{dL} = \frac{MP_L}{MP_K} \tag{4.12}$$

求证的方法与 MRS 的方法一样。令生产函数 Q（L，K）等于任一常数 K，全微分后得：

$$dQ = \frac{\partial Q}{\partial L} \cdot dL + \frac{\partial Q}{\partial K} \cdot dK = dk = 0$$

$$dQ = MP_L \cdot dL + MP_K \cdot dK = 0$$

因此有：

$$-\frac{dK}{dL} = \frac{MP_L}{MP_K} = MRTS_{LK}$$

4. 边际技术替代率递减规律

在两种生产要素相互替代的过程中，普遍地存在这么一种现象：在维持产量不变的前提下，当一种生产要素的投入量不断增加时，每一单位的这种生产要素所能替代的另一种生产要素的数量是递减的。这一现象被称为边际技术替代率递减规律。如图 4 - 4 所示。

边际技术替代率递减规律使得等产量曲线像无差异曲线一样向右下方倾斜，且凸向原点。

边际技术替代率递减的主要原因在于：任何一种产品的生产技术都有各自要素投入之间的适当比例，这就意味着要素之间的替代是有限的。

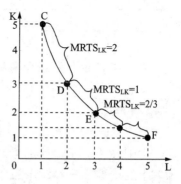

图 4 - 4 边际技术替代率递减

三、等成本线

等产量曲线上任何一点都代表生产一定产量的两种要素组合，厂商在生产过程中选择哪一种要素组合才最好呢？这要联系总成本来讨论，而总成本又要依赖于要素的价格。为此，要讨论要素的最佳组合，还需要引入等成本线（Isocost Curve）。

1. 等成本线定义

等成本线，是在既定的成本和既定生产要素价格条件下生产者可以购买到的两种生产要素的各种不同数量组合的轨迹。

假定生产要素市场上既定的劳动的价格即工资率为 ω，既定的资本的价格即利息率为 r，厂商既定的成本支出为 C，则成本方程为：

$$C = \omega L + rK \tag{4.13}$$

由成本方程可得：

$$K = \frac{C}{r} - \frac{\omega}{r} \cdot L \tag{4.14}$$

假定每单位资本的价格为 r = 500 美元，每单位劳动的价格 ω = 1000 美元，则总成本为 C = 3000 美元时的 K 和 L 的各种组合，如表 4 - 3 所示。

表 4 - 3　等成本的要素组合

组合	K（单位）	L（单位）
A	0	3
B	2	2
C	4	1
D	6	0

表 4 - 3 中的各种组合说明，若 C、ω、r 已知，可以有多种组合满足成本方程 C = ωL + rK，如上例中，A、B、C、D 四个组合都满足成本方程 3000 = 500K + 1000L。

根据上例可以得到等成本线，如图 4 - 5 所示。

由于式（4.14）的成本方程是线性的，因而，等成本线必定是一条直线。其横轴上的点 C/ω 表示既定的全部成本都购买劳动时的数量（上例中为 3 个单位劳动），纵轴上的点 C/r 表示既定的全部成本都购买资本时的数量（上例中为 6 个单位资本），连接这两个点的线段就是等成本线。它表示既定的全部成本所能够购买到的劳动和资本的各种组合。

2. 等成本线的斜率

由式（4.14）可知，等成本线的斜率为 $-\dfrac{\omega}{r}$，即为两种生产要素价格之比的负值。等成本线的斜率为负值，表示 L 和 K 的数值呈相反方向变化，即增加资本的购买量必须减少劳动的购买量；反之，增加劳动的购买量必须减少资本的购买量。

在图 4-5 中，等成本线以内区域中的任何一点，如 A 点，表示既定的全部成本都用来购买劳动和资本的组合以后还有剩余。等成本线以外的区域中的任何一点，如 B 点，表示用既定的全部成本购买该点的劳动和资本的组合是不够的。唯有等成本线上的任何一点，才表示用既定的全部成本能刚好购买到的劳动和资本的组合。

3. 等成本线的变化

在成本固定和要素价格已知的条件下，便可以得到一条等成本线。所以，任何关于成本和要素价格的变动，都会引起等成本线发生变化。变化的具体情况是，如果两种生产要素的价格不变，厂商投入的总成本增加了，等成本线将向右上方平行移动；如果厂商投入的总成本减少了，等成本线将向左下方平行移动。如上例中，$C_1 = 4000$ 美元时，等成本线右移至 A_1B_1；$C_2 = 2000$ 美元时，等成本线左移至 A_2B_2，如图 4-6 所示。

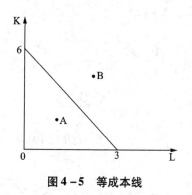

图 4-5 等成本线

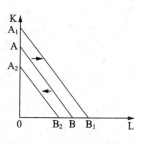

图 4-6 等成本线的变化

四、最优的生产要素组合

在长期，所有的生产要素的投入数量都是可变动的，任何一个理性的生产者都会选择最优的生产要素组合进行生产。要解决生产要素的最优组合问题，必须将等产量曲线和等成本线结合起来，研究生产者是如何选择最优的生产要素组合的，从而实现既定成本条件下的最大产量，或者实现既定产量条件下的最小成本。这两种情况的要素组合点表现在图形上，都是等成本线与等产量曲线相切之点。图4-7中的 E 点，就是成本一定时产量最大的要素组合点，也被称为生产者均衡点。

在图4-7中，有一条等成本线 AB 和三条等产量曲线 Q₁、Q₂、Q₃。等产量曲线 Q₃ 代表的产量虽然最大，但唯一的等成本线 AB 与等产量曲线 Q₃ 既无交点又无切点。这表明等产量曲线 Q₃ 所代表的产量是厂商在既定成本下无法实现的产量。而等产量曲线 Q₁ 虽然与等成本线 AB 相交于 C、D 两点，但等产量曲线 Q₁ 所代表的产量是比较低的，其小于等产量曲线 Q₂ 所代表的产量。此时生产者在不增加成本的情况下，只需要由 C 点出发向右或由 D 点出发向左沿着既定的等成本线 AB 改变要素组合，就可以增加产量。所以，只有在唯一的等成本线 AB 与等产量曲线 Q₂ 相切的 E 点，才是实现既定成本条件下的最大产量的要素组合。E 点就是生产者均衡点，它表示在既定成本条件下，厂商应该按照 E 点的生产要素组合进行生产，即劳动投入量和资本投入量分别为 $0L^*$ 和 $0K^*$，这样，厂商就会获得最大产量。

图4-8中的 E 点，则是产量一定时成本最小的要素组合点。

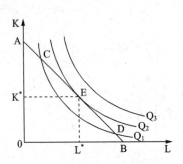

**图4-7 既定成本条件下产量
最大的要素组合**

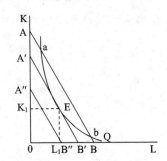

**图4-8 既定产量条件下成本
最小的要素组合**

在图4-8中，生产者只能选择 A′B′等成本线，低于 A′B′的等成本线，如 A″B″，不能使生产达到曲线 Q 的产量水平；高于 A′B′的等成本线，虽然可以使生产达到曲线 Q 所代表的产量，如 a、b 两点，但成本高，不经济；只有 E 点代表的 K₁L₁ 单位的资本与劳动的组合，才是生产曲线 Q 所代表的产量的成本最为节约的组合，即成本最低的要素组合。

从以上分析可见，生产者均衡或者说要素投入最优组合发生在等产量曲线和等成本线相切之点上，即要求等产量曲线的切线斜率与等成本线的切线斜率相等。用公式表示为：

$$\frac{MP_L}{MP_K}=\frac{\omega}{r} \quad 或 \quad \frac{MP_K}{r}=\frac{MP_L}{\omega} \tag{4.15}$$

式（4.15）这一条件可以推广到采用多种生产要素进行生产的场合。

第四节　规模报酬

在长期生产中，投入的生产要素都发生变动，随着总投入的增加，生产规模不断扩大。这种生产规模的扩大会对产量带来怎样的影响呢？我们在本节进行分析。

一、规模报酬的含义

所谓规模报酬（Return to Scale），就是探讨这样一种投入—产出的数量关系，当各种要素同时增加或减少一定比例时，生产规模变动所引起的产量变化的情况。

例如，假定一个生产化肥的工厂使用 10 个单位的资本和 5 个单位的劳动，日产 10 吨化肥。现在将企业的生产规模扩大一倍，即使用 20 个单位的资本和 10 个单位的劳动，资本投入和劳动投入各增加了一倍，这时，日产化肥的数量可能有三种情况：一是日产 20 吨化肥；二是日产化肥数超过 20 吨；三是日产化肥数不足 20 吨。这就是三种不同的规模报酬。

二、规模报酬的变动

上述生产化肥的厂商增加一倍的资本投入和劳动投入，化肥产量不外乎三种情况：

1. 规模报酬递增（Increasing Return to Scale）

这种情况的特征是产量的数量变化比例大于要素投入的变化比例。上述生产化肥的例子中的第二种情况就是如此。

规模报酬递增的原因：

（1）生产要素同时增加后，能够利用更先进的技术和机器设备等生产要素。

（2）生产要素同时增加后，企业内部分工更合理和专业化，这会提高劳动生产率。

（3）生产要素同时增加后，管理可能更加合理，先进的管理可以更进一步充分发挥各生产要素的组合功能，从而带来更高的效率和收益。

（4）生产要素同时增加后，使某些具有不可分性质的生产要素效率提高了。有些生产要素必须达到一定的生产水平，才能更有效率，这表明原有生产规模中含有扩大生产的潜力。例如，一个邮递员每天原来给某地段送100封信，现在，当有2000封信要送时，可能只要增加两个或三个邮递员就够了，而不是需要配备20个邮递员。

2. 规模报酬不变（Constant Return to Scale）

这种情况的特征是产量的数量变化比例等于要素投入的变化比例。上述生产化肥的例子中的第一种情况就是如此。

规模报酬不变的原因主要是由于规模报酬递增的因素吸收完毕，某种生产组合的调整受到了技术上的限制。假定一个生产衣服的工人，操纵一台机器生产衣服已达到最大效率，这时要增加产量，除非是改进机器，或者采用新机器；如果只是同比例增加工人和机器，产量只会与要素投入同比例变化，使规模报酬成为常数状态。

3. 规模报酬递减（Diminishing Return to Scale）

这种情况的特征是产量的数量变化比例小于要素投入的变化比例。上述生产化肥的例子中的第三种情况就是如此。

规模报酬递减的原因，主要是规模过大造成管理效率下降。具体来说，可能是由于规模过大后，造成企业家管理能力下降；企业内部合理分工遭到破坏；信息不畅使生产运行出现障碍；等等。

一般来说，在企业的生产过程中，企业的规模报酬的变化呈现出如下的规律：当企业从最初的很小的生产规模开始逐步扩大的时候，企业面临的是规模报酬递增的阶段。在企业得到了由生产规模扩大所带来的产量递增的全部好处后，会继续扩大生产规模，将生产保持在规模报酬不变的阶段。这个阶段有可能比较长。在这以后，企业若继续扩大生产规模，就会进入一个规模报酬递减的阶段。

本章小结

（1）厂商是指能够做出统一的生产决策的单个经济组织。厂商进行生产所追求的目标是利润极大化。厂商的生产可以分为短期和长期。短期是指在生产中厂商至少有一种生产要素来不及调整的时期；长期是指生产中厂商对于所有的生产要素都可以进行调整的时期。

（2）短期生产的基本规律是边际收益递减规律。此规律表述为，在技术水平和其他生产要素投入量不变的条件下，连续地把某一生产要素的投入量增加到一定数量之后，所得到的产量的增量是递减的。由于边际收益递减规律的作用，因而短期边际产量曲线呈 U 形特征，并可以推导出短期总产量曲线和短期平均产量曲线。当边际产量为零时，总产量达到最大；边际产量曲线一定经过平均产量曲线的最高点。短期生产中可变要素的投入可以分为三个阶段，要素的合理投入区域为第二阶段。

（3）长期生产中多种要素可变，由于生产要素之间具有一定的可替代性，使用不同的要素组合可以生产出相同的产量，这就可以推出等产量线。等产量线表示在技术水平不变的条件下生产一定产量的两种生产要素投入量的所有不同组合的轨迹。等产量线的斜率可以用边际技术替代率来表示，边际技术替代率是指在维持产量不变的条件下，增加一单位某种生产要素投入量时所减少的另一种生产要素的投入数量，边际技术替代率是递减的。

（4）厂商的生产必须在成本约束条件下进行，等成本线是在既定的成本和既定生产要素价格条件下生产者可以购买到的两种生产要素的各种不同数量组合的轨迹。长期生产中，厂商无论是实现既定成本下的最大产量，还是实现既定产量下的最小成本，生产的均衡点都发生在等产量曲线和等成本线的相切点。

（5）长期生产中所有要素均变化，这将引起生产规模的变动。规模报酬就是探讨这样一种投入—产出的数量关系，当各种要素同时增加或减少一定比例时，生产规模变动所引起的产量变化的情况。在企业扩大规模的长期过程中，一般会先后经历规模报酬递增、规模报酬不变和规模报酬递减这样三个阶段。

基本概念

生产函数 总产量（曲线） 平均产量（曲线） 边际产量（曲线） 边际收益递减规律 等产量曲线 等成本线 生产者均衡 规模报酬递增 规模报酬不变 规模报酬递减

复习思考题

一、单项选择题

1. 生产要素（投入）和产量水平的关系被称为（   ）。

A. 生产函数　　　　　　　　　　B. 生产可能性曲线

C. 平均产量线　　　　　　　　　D. 边际成本线

2. 使用 50 个单位的劳动，一个厂商可以生产出 1800 单位的产量，使用 60 个单位的劳动，一个厂商可以生产出 2100 单位的产量，额外一单位劳动的边际产量是（　　）。

A. 3　　　　　　B. 30　　　　　　C. 35　　　　　　D. 36

3. 在生产者均衡点上（　　）。

A. $MRTS_{LK} = \omega/r$　　　　　　　B. $MP_L/\omega = MP_k/r$

C. 等产量曲线与等成本曲线相切　　D. 上述都正确

4. 劳动（L）的总产量下降时（　　）。

A. AP 是递减的　　B. AP 为零　　　C. MP 为零　　　D. MP 为负

5. 如果是连续地增加某种生产要素，在总产量达到最大时，边际产量曲线（　　）。

A. 与纵轴相交　　　　　　　　　B. 经过原点

C. 与平均产量曲线相交　　　　　D. 与横轴相交

6. 下列说法中正确的是（　　）。

A. 生产要素的边际技术替代率递减是规模报酬递减规律造成的

B. 生产要素的边际技术替代率递减是边际报酬递减规律造成的

C. 规模报酬递减是边际报酬规律造成的

D. 边际报酬递减是规模报酬递减造成的

7. 等成本曲线平行向外移动表明（　　）。

A. 产量提高了

B. 成本增加了

C. 生产要素的价格按同比例提高了

D. 生产要素的价格按不同比例提高了

8. 等成本曲线围绕着它与纵轴（生产要素 Y）的交点逆时针移动表明（　　）。

A. 生产要素 Y 的价格上升了　　　B. 生产要素 X 的价格上升了

C. 生产要素 X 的价格下降了　　　D. 生产要素 Y 的价格下降了

9. 规模报酬递减是在（　　）情况下发生的。

A. 按比例连续增加各种生产要素

B. 不按比例连续增加各种生产要素

C. 连续地投入某种生产要素而保持其他要素不变

D. 上述都正确

10. 经济学中短期与长期划分取决于（　　）。

A. 时间长短　　　　　　　　　　B. 可否调整产量

C. 可否调整产品价格　　　　　　D. 可否调整生产规模

11. 产量的增加量除以生产要素的增加量的值等于（　　）。

A. 平均产量　　　B. 边际产量　　　C. 边际成本　　　D. 平均成本

12. 企业短期生产的经济生产阶段为（　　）。

A. $dAP/dL < 0$，$MP > 0$　　　　　　B. $dAP/dL < 0$，$AP > 0$

C. dMP/dL < 0，MP > 0   D. dMP/dL < 0，AP > 0

13. 如果规模收益和投入的资本量不变，对于生产函数 Q = f（L，K），单位时间里增加 10% 的劳动投入，产出将（   ）。

A. 增加 10%　　　B. 减少 10%　　　C. 增加小于 10%　　　D. 增加大于 10%

14. 如果连续地增加某种生产要素，在总产量达到最大值的时候，边际产量曲线与（   ）相交。

A. 平均产量曲线　　　B. 纵轴　　　　　　C. 横轴　　　　　　　D. 总产量曲线

二、问答题

1. 一个雇主在考虑再雇用一名工人时，在劳动的平均产量和边际产量中他更关心哪一个？为什么？

2. 在生产的三个阶段中，为什么厂商的理性决策应在第Ⅱ阶段？

3. 利用图说明厂商实现生产者均衡的条件。

4. 规模报酬递增、规模报酬不变和规模报酬递减的含义及原因是什么？

三、计算题

1. 已知生产函数为 $Q = KL - 0.5L^2 - 0.32K^2$，Q 表示产量，K 表示资本，L 表示劳动。令上式的 K = 10。求解：

（1）写出劳动的平均产量（AP_L）函数和边际产量（MP_L）函数。

（2）分别计算当总产量、平均产量和边际产量达到极大值时厂商雇用的劳动人数。

2. 假定某厂商只有一种可变要素劳动 L，产出一种产品 Q，固定成本为既定，短期生产函数 $Q = -0.1L^3 + 6L^2 + 12L$，求解：

（1）劳动的平均产量（AP_L）为极大时雇用的劳动人数。

（2）劳动的边际产量（MP_L）为极大时雇用的劳动人数。

（3）假如每个工人工资 W = 360 元，产品价格 P = 30 元，求利润极大时雇用的劳动人数。

第 五 章

成本理论

本章主要讲述企业的生产成本，其主要内容包括会计成本、机会成本和经济成本的定义及其联系和区别；各种短期成本和长期成本函数，以及短期成本和长期成本曲线的形状及其特征；企业扩展线等。

第一节 成本与利润概念

为了理解成本概念，我们假设张三开设一家金利来面包店，在自己家后院作坊生产面包，租用一家店面销售面包。张三购买面粉、糖、鸡蛋和其他制作面包的原材料。同时，他还要购买一台和面机，并雇用一个工人使用这些设备生产，此外，张三将自家的烤箱用来作为焙烤面包的机器，自己管理面包店。然后，他还要雇用一位店员，这位店员将生产出的面包卖给消费者。

一、总收益、总成本与利润

一般来说，企业是为追求更多的利润的，我们假设张三的面包店也不例外，其企业的目标是最大化其利润。

利润是企业的销售总收益和生产总成本之间的差额。总收益是产品的销售数量乘以销售价格，总成本是企业在生产过程中使用生产要素所花费的总支出。

利润＝总收益－总成本

对张三的面包店来说，总收益就是一段时期内，如一个月内，卖出的面包数量乘以面包价格所收到的货币总量，而总成本是指生产这些卖出的面包所发生的支出。由于计算生产支出的范围不同，因而总成本的概念也有所不同，得出的总成本也不一样。下面，我们就来分析，到底有哪些计算生产总成本的方法。

二、会计成本和经济成本

人们对成本的看法不尽相同，尤其是会计师和经济学家的观点差异较大。会计师使用的是会计成本，经济学家使用的是经济成本。

会计成本是衡量厂商购买投入时的实际支付，包括购买费用支付、历史分摊成本及其他项目等。会计成本是一种显性成本，其特征是经过了公开市场交换，如雇用劳动力支付的工资，购买原材料支付的费用，租用他人厂房支付的租金等。对于张三的面包店来说，会计成本包括购买制作面包的原材料的费用、使用和面机分摊的一部分费用、雇用生产面包工人支付的工资，以及店面的租金、雇用店员支付的工资等。例如，一个月内，购买面粉等原材料的费用为1000元，和面机分摊的费用为20元，2位工人工资为2000元，店面租金为800元。这样，其会计成本为3820元。

对经济学家而言，最重要的是机会成本。资源的稀缺性和多用途性，要求选择使用资源，选择必然导致机会成本。一种投入的机会成本是指该投入失去其他最佳选择的机会的价值。以机会成本思想为基础，经济学家定义了经济成本。

任何投入的经济成本都是为了保证这些投入处于现有使用状态时所必须支付的数量。显然，经济成本不仅包括显性成本，也包括隐性成本。隐性成本是指在生产过程中使用的，但又未被支付报酬的那一部分费用。如以自家房子作为厂房生产，房子的租金不计入会计成本，但它是隐性成本，应计入经济成本，因为房子可以出租给别人获取租金，即使用自己的房子是有机会成本的。还有企业家的劳动与企业家才能也是隐性成本。对于张三的面包店来说，张三的自家后院出租给别人的租金（600元/月），自家的烤箱租给别人使用的租金（30元/月），以及自己去给别人管理企业获得报酬（2000元/月），这些都是生产的隐性成本。生产的隐性成本总共为2630元/月，由于这些成本不是显性的，没有记在会计账簿上，因而会计成本就没有包括这些隐性的成本，但是，它们确实发生了，经济学家将它们计入经济成本中。因而，张三的经济成本为3820元（会计成本）+2630元（隐性成本）=6450元。

可见，经济学家与会计师使用的成本含义不同。经济学家从机会成本角度看待成本，在他们看来，成本就是机会成本或经济成本。值得大家注意的是，经济学中的成本一般是指经济成本。

经济成本=机会成本=显性成本（会计成本）+隐性成本

如果定义了总成本，我们就能计算出企业的利润（见图5-1）。总收益减去会计成本等于会计利润，总收益减去经济成本等于经济利润。一般来说，会计利润大于经济利润。如果，张三每个月的面包销售总收益为8000元，其会计利润为 4180 元，经济利润为 1550 元。

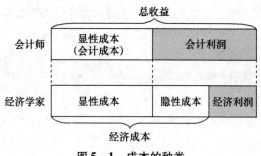

图 5 - 1　成本的种类

第二节　短期成本

在张三的面包成本中，一些和产量大小相关，另一些则和产量大小无关。由于不同的成本对于企业的产量决策影响不同，因而，明白了企业的生产成本为经济成本后，要理解企业行为，我们还应该知道成本的不同类别。

一、固定成本和可变成本

企业的生产可以分为短期和长期。在短期内，企业的部分生产投入是固定不变的，如机器设备、厂房在一定时期内不会改变；在长期内，企业所有的生产投入都是变化的，如原材料和劳动力数量可以改变，厂房、设备等都可以变动。

根据对生产的长期和短期的划分，成本可以分为两类：固定成本和可变成本。固定成本是不随着企业生产产量改变而变化的成本，固定成本只有在短期内才会发生。这些成本是即使企业不生产也要发生的成本，如企业支付的厂房租金，不管生产还是不生产，不管生产多少，所支付的租金都是相同的。可变成本是随着企业生产产量改变而变化的成本，如投入生产的面粉、鸡蛋等原材料的费用，以及为生产更多的面包而需要雇用更多工人时支付的工资等都是可变成本。张三不生产面包时，可变成本为零，随着生产面包数量的增加，其可变成本不断增加。在长期内，企业所有的成本都为可变成本。

二、短期总成本、平均成本和边际成本

张三制作面包的产量决策是取决于生产成本的大小。下面将定义并分析这些

成本概念。

1. 短期总成本

假设某生产只使用劳动 L 和资本 K 两种投入，在短期内，资本固定在 K_0 水平不变。短期总成本（TC 或 STC）定义为生产产量 Q 的最小成本，以成本函数 TC = TC（Q）表示。在短期内，总成本分为总固定成本与总可变成本。

总固定成本（TFC）是指短期内和产量无关，但又必须支付的成本，如不论产量是多少，对厂房提取的折旧总是固定的。

总可变成本（TVC）是指随短期内产量变化而变化的成本，如购买材料的费用，支付工人的工资等。

在短期内，总成本等于总固定成本与总可变成本之和，即：

TC（Q）= TFC + TVC（Q）

假设张三生产面包的成本情况如表 5 - 1 所示，每小时内，随着生产的面包的数量增加，其短期总成本逐渐增加，但是，其短期总固定成本始终为 2 元，其可变成本则随着产量增加而增加。

表 5 - 1　张三面包店的成本

	面包数（个/小时）	总成本（元）	总固定成本（元）	总可变成本（元）	平均总成本（元）	平均固定成本（元）	平均可变成本（元）	边际成本（元）
A	0	2	2	0				
B	1	2.3	2	0.3	2.30	2	0.3	0.3
C	2	2.8	2	0.8	1.40	1	0.40	0.5
D	3	3.5	2	1.5	1.17	0.67	0.50	0.7
E	4	4.4	2	2.4	1.10	0.5	0.6	0.9
F	5	5.4	2	3.4	1.08	0.4	0.68	1.0

2. 短期平均成本与边际成本

作为生产决策者，张三必须回答两个问题：平均生产一个面包的成本是多少？多生产一个面包会增加多少总成本？对这个问题的回答直接关系到他决定生产多少面包的计划。我们可以用下面几个成本概念来刻画这两个问题。

总成本分摊到每单位产出上面就是平均成本。有三种平均成本的概念：

（1）平均固定成本。

（2）平均可变成本。

（3）平均总成本。

平均总成本（ATC）等于总成本除以总产量。如果张三每小时生产 4 个面包，总成本为 4.4 元，则平均总成本为 4.4 元/4 = 1.1 元。由于总成本分为总固定成本和总可变成本，相应地，平均总成本也可以分为平均固定成本和平均可变成本。平均固定成本（AFC）为总固定成本与产量之比；平均可变成本（AVC）为总可变成本与产量之比。用公式表示：

平均总成本（ATC）= 总成本（TC）/产量（Q）

平均固定成本（AFC）= 总固定成本（TFC）/产量（Q）

平均可变成本（AVC）= 总可变成本（TVC）/产量（Q）

边际成本是每增加一单位产量所增加的总成本，以 MC 表示。在表 5 - 1 中，第 9 栏反映了张三面包店的边际成本。例如，从生产 2 个面包到生产 3 个面包，总成本从 2.8 元增加到 3.5 元，因而，边际成本为 0.7 元，表示生产第 3 个面包时使得总成本增加了 0.7 元。

从表 5 - 1 中可以看出，在这个例子中，张三面包店生产面包的平均总成本和平均固定成本随着产量的增加而减少，但平均可变成本和边际成本则随着产量增加而增加。

可见，张三增加面包产量，通常会降低平均总成本，但会增加边际成本。有趣的问题是张三生产多少面包将使利润最大？后面我们回答这个问题。

3. 成本曲线与形状

成本函数的几何图形被称为成本曲线。

（1）总成本曲线。图 5 - 2 描述了三种总成本曲线的关系。总固定成本曲线为一条直线，因为固定成本不随产量变化而变化。总成本与总可变成本随产量增加而增加，总成本曲线与总可变成本曲线随 Q 增加而上升。但它们在产量不同阶段呈现出不同特征。一般来说，初始阶段以递增的增幅上升，然后，再以递减的增幅上升，因此，TC 曲线和 TVC 曲线都为先凹后凸的曲线。这与生产理论中的总产量曲线先凸后凹形成一种对照，其原因都是当生产扩大到一定规模后，边际产量呈递减趋势。总可变成本曲线和总成本曲线的垂直距离处处等于固定成本。

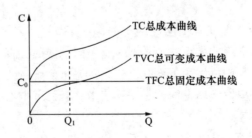

图 5 - 2 TC、TVC、TFC 曲线

（2）短期平均成本曲线与边际成本曲线。图 5－3 描绘了平均成本曲线和边际成本曲线的形态。平均固定成本曲线 AFC 是一条递减且逐步逼近产量轴的曲线。平均可变成本曲线 AVC 是一条先递减后递增的 U 形曲线，表示一开始随产量扩大，平均可变成本逐步下降，到达一定产量水平时平均可变成本达到最小，之后，再扩大产出规模，平均可变成本开始上升。由于 ATC(Q) = AVC(Q) + AFC(Q)，因而平均总成本曲线是平均可变成本曲线与平均固定成本曲线的垂直加总，因而它与平均可变成本一样，为 U 形曲线，并且 ATC 曲线与 AVC 曲线的垂直距离便为该产量水平上的 AFC。

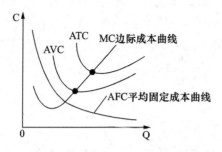

图 5－3　短期 MC、ATC、AVC、AFC

边际成本等于总成本（或可变成本）曲线的斜率，也就是说，在 TC 曲线（或 TVC 曲线）的各点作切线，其斜率就等于该点的 MC。边际成本曲线也是一条先下降后上升的曲线，并在上升阶段先经过 AVC 曲线的最低点，后经过 ATC 曲线的最低点。

从图 5－3 可以看出，边际成本曲线分别与平均可变成本曲线和平均总成本曲线相交于它们各自的最低点。也就是说，当边际成本小于平均成本时，平均成本递减。当边际成本大于平均成本时，平均成本递增。

平均总成本曲线 ATC 呈 U 形，其原因主要为，平均总成本曲线是由平均固定成本曲线 AFC 加上平均可变成本曲线 AVC 得到的，当产量增加时，企业把它的总固定成本分摊到更多产量上，平均固定成本曲线向下倾斜，以及随着产量增加，为了生产额外 1 个单位的产量需要越来越多的劳动，平均可变成本增加，AVC 曲线最终向上倾斜。

例题：一个生产手机厂商的生产函数为 $Q = \sqrt{kl}$。短期中，该厂商的资本数量固定为 $k = 10$。资本的租金率 $v = 1$，劳动的工资为 $w = 2$。求该手机厂商的各种短期成本函数。

解：该企业的短期成本为 $SC = wl + vk$，由于 $k = 10$，$w = 2$，$v = 1$，得 $SC =$

$2l + 10$。从生产函数可知，当 $k = 10$ 时，$l = Q^2/10$，代入上述成本方程中，可得该厂商的短期成本总函数为：

$$SC(Q) = 2l + 10 = 2\frac{Q^2}{10} + 10 = 10 + \frac{Q^2}{5} \tag{5.1}$$

该企业的固定成本、可比成本、平均成本函数和边际成本函数分布为：

$$FC = 10, VC(Q) = \frac{Q^2}{5}$$

$$AFC(Q) = \frac{FC}{Q} = \frac{10}{Q}$$

$$AVC(Q) = \frac{VC(Q)}{Q} = \frac{Q}{5} \tag{5.2}$$

$$AV(Q) = \frac{SC(Q)}{Q} = \frac{10}{Q} + \frac{Q}{5}$$

$$MC(Q) = \frac{\partial SC(Q)}{\partial Q} = \frac{2Q}{5}$$

第三节 长期成本

在短期，企业有些投入是不可改变的，但在长期内，企业可以改变所有要素投入，其长期成本表现为可变成本。

一、长期总成本函数

在长期内，企业可以同时改变劳动量和资本量，不存在可变成本与固定成本之分。企业在长期中要想增加产量，可以增加其设备的规模。比如，张三的面包店可以装备更多的和面机和烤箱，并且扩大其店铺的规模；发电厂可以安装更多的发电机；机场可以修建更多的跑道、候机大楼和交通规制设备。

长期总成本表示长期内所有投入部分都可变时生产某一产出的最低成本。长期总成本函数记为：

LTC = LTC(Q)

二、长期总成本曲线

长期总成本曲线可以从短期总成本曲线族中推导出，厂商短期内只能在某一规模下生产，而在长期内，对于任意的产出水平都可以选择一个最优工厂规模进行生产。如图 5 - 4 所示，假设厂商生产三个产量 Q_1、Q_2、Q_3，有三个可选择的生产规模，对应的资本分别为 K_1、K_2、K_3，且 $K_3 > K_2 > K_1$，同时对应的短期总成本函数分别为 $TC(K_1)$、$TC(K_2)$、$TC(K_3)$。对于每个产量，厂商会选择一个最优的短期规模进行生产，使得成本达到最小。比如，对于产出水平 Q_1，厂商会选择 $TC(K_1)$ 曲线的 A 点进行生产，因为 A 点对应的成本显然比 E 点、F 点对应的成本要低；同理，B 点、C 点分别为产量 Q_2、Q_3 的成本极小化生产点。

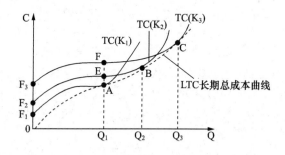

图 5 - 4　长期总成本曲线

如果厂商的生产规模可以无限可分，那么对长期内每个产出水平都可选择一个最优规模点，所有这些最优规模点的连线便是长期总成本曲线，它是一条始于原点，经过不同产量水平所对应的最佳短期总成本点的平滑曲线，也是一条先凹后凸的曲线。

三、长期平均成本曲线

假设厂商只有三种不同规模可供选择，其对应的短期平均成本曲线为 SAC_1、SAC_2、SAC_3。对于任意产量水平，厂商会从这三个规模中选择一个进行生产，使其平均成本最低。比如，对于产出水平 Q_1，厂商会选择小规模生产，其对应的短期平均成本曲线为 SAC_1，相应的平均成本为 C_1，因为小规模的（SAC_1）的 A 点比中规模（SAC_2）的 B 点和大规模（SAC_3）的 C 点对应的平均成本都小。因此，对于生产规模为离散的厂商，其长期平均成本曲线为各规模下短期平均成本曲线的下包络线，如图 5 - 5 中的十字阴影线为只有三个规模的厂商的长期平均成本曲线。

如果厂商的规模是无限可分或连续的，厂商的每一个不同的产量都有一个最佳的生产规模与之相适应，那么，长期平均成本曲线是所有不同产量所对应的最佳短期平均成本曲线的包络线，如图 5 - 5 中的 LAC。LAC 也是一条先降后升的 U 形曲线，其下降段表示生产存在规模经济（厂商长期平均成本随产量增加而减少），而其上升段表示生产存在规模不经济（厂商长期平均成本随产量增加而增加）。

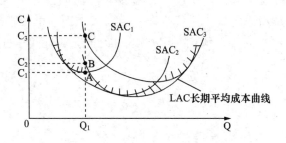

图 5 - 5　长期平均成本曲线

四、长期边际成本曲线

厂商的生产规模不连续时，假设有三个规模，其短期平均成本分别为 SAC_1、SAC_2、SAC_3，以及短期边际成本分别为 SMC_1、SMC_2、SMC_3。图 5 - 6（a）中的十字阴影线为其长期平均成本曲线。其长期边际成本曲线由每个产量所选择的最优规模所对应的短期边际成本曲线部分组成。

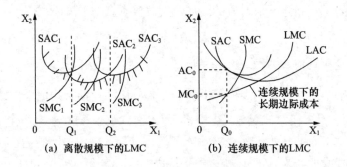

(a)　离散规模下的LMC　　　　(b)　连续规模下的LMC

图 5 - 6　长期边际成本曲线

当厂商的产出水平处于（0，Q_1）区间时，会选择小规模生产，其短期平均成本为 SAC_1，其长期边际成本曲线为此区间内的 SMC_1 部分。

当产量处于（Q_1，Q_2）区间时，LAC 曲线为 SAC_2 的十字阴影线部分，其长期边际成本曲线为此区间的 SMC_2 部分；同理，当产量大于 Q_2 时，其长期边际成本曲线为此区间的 SMC_3 部分。

如果厂商的生产规模是连续的，其长期平均成本曲线为所有短期平均成本曲线的包络线，如图 5 - 6（b）中的 LAC，那么其长期边际成本曲线为一条经过 LAC 最低点的 U 形曲线，即 LMC。任何产出水平 Q 的长期边际成本必须与同生产产量 Q 的最优生产规模相适应的短期边际成本相等。如图 5 - 6（b）中的产量 Q_0，其长期平均成本与最佳规模相对应的短期平均成本都为 AC_0，其长期边际成本与短期边际成本都为 MC_0。

例题：正常厂商长期成本函数如本节所描述的那样的形状，但一种特殊投入比例固定的成本函数，以此例题说明。假设一厂商的生产函数为固定投入比例函数 $Q = \min(2k, l)$，资本的租金率为 1，劳动的工资为 2，求该厂商的长期成本函数。

解：由于长期成本函数为长期内生产各个产量下的最小成本关系，厂商应该根据不同产量水平下选择最优资本和劳动的比例，以便实现最大利润。对于一般生产函数的最优生产要素组合为资本与劳动的边际产量之比等于其要素价格之比。但是，固定投入比例的生产函数的最优生产要素组合为：

$$2k = l = Q \tag{5.3}$$

由上式可得，成本最小化的投入为 $k = Q/2$，$l = Q$，将其代入下列成本方程中，得到长期总成本函数 LTC(Q)：

$$LTC(Q) = wk + vl = k + 2l = \frac{Q}{2} + Q = \frac{5}{2}Q \lbrack MERGEFORMAT \tag{5.4}$$

相应地，其长期平均成本 LAC(Q) 和长期边际成本 LMC(Q) 为：

$$LAC(Q) = \frac{LTC(Q)}{Q} = \frac{5}{2}$$

$$LMC(Q) = \frac{\partial LTC(Q)}{\partial Q} = \frac{5}{2} \tag{5.5}$$

可见，固定投入比例的厂商的长期成本函数和一般成本函数形状不同。

五、厂商的扩展径与成本函数

扩展径（或扩展线）是厂商在要素价格比率保持不变时，扩大生产规模的最佳路线。在要素相对价格不变情况下，厂商增加成本支出，在图形上表现为等成本线平行移动。在每一个产出水平下，厂商会选择一个最优投入组合使成本极小化，将不同产出下所有成本极小化的点连接起来，便是厂商的扩展径。

如图 5 - 7 所示，Q_1、Q_2、Q_3 为三条代表不同产出水平的等产量曲线，在每条等产量曲线上都有一条使成本极小化的等成本线与之相切，如 E_1 点表示生产 Q_1 产出的最小成本由 C_1 给出，所用的最优投入为 L_1 和 K_1，连接切点 E_1、E_2、E_3 的 EP 即为扩展径。

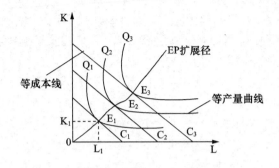

图5-7 厂商的生产扩展径

　　扩展径一方面表明在要素投入价格比率不变情况下，厂商的要素投入是如何随产出的变化而变化；另一方面也反映了产出与极小化成本之间的关系。因此，从扩展径的解可以解出总成本函数。因为总成本函数被定义为生产既定产出的极小化成本，也就是极小化成本是产出和投入价格的函数关系，即 $TC = TC(\omega, r, Q)$。如果投入价格 ω，r 不变，则产出是成本函数的唯一自变量，即 $TC(Q)$。

本章小结

　　（1）利润是企业的销售总收益和生产总成本之间的差额。总收益是产品的销售数量乘以销售价格；总成本是企业生产过程中使用生产要素所花费的总支出。

　　（2）会计师使用的是会计成本，经济学家使用的是经济成本。经济成本不仅包括显性成本，也包括隐性成本。

　　（3）成本可分为固定成本和可变成本。固定成本是不随着企业生产产量改变而变化的成本；可变成本是随着企业生产产量改变而变化的成本。

　　（4）企业的生产可以分为短期和长期。在短期内，总成本等于总固定成本与总可变成本之和，总成本分摊到每单位产出上面就是平均成本。有三种平均成本：平均固定成本、平均可变成本、平均总成本。

　　（5）短期内，平均可变成本曲线、平均总成本曲线是一条先递减后递增的U形曲线，表示一开始随产量扩大，平均成本逐步下降，到达一定产量水平时平均成本达到最小，然后上升。

　　（6）边际成本等于总成本（或可变成本）曲线的斜率，边际成本曲线分别与平均可变成本曲线和平均总成本曲线相交于它们各自的最低点。

（7）在长期内，企业可以改变所有要素投入，其长期成本表现为可变成本。长期边际成本曲线由每个产量所选择的最优规模所对应的短期边际成本曲线部分组成。

（8）任何产出水平 Q 的长期边际成本必须与同生产产量 Q 的最优生产规模相适应的短期边际成本相等。

（9）企业长期扩展径（或扩展线）是厂商在要素价格比率保持不变时，扩大生产规模的最佳路线。

基本概念

利润　总收益　总成本　会计成本　经济成本　机会成本　隐性成本　固定成本　可变成本　短期总成本　平均成本　边际成本　长期总成本　长期平均成本　长期边际成本　扩展径

复习思考题

一、单项选择题

1. 假如在种植玉米的过程中，生产者使用了自有土地，其费用应计入（　　）。

A. 会计成本　　　　　B. 固定成本　　　　　C. 经济成本　　　　　D. 生产成本

2. 在长期中，（　　）是不存在的。

A. 固定成本　　　　　B. 平均成本　　　　　C. 机会成本　　　　　D. 隐性成本

3. 短期平均成本曲线成为 U 形与（　　）有关。

A. 规模报酬

B. 要素的边际报酬变动

C. 外部经济与不经济

D. 固定成本占总成本的比重

4. 边际成本为（　　）。

A. 固定成本的斜率

B. 可变成本的斜率，但不是总成本的斜率

C. 总成本的斜率，但不是可变成本的斜率

D. 既是总成本的斜率，又是可变成本的斜率

5. 边际成本与平均总成本、平均可变成本的关系错误的是（　　）。

A. 三者的曲线皆呈先递减后递增状

B. 边际成本曲线分别与平均可变成本曲线和平均总成本曲线相交于它们各自的最低点

C. 当边际成本小于平均成本时，平均成本递增

D. 当边际成本大于平均可变成本时，平均可变成本递增

6. 若增加一单位产量所带来的边际成本大于增加产量前的平均可变成本，那么在产量增加后平均可变成本将（　　）。

A. 不确定　　　　　　B. 增加　　　　　　C. 不变　　　　　　D. 减少

7. 关于长期总成本曲线说法不正确的是（　　）。

A. 是一条始于原点先凹后凸的曲线

B. 表示在长期中厂商在每一个产量水平上最优规模点的连线

C. 是各种产量最低成本点的轨迹

D. 是各种产量最低边际成本点的轨迹

8. 长期平均成本曲线（　　）。

A. 当 LMC < LAC 时下降，而当 LMC > LAC 时上升

B. 经过 LMC 曲线最低点

C. 随 LMC 曲线下降而下降

D. 随 LMC 曲线上升而上升

9. 当产出增加时 LAC 曲线下降，这是由于（　　）。

A. 规模的不经济性　　　　　　B. 规模的经济性

C. 收益递减规律的作用　　　　　　D. 上述都正确

10. 关于扩展径说法，不正确的是（　　）。

A. 是企业在要素价格比率保持不变时扩大生产规模的最佳路线

B. 长期扩展径是企业所有成本极小化点的轨迹

C. 若生产函数为齐次的，对应的长期扩展径变为一条始于原点的直线

D. 如果长期扩展径为一条直线，那么长期总成本曲线也为一条直线

二、问答题

1. 如何理解隐性成本？它与会计成本、经济成本的关系如何？试举例说明。

2. 边际成本曲线分别与平均可变成本曲线和平均总成本曲线相交于它们的最低点的经济含义是什么？

3. 为什么长期平均成本曲线不是经过每一条平均成本曲线的最低点？

4. 在扩展径曲线上的任意一点必须满足什么条件？

三、计算题

1. 产量为 99 单位时，总成本等于 995 元，产量增加到 100 单位时，平均成本等于 10 元，求边际成本。

2. 假设某厂商的边际成本函数为 $MC = 3Q^2 - 50Q + 200$，且生产 10 单位产量时的总成本为 1000，求：

（1）固定成本。

（2）总成本函数。

（3）平均成本函数。

第 六 章

不同市场的价格与产量决定

本章主要讲述不同类型市场中企业产量的决定。学完本章后，你将了解：四种市场的类型定义与特点；完全竞争市场的价格与产量决定；完全垄断市场的价格与产量决定；垄断竞争市场的价格与产量决定等。

第一节　市场的分类

我们已经知道，市场是组织买卖双方进行交易的一种安排。厂商追求利润最大的产量与价格决策，会因其身处的市场类型不同而改变。市场类型是指影响企业行为和表现的市场组织的特征。市场类型又称市场结构，是以同一市场内厂商互相竞争的程度为分类的标准。这里的市场不同于我们一般所称的市场，一般所称的市场是买卖双方进行交易的场所，如菜市场、股票市场等；在经济学中，市场是以产品来做分类的，一个市场是指生产某特定产品的厂商及消费者的集合。而生产同一类产品的所有厂商的集合，就是一个行业。

经济学中通常根据以下四个特征来区分不同的市场类型：交易者数量、交易产品的差异性、进入市场有无障碍、交易者所得到的信息是否完全。根据这四个特征，从市场结构上，大体上可以将市场区分成四类：完全竞争市场、完全垄断市场、垄断竞争市场、寡头垄断市场（见表6－1）。

表6－1　市场类型的分类

种类＼特征	交易者数量多少	产品的差异性	进入市场的难易度	信息充分度
完全竞争市场	大量厂商	同质	容易	完全信息
垄断竞争市场	较多厂商	有差异	进入、退出自由	不完全信息
寡头垄断市场	少数厂商	有差异	较难	不完全信息
完全垄断市场	一个厂商	无近似替代品	很困难	厂商有完全信息

完全竞争市场上有很多的竞争者，而且每个个别厂商都是价格接受者。完全垄断市场表示一种产品在市场上只有一个生产者，该厂商即代表了该产业。寡头垄断市场以及垄断竞争市场则是介于以上两者之间。通常，寡头垄断市场厂商数目较少并且市场上的决策行为会互相影响。垄断竞争市场与完全竞争市场的最大区别是，每个完全竞争厂商生产的都是同质产品，而垄断竞争厂商所生产的是各具特色的异质产品。

一、完全竞争市场

完全竞争市场，有时又称为竞争市场，它有以下特点：市场上有许多买者和卖者。各个卖者出售同质产品，企业可以自由进入或退出市场。

以小麦市场为例，市场上有大量的小麦的种植者，小麦的种类大致相同；同时，有大量的小麦购买者。与市场规模相比，竞争市场上的每个买者或卖者的影响力都可以忽略不计，每个买者和卖者都把小麦的市场价格作为给定的，都是价格的接受者。而且，买者和卖者对小麦的市场价格都充分了解，不存在信息不对称的问题。

如果政府对小麦生产不做限制，新的种植者发现种小麦有利可图，都可以自由进入小麦市场种植小麦；同时，已有的小麦种植者在经营亏损时也可以自由退出市场。在竞争市场中企业可以自由进入或退出市场是实现市场长期均衡的重要条件。

二、垄断、垄断竞争和寡头市场

垄断。当一家企业所生产的产品和服务没有近似的替代品，并且对新企业的进入存在壁垒时，垄断就产生了。例如，铁路、天然气、电力和供水都是地方性垄断。微软公司出售 Windows 操作系统时，向政府申请了版权，任何人在需要使用 Windows 系统运行的软件时必须购买一份 Windows 系统拷贝，并接受微软公司制定的价格，可以说，微软公司在生产用于个人电脑的操作系统方面具有垄断地位。

垄断竞争。当市场上有许多企业，并且生产的产品功能相近但有差别时，垄断竞争就产生了。在垄断竞争市场中，企业进入或退出市场相对容易。每一家企业生产的产品具有一定特色。例如，在手机市场中，有三星、摩托罗拉、苹果、联想、中兴、魅族以及其他拥有自主品牌的手机生产企业。现实生活中，很多产品市场都是有垄断竞争的市场，在这种市场中，各家企业在特定品牌上具有垄断性，而企业之间又相互竞争。

寡头。如果市场上只有少数几个卖者时，寡头就产生了。可乐市场就是一个寰头的例子，世界上大部分可乐都是由可口可乐公司和百事可乐公司生产的。还有，美国的汽车制造市场和飞机制造市场也是寰头市场。寰头们生产的产品可能是无差异的，也可能是有所差异的。寰头们之间的行为相互影响，相互依存。

第二节　完全竞争市场的价格与产量决定

在经济学中，从理论上讲，完全竞争是指一种纯粹竞争，而不是现实生活中各厂商之间你死我活的激烈对抗。在一个完全竞争市场中，每一家厂商不能改变市场价格，只能接受市场价格，并且无论生产多少产品，都可能以市场价格销售出去。

一、完全竞争市场的条件

1. 大量的买者与卖者

对某一种商品而言，存在大量的买者与卖者，任何单个买者或单个卖者都无法通过自己的活动影响商品的市场价格，他们都是价格的接受者。商品的市场价格是由众多的买者形成的需求与众多的卖者形成的供给决定的。在现行市场价格下，买者可以买到任何数量的商品，而卖者可以卖出任何数量的商品。

2. 产品同质

它是指所有厂商生产的商品都是完全相同的，买者无法区分出商品是由哪家厂商生产的，厂商也不能利用商品的特色而提高价格。因此，市场上所有的商品是可以完全被替代的。

3. 资源可以自由流动

所有的要素投入均可以无成本地、自由地流动，因此，劳动力的职业选择不受空间与行业的影响；资本可以自由地进入或退出某行业。

4. 所有的买者与卖者对市场运行具有完全信息

他们对市场信息有完全的了解，这样，买者不会支付比市价更高的价格，卖者也知道应该生产多少，知道现在和未来的价格、成本等。

因此，当产品的生产和消费存在一个巨大的市场，且不存在规模经济时，每家企业的有效规模就很小；此外，每个企业所生产的产品和服务必须是无差异的，这样，完全竞争的情况就会出现。在现实世界中，完全竞争市场并不多见（见图6-1），但是种植小麦、捕鱼、纸浆与造纸、纸杯和塑料购物袋的制造、草坪修剪服务、干洗和洗衣服务，这些都是接近于完全竞争市场的例子。

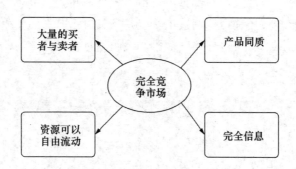

图6-1　完全竞争市场的条件

二、完全竞争厂商的需求与收益曲线

由于单个厂商在市场中所占份额非常小，无法影响市场价格，完全竞争市场中的单个厂商只是市场价格的接受者，因而无论其产量是多少，都只能按既定的市场价格出售其商品。因而，完全竞争的厂商面临的需求曲线是一条水平线，如图6-2（b）中的直线 d。

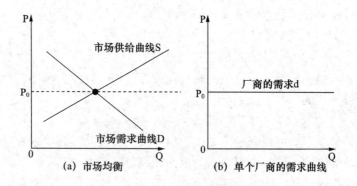

图6-2　完全竞争厂商的需求曲线

在短期内，市场价格由市场供给曲线与市场需求曲线决定，如图6-2（a）所示，市场供给曲线是一条向上倾斜的曲线，表明价格越高，所有厂商愿意生产的商品数量之和越大。市场需求曲线表示在每一个可能价格下所有消费者对该商品愿意购买的数量，由于当市场价格越低时，消费者愿意购买的商品的数量就越多，因而市场需求曲线向右下方倾斜。

市场需求曲线不同于单个厂商面临的需求曲线，单个厂商面临的需求曲线是水平线，因为单个厂商的销售量对市场价格没有任何影响。因此，市场价格是完全竞争的市场上由所有买者与卖者的行为共同决定的。

完全竞争厂商的收益分为总收益、平均收益和边际收益。总收益（TR）是指厂商销售商品的总收入，它等于市场价格（P）乘以销售量（Q），即 $TR = PQ$。在完全竞争市场上，厂商面临的市场价格是给定的，比如 P_0。因而厂商的总收益与其销售量成正比，即 $TR = P_0Q$，相应地，厂商的总收益曲线是一条始自原点的直线，如图 6 – 3（a）中的 TR 曲线。

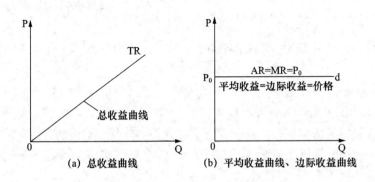

(a) 总收益曲线　　　　　(b) 平均收益曲线、边际收益曲线

图 6 – 3　完全竞争厂商的收益曲线

平均收益（AR）是平均每单位商品的销售收入，即 $AR = TR/Q = P_0Q/Q = P_0$。

边际收益（MR）是指每增加一单位销售量所增加的销售收入，它等于总收益增量与销售量增量之比，即 $MR = \Delta TR/\Delta Q = dTR/dQ$，也就是说，边际收益等于总收益函数对产量求一阶导数。在图形上，边际收益等于总收益曲线的斜率。又因为 $TR = P_0Q$，P_0 为常数，所以 $MR = d(P_0Q)/dQ$，因此，$AR = MR = P_0$。

完全竞争厂商的平均收益曲线与边际收益曲线和其需求曲线三线重合，如图6 – 3（b）所示。

三、完全竞争厂商短期利润极大化的产量选择

厂商的利润等于总收益减去总成本，即 $\pi = TR - TC$，总收益用总收益曲线 TR（Q）表示，在完全竞争市场，它是一条始自原点的直线。总成本用短期总成本曲线 TC（Q）表示，它是一条先凹后凸的曲线。在任意产量水平上，总收益曲线与总成本曲线的垂直距离便为利润。如图 6 – 4 所示，当产量小于 Q_0 时，总成本大于总收益，厂商的利润为负；当产量增加处于 Q_0 与 Q_1 之间时，厂商的利润为正；当产量大于 Q_1 时，厂商的利润又为负。

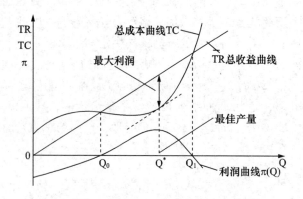

图 6-4 短期利润极大化下的产量选择条件

追求利润极大化的厂商会选择 Q^* 产量水平进行生产，因为 Q^* 产量实现的利润最大，对应着总收益曲线与总成本曲线的垂直距离最大。两曲线垂直距离最大，隐含着它们的斜率相等。我们知道，总收益曲线等于边际收益（MR），短期总成本曲线的斜率等于边际成本（MC）。因此，只有当边际收益等于边际成本时，厂商的利润才最大。

$MR = MC$，称为边际原则，是厂商利润极大化的必要条件。利润极大化的充分条件为利润对产量的二阶导数小于零，容易证明，此时最佳产量对应的 MC 曲线比 MR 曲线的斜率更大。

下面我们将分析企业在不同利润水平下的产量选择。

1. 短期内厂商利润大于和等于零时的产量选择

在既定的市场价格下，完全竞争的厂商会根据边际原则（$MR = MC$）选择产量，使自己的利润极大化。如图 6-5 所示，当市场价格为 P_1 时，厂商的边际收益曲线为水平的价格线 P_1。同时，厂商的平均成本曲线与边际成本曲线分别为 AC、MC。MC 曲线与 MR 曲线相交于 A 点、D 点。A 点对应的产量为 Q_1^*，D 点对应的产量为 Q_0，Q_1^* 是厂商利润极大化的产量，而 Q_0 不是，因为在 D 点 MC 比 MR 的斜率小，不符合利润极大化的充分条件。当边际成本曲线处于上升阶段时，$MR = MC$，这才是利润极大化的条件。因此，当 $P = P_1$ 时，利润在 A 点最大，最大利润为单位产量利润（价格与平均成本之差）乘以产量，即矩形 P_1ACP_2 的面积。

当市场价格为 P_3 时，厂商根据 $MR = MC$ 原则决定在 B 点进行生产，利润极大化的产量为 Q_2^*。因为与 B 点对应的是，AC 与 P 相等，所以 B 点的利润为 0。零利润表明厂商的所有投入都得到了合理的报酬，因而厂商不会停止生产。

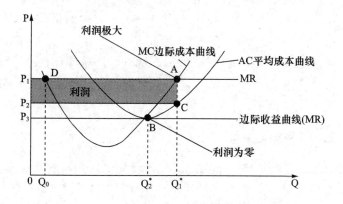

图6-5 厂商利润为正和等于零时的产量选择

2. 短期内厂商亏损极小化的产量选择

如果厂商的固定成本较高，其平均总成本将提高，大于市场价格，结果厂商出现亏损，但是只要市场价格仍高于平均可变成本，厂商应继续生产，使亏损极小化。

如图6-6所示，市场价格为 P_E，MR 曲线在 AC 曲线之下，根据 MR = MC 原则，利润极大化的产量为 Q^*，此时，市场价格低于平均成本，厂商亏损，亏损额为矩形 $CAEP_E$。如果厂商不生产，没有可变成本，但仍需支付固定成本，因而厂商将亏损总固定成本。平均固定成本 AFC 等于平均总成本 AC 减去平均可变成本 AVC。AB 线段表示平均固定成本，矩形 ABDC 表示生产的总固定成本。也就是说，当厂商不生产，将亏损总固定成本，亏损额为矩形 ABDC，但若生产产量为 Q^* 时，则它的亏损额为矩形 $CAEP_E$，比不生产少亏损像矩形 $EBDP_E$ 这么多的数量。

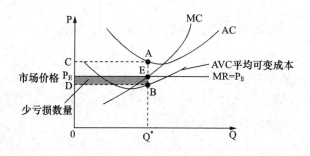

图6-6 亏损极小化的决策

因此，当市场价格低于平均成本，但高于最小的平均可变成本时，短期内，选择利润极大化的产量点进行生产，可以使厂商的亏损极小化，厂商生产比不生产更有利。当市场价格等于平均可变成本最低点时，厂商生产与不生产都亏损总固定成本。如果市场价格低于平均可变成本最低点时，短期内，厂商停止生产，因为不生产，最多也就是亏损总固定成本，而若生产，则不仅要亏损总固定成本，还要亏损可变成本。

四、完全竞争厂商的短期供给曲线

供给曲线表示在不同价格下厂商愿意生产商品的数量。对于完全竞争厂商，只要市场价格大于平均可变成本的最低点，厂商将根据 MR = MC 原则选择利润极大化的产量进行生产。市场价格低于平均可变成本的最低点时，厂商停止生产。也就是说，在平均可变成本最低点以上的边际成本曲线上的每个点，都是一个市场价格和一个利润极大化产量的对应，因而在平均可变成本最低点以上的边际成本曲线便是厂商短期供给曲线。

如图 6 - 7 所示，完全竞争厂商的短期供给曲线为有十字线的 MC 曲线。短期供给曲线向右上方倾斜，因为随着市场价格提高，厂商愿意生产更多的商品，比如，价格为 P_1 时，产量为 Q_1，价格上升分别为 P_2、P_3 时，其产量分别上升为 Q_2、Q_3。

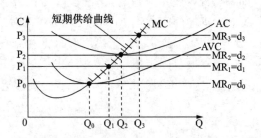

图 6 - 7　完全竞争厂商的短期供给曲线

将所有的厂商的短期供给曲线水平加总，便得到完全竞争市场的短期供给曲线。完全竞争市场的短期供给曲线与厂商的短期供给曲线性质相似，向右上方倾斜，但比单个厂商的短期供给曲线更为平坦。

例题：完全竞争行业中某厂商的成本函数为 $STC = Q^3 - 6Q^2 + 30Q + 40$。

（1）假设该产品市场价格为 66 元，求利润极大时的产量以及利润总额。

（2）如果产品价格为 30 元，请问此时厂商是否发生亏损？如果亏损，最小的亏损额是多少？

（3）该厂商在什么情况下才会停止生产？

（4）求该厂商的短期供给函数。

解：根据该厂商的成本函数，可求出其短期平均成本和边际成本函数分别为：$AC = Q^2 - 6Q + 30 + \dfrac{40}{Q}$，$MC = 3Q^2 - 12Q + 30$。

（1）当产品价格为 66 元时，边际收益 MR = 66。根据厂商利润最大化的 MR = MC 原则，有 $66 = 3Q^2 - 12Q + 30$，从而最优产出决策为 Q = 6，相应的利润为 $\pi = (66 - AC) \times 6 = 176$ 元。

（2）当产品价格降到 30 元时，根据利润最大化的边际原则，其最优产量为 4 单位，其利润为 −8 元。这说明，此时该厂商亏损，最小的亏损额为 8 元。

（3）当市场价格等于平均可变成本最低点时，该厂商无论生产或不生产，亏损都是其固定成本，因而该厂商处于关闭点。其可变成本为 $VC = Q^3 - 6Q^2 + 30Q$，平均可变成本为：

$AVC = Q^2 - 6Q + 30$，当 Q = 3 时，AVC 取最小值21，因此，当市场价格降到 21 元时，该厂商将关闭。

（4）完全竞争厂商的短期供给函数为其边际成本函数，即 $P = 3Q^2 - 12Q + 30$，其中，P≥21。

五、厂商的长期产量选择

在短期内，市场中现有厂商数目以及每个厂商的资本规模是固定的，因而厂商要决定，是生产还是停止生产，若生产，应生产多少产量。而在长期内，厂商所有的投入都可以改变，它可以做出两类选择：一是调整工厂规模，选择产量以实现长期利润极大化；二是自由进入或退出某行业。

图 6 – 8 说明了某厂商长期的产量选择问题，某厂商的短期平均成本曲线为 SAC，短期边际成本曲线为 SMC，长期平均成本曲线为 LAC，长期边际成本曲线为 LMC。当市场价格为 P_1 时，短期内厂商利润在 A 点最大，最佳产量为 Q_1，短期利润额为矩形 $ACEP_1$，显然，在产量 Q_1 处，市场价格大于长期边际成本，扩大产量，对厂商有利。

如果厂商认为市场价格会维持在 P_1 不变，那么它将扩大工厂规模，直到市场价格等于长期边际成本的 B 点，此时产量增加到 Q_2，其利润额增加到矩形 BD-FP_1，在产量 Q_2 处实现了利润极大化。因为产量大于 Q_2 时，市场价格小于长期边际成本，此时增大产量，利润减少。因此，追求利润极大化的厂商在长期内会选择使长期边际成本等于价格时的产量。

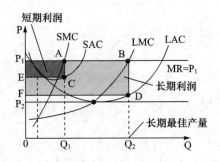

图 6 - 8　长期产量选择

六、完全竞争厂商的长期均衡

在长期内，厂商可以自由地进入或退出某行业。如果某行业厂商存在短期正的利润，就会吸引其他厂商进入该行业，结果新投入增加的产量使市场供给曲线向右移动，在市场需求不变时，市场价格下降。只要利润大于零，就会有新厂商加入，价格进一步下降，直到降至长期平均成本的最低点。此时，厂商的利润为零。

如果在短期内市场价格低于平均成本出现亏损，那么在长期内厂商就会减少产量或者退出该行业，结果市场产量下降，市场供给曲线向左平移，从而导致市场价格上升。只要市场价格低于长期平均成本的最低点，亏损就仍然存在，厂商仍有退出的动力，从而供给还会下降，价格还会上升，直到 $P = minLAC$ 为止。

因此，完全竞争厂商的长期均衡的条件是市场价格等于长期平均成本的最低点，厂商利润为 0，仅获得正常的会计利润。如图 6 - 9 所示，当 $P = P_1$ 时，正的利润吸引新厂商加入，市场供给曲线由 SS 移到 S′S′，当价格下降到 P_0 时，P 等于 minLAC，厂商达到了长期均衡。同理，可以说明厂商亏损时退出行业的情况。

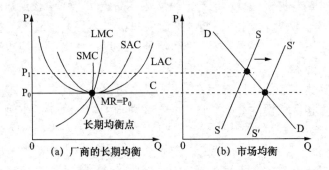

图 6 - 9　完全竞争厂商的长期均衡

七、完全竞争市场的长期供给曲线

分析长期供给曲线时，不能先推出厂商供给曲线，然后把每个厂商的供给曲线加总形成市场供给曲线，因为在长期内厂商随价格变化而进入或者退出市场，厂商供给曲线无法加总。推导完全竞争市场的长期供给曲线时，必须考虑行业的不同成本类型对市场需求变化和要素价格变化的影响。

1. 完全竞争市场成本不变行业的长期供给曲线

成本不变行业是指随着行业扩张而生产成本保持不变的行业。成本不变行业的长期供给曲线（S_L）为一条水平线。图 6-10 说明了成本不变行业的长期供给曲线的推导，在价格为 P_1 时，厂商达到长期均衡，行业在 E_0 点实现长期均衡。若需求意外地由 D_0 增加到 D_1，短期市场价格上升到 P_2，行业产量由 Q_0 增加到 Q_1；在图 6-10（a）中，一个代表性的厂商的产量从 Q_0 扩大到 Q_1，获得正的利润，正的利润诱使新的厂商进入该行业。

随着新厂商的进入与产量的扩大，市场供给增加，供给曲线由 S_0 右移到 S_1，与需求曲线 D_1 相交于 E_1 点，价格由 P_2 降到 P_1，E_1 点即为行业的新的长期均衡点，因为行业扩张不会影响成本不变行业的投入价格，从而厂商的成本曲线不发生变化，在价格 P_1 处，厂商重新实现了长期均衡，零利润使得厂商失去进入或退出行业的动力。连接行业的新、旧长期均衡点 E_0 和 E_1，便得到一条水平直线 S_L，S_L 便为成本不变行业的长期供给曲线。

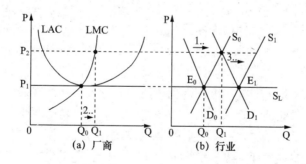

图 6-10　成本不变行业的长期供给曲线

2. 完全竞争市场成本递增行业的长期供给曲线

成本递增行业是指随着行业扩张，投入价格上升，厂商生产成本上升的行业，成本递增行业的长期供给曲线是一条向右上方倾斜的曲线。

图 6-11 说明了成本递增行业的长期供给曲线的推导。假设行业的初始均衡点为 E_0（见图 6-11（b）），市场需求曲线与供给曲线分别为 D_0、S_0，市场价格

为 P_0，一个代表性厂商在 A 点（见图 6-11 （a）），达到长期均衡。当需求意外地由 D_0 增加到 D_1，市场短期价格上升到 P_1，行业产量由 Q_0 增加到 Q_1，该厂商面对 P_1 时，将扩大产量到 Q_1，并获得高额利润，这种高额利润将吸引新厂商进入该行业。

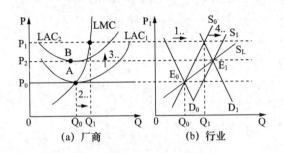

图 6-11 成本递增行业的长期供给曲线

新厂商进入和产量扩大，导致投入价格上涨，厂商成本上升，厂商的长期平均成本曲线由 LAC_1 向左上方移动到 LAC_2；同时，市场供给增加，市场供给曲线由 S_0 右移至 S_1，与需求曲线 D_1 相交于 E_1 点，市场价格下降到 P_2。E_1 点为行业的新的长期均衡点，因为如果价格低于 P_2，亏损会使厂商退出，供给减少，价格上升；如果价格高于 P_2，正的利润诱引新厂商加入，供给扩大，价格下降；只有在价格 P_2 上，厂商在 B 点实现了新的长期均衡。连接行业的长期均衡点 E_0 与 E_1，便得到一条向右上方倾斜的曲线 S_L，即为成本递增行业的长期供给曲线。

3. 完全竞争市场成本递减行业的长期供给曲线

成本递减行业是指随着行业的扩张，要素投入价格下降，从而厂商成本下降的行业。这些行业由于规模扩大而得到更便宜的投入，从而降低厂商的长期平均成本，成本递减行业的长期供给曲线是一条向右下方倾斜的曲线。

图 6-12 描述了成本递减行业长期供给曲线的推导。开始，行业处于图 6-12 （b） 中长期均衡 E_0 点，市场价格为 P_0，一个代表性的厂商在 A 点达到长期均衡。当需求意外地由 D_0 增加到 D_1，商品的短期价格上升到 P_1，该厂商将产量由 Q_0 扩大到 Q_1，获得高额利润。高额利润诱使新的厂商加入该行业。新厂商加入和产量扩大，投入要素成本下降，导致厂商的长期平均成本曲线向右下方移动至 LAC_2。同时，市场供给的增加致使市场供给曲线由 S_0 右移至 S_1，并与需求曲线 D_1 相交于 E_1 点，此时，市场价格降低至 P_2，与厂商的 $minLAC_2$ 相交于 B 点，厂商实现长期均衡。因此，E_1 点即为该行业的长期均衡点。连接行业长期均衡点 E_0 与 E_1，便得到行业的长期供给曲线 S_L。

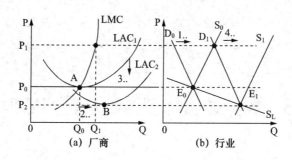

图 6-12　成本递减行业的长期供给曲线

八、完全竞争市场的效率：经济福利的衡量

市场的社会福利效益，通常用消费者剩余与生产者剩余来衡量。我们知道，消费者剩余等于消费者愿意支付的商品价格与实际支付的商品价格的差额，表示消费者购买商品所获得的总效益。某商品总体消费者的总剩余可以用需求曲线与市场价格之间的面积表示，如图 6-13 中 $\triangle AEP_0$ 便是消费者剩余总量。用消费者剩余可以测度政府干预竞争市场政策给消费者带来的福利（或剩余）损益。

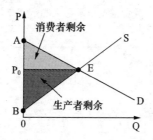

图 6-13　消费者剩余和生产者剩余

生产者剩余用于衡量生产者从市场获得的总效益，它等于生产者实际出售的商品价格与愿意生产的商品价格之差。单个生产者的生产者剩余是该生产者接受的市场价格与其边际生产成本之差，而就整个市场而言，生产者剩余是位于供给曲线以上市场价格以下之间的面积，如图 6-13 中 $\triangle BEP_0$ 便为某商品的生产者剩余总量。

当价格变化时，生产者剩余发生变化。比如价格上升，生产者剩余增大；价格下降，生产者剩余减少。因而生产者剩余常用来测量政府干预给生产者带来的损益。

消费者剩余与生产者剩余之和表示市场总的社会福利效益，如图 6 - 13 中的 ΔABE。经济学家认为，完全竞争市场是有效率的，社会福利总效益最大。

第三节　完全垄断市场的价格与产量的决定

本节主要讨论作为商品垄断供给者的厂商的最优选择行为以及政府对垄断市场的规制问题。

一、完全垄断市场存在的条件及其原因

如果某商品只有一个生产者，并且市场上没有近似的替代品，那么这样的市场被称为完全垄断市场，简称为垄断市场。对于一个完整的垄断市场，还必须假设其他厂商进入非常困难，以及这一家厂商具有完全信息。该市场的唯一生产者被称为垄断者。垄断者是市场价格的制定者。通常，垄断者根据边际原则选择利润极大化的产量，然后确定市场价格。

表 6 - 2　完全垄断市场存在的条件及其原因

完全垄断市场存在的条件	存在原因
1. 市场中只有一家厂商生产并销售某商品 2. 该商品没有近似替代品 3. 进入市场很困难或不可能 4. 该厂商对现在和未来的成本和价格有完全信息	A. 法律壁垒：公共特许权、许可证制度、专利制度 B. 技术性壁垒：自然垄断、技术优势、资源

垄断市场存在的原因，就是存在阻止其他新的厂商进入该市场的壁垒，进入壁垒一般可分为两类：法律壁垒和技术性壁垒。

1. 法律壁垒

法律壁垒主要有：①公共特许权，即法律赋予某厂商供给某种货物和劳务的排他性权利，如国家邮政服务。②许可证制度，如从事医生、律师、会计师等职业，需持有执业许可证。③专利制度，专利会导致某种程度的垄断，如某产品的唯一技术被指定给一个厂商拥有，便会形成垄断。

2. 技术性壁垒

技术性壁垒主要有：①自然垄断，即随着生产规模的扩大，出现规模经济，

某些生产的长期平均成本曲线在相当大的产量范围内递减，导致一家厂商能比多家厂商以更低的成本提供全部市场供给。如铁路业、供水供电等公共设施的供给。②控制生产原料。一旦某厂商控制了生产原料，其他厂商无法获得生产原料，便出现垄断。③拥有低成本生产技术的特殊知识。

二、垄断者的需求与收益曲线

由于垄断市场中只有一个厂商生产某产品，该商品的市场需求曲线就是垄断者面临的需求曲线，它是一条向右下方倾斜的曲线。它表明垄断者若想增加销量，必须降低价格。不妨假设垄断者的需求曲线为线性的，如图 6 – 14 中的直线 D，即为一条垄断者的（线性）需求曲线，其需求函数为 $P = a - bQ$。

垄断者的总收益 $TR = PQ = (a - bQ) Q = aQ - bQ^2$，故其总收益曲线为一条始于原点并凹向原点的曲线，如图 6 – 14 中的 TR 曲线，当产量为 a/2b 时，总收益达到最大。

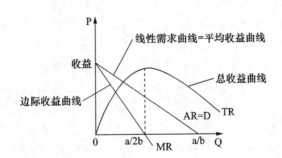

图 6 – 14　垄断者的需求与收益曲线

垄断者的平均收益 $AR = PQ/Q = P (= a - bQ)$，因而其需求曲线就是平均收益曲线。

垄断者的边际收益 $MR = dTR/dQ = d (PQ) /dQ = a - 2bQ$，垄断者的边际收益曲线为一条斜率为负的直线，它处于需求曲线之下，在数值上，边际收益曲线的斜率是平均收益曲线斜率的 2 倍，边际收益为零时，总收益达到最大。

三、垄断者短期利润极大化与产量决策

追求利润极大化的垄断者会根据边际收益等于边际成本的原则，确定产量，然后在需求曲线上制定该产量的价格。不过，与完全竞争市场的厂商不同，垄断者的边际收益小于价格，图 6 – 15 分别用总量分析法和边际分析法说明了垄断者利润极大化下的产量决策问题。

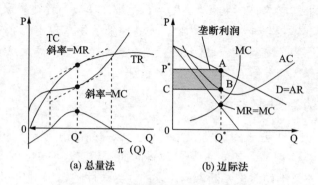

(a) 总量法　　　　　　　(b) 边际法

图 6 – 15　垄断者的短期最佳产量决策

1. 垄断者利润极大化的必要条件

在图 6 – 15（a）中，TR、TC 分别表示垄断者的总收益曲线和短期总成本曲线。π为利润曲线，它等于总收益曲线与总成本曲线之间的垂直差。在产量 Q^* 处，垄断者利润达到最大，此时 TR 曲线、TC 曲线的斜率相等，即 MR = MC。边际收益等于边际成本的原则也是垄断者利润极大化的必要条件，而其充分必要条件为在最佳产量上 MC 的斜率大于 MR 的斜率。

在图 6 – 15（b）中，垄断者根据 MR = MC 的原则确定最佳产量为 Q^*，然后，由需求曲线 D 确定市场价格为 P^*，由于 P^* 高于垄断者的平均成本，因而垄断者获得利润，矩阵 $ABCP^*$ 为垄断者生产产量 Q^* 时获得的总利润。

2. 垄断者利润为零及亏损时的短期产量决策

在短期内，由于平均成本提高，垄断利润可能为零，甚至为负，但只要市场价格高于平均可变成本，垄断者仍将进行生产。

图 6 – 16（a）说明了垄断利润为零的情形，垄断者根据边际原则确定最佳产量为 Q_1，在需求曲线上确定产品价格为 P_1，由于在产量 Q_1 上，平均成本曲线与需求曲线相切于 E 点，表明垄断者的平均成本等于价格，因而其单位利润为零，从而使总垄断利润为零。零垄断利润说明，垄断者的所有投入都得到了市场应有的、按机会成本支付的回报。

图 6 – 16（b）说明了亏损极大化的情形。垄断者确定最佳产量为 Q_2，产品的市场价格为 P_2。在产量 Q_2 下，垄断者获得的平均收益（价格）小于生产的平均成本，因此，出现亏损，矩阵 $CABP_2$ 表示总亏损额，但是平均收益大于平均可变成本，生产比不生产亏损要少，因为生产可以收回部分固定成本，而不生产将亏损总固定成本；如果在最佳产量下，P < AVC，垄断者应停止生产。

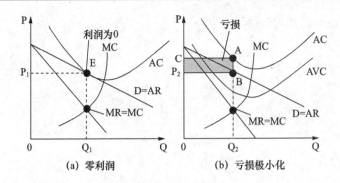

图 6-16　垄断者利润为零和亏损时的短期产量决策

例题：一个垄断厂商的生产函数为 $TC = Q^2 + 8Q + 36$，其面临的市场需求函数为 $P = 32 - \dfrac{Q}{50}$，求该垄断厂商的利润最大化的产量决策和最大利润。

解：该厂商的平均成本为 $AC = Q + 8 + 36/Q$，边际成本为 $MC = 2Q + 8$。从需求函数可以得出其总收益函数为 $TR = PQ = -Q^2/50 + 32Q$，边际收益函数为 $MR = 32 - Q/25$。

垄断厂商根据边际原则决定最佳产量，即 $MR = MC$，得出最优产出为 $Q^* = 200/17$。相应地，垄断厂商的定价为 $P = 32 - (200/17)/50 = 540/17$，最大化利润为 $\pi = (P - AC)Q^* = 105.18$。

3. 垄断者的定价法则

在实践中，垄断者通常以边际成本加价原则来确定产品价格。边际成本加价原则是指在边际成本上加上一个增幅来确定价格，可以用公式表示为：$P = MC/[1 - (1/E_d)]$，其中 E_d 为垄断者的需求价格弹性，它可表述为 $(P - MC)/P = 1/E_d$，等式左边 $(P - MC)/P$ 为在边际成本上的加价占价格的百分比，它取决于垄断者的需求价格弹性的倒数。由于垄断者只选择在平均收益大于零的区域内进行生产，也就是需求有弹性，即 $E_d > 1$，因而垄断者定价会大于边际成本，需求价格弹性越高，E_d 越大，则加价越小；相反，需求价格弹性越小，E_d 越小，则加价越大。

图 6-17 说明了需求弹性与价格加价的关系。图 6-17（a）中的需求弹性较高，垄断者在边际成本上加价较小，这表明垄断者的垄断势力较小。而图 6-17（b）中的需求曲线较陡，需求弹性较低，垄断者的加价很大，这说明其垄断势力较大。比如，社区里只有唯一一家 24 小时经营的便利店，消费者往往只注重它的便利性，而对便利店的商品的价格不太敏感，因而便利店对于相同商品的定价通常比一般商店要高，其原因就在于，便利店面临的需求价格弹性要比

一般商店小，故可以加价较高。

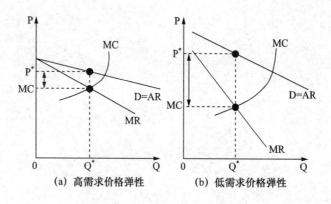

　　　　(a) 高需求价格弹性　　　　　　(b) 低需求价格弹性

图 6 - 17　需求价格弹性与价格加价

　　此外，垄断者不存在供给曲线。供给曲线表明价格与供给量之间一一对应的关系，完全竞争厂商是价格接受者，当市场价格确定时，它确定一个最佳产量，当价格变化时，它又有另一个最佳产量与之对应。因此，完全竞争厂商的短期供给曲线是平均可变成本最低点上的边际成本曲线，而完全垄断者是价格制定者，没有价格与供给量之间一一对应的关系，故不存在垄断供给曲线。

四、垄断者的长期均衡

　　在长期内，垄断者可以选择最佳生产规模，使长期利润极大化，同时，也可能退出某行业；如果短期内出现亏损，由于存在进入壁垒，垄断者在长期均衡时的利润通常大于零。图 6 - 18 说明了垄断者的长期均衡。

　　假设垄断者的需求曲线为 D，边际收益曲线为 MR，LMC 与 LAC 分别为垄断者的长期边际成本曲线和长期平均成本曲线。SMC 与 SAC 分别为垄断者的短期边际成本曲线和短期平均成本曲线。

　　垄断者在长期内可以改变其要素投入的使用量，调整其生产规模，垄断者的长期利润极大化的产量 Q^* 选择在边际收益等于长期边际成本之处，即 E 点，此时，市场价格定为 P^*，并获得图 6 - 18 阴影部分的长期垄断利润；垄断者的长期垄断利润可以大于零，因为垄断者是商品的价格制定者。在产量 Q^* 上，有一个最佳的短期规模，其短期平均成本曲线 SAC 与长期平均成本曲线 LAC 相切，其短期边际成本曲线 SMC 与长期边际成本曲线 LMC 相交于 E 点，E 点为长期均衡点。因此，垄断者的长期均衡条件为：MR = LMC = SMC。

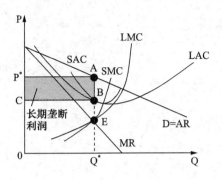

图6-18 垄断者的长期均衡

五、垄断者的价格歧视

垄断者以不同价格销售相同单位的产品的行为称为价格歧视。垄断者实施价格歧视，是为了获取更大的利润。

1. 一级价格歧视

如果对于每一个单位产品，垄断者能以消费者所愿支付的最高价格出售，就称为一级价格歧视。

图6-19（a）是一个一级价格歧视的简单例子，假设垄断者面临的需求为$Q_d = 10 - P$，垄断者以9元出售第一单位产品，以8元、7元、6元分别出售第二、第三、第四单位的产品。

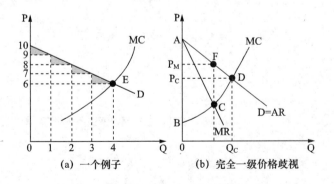

图6-19 一级价格歧视

实行一级价格歧视可以使垄断者赚取更多的利润，并剥夺全部消费者剩余。图6-19（b）是完全一级价格歧视的情形，垄断者能对各个消费者收取他们愿意支付的最高价格，完全一级价格歧视使垄断者的边际收益曲线与平均收益曲线重合，垄断者的产量增加到 AR（或 MR）等于 MC 之处的 Q_c 点，最后一单位的价格等于完全竞争市场的价格 P_c，此时总利润为 $\triangle ABD$，消费者剩余与生产者剩余之和相对于垄断单一定价情形增加了 $\triangle FCD$。可见，垄断者实行完全一级价格歧视使垄断市场达到完全竞争的配置效率，只是所有的剩余都被垄断者剥夺去了。

2. 垄断者的二级价格歧视

二级价格歧视是指垄断者对相同商品的不同消费量收取不同的价格。最常见的二级价格歧视是数量折扣，买得越多，价格越低。比如，购电 100 度，每度 0.5 元；购电 100 度以上，每度 0.4 元。

二级价格歧视通常是通过分段定价来实现的，分段定价是对数量越大的消费区段收取越低的价格，如图 6 - 20 所示，垄断者根据购买量制定三个价格，第一段价格为 P_1，第二段价格为 P_2，第三段价格为 P_3，且 $P_1 > P_2 > P_3$。

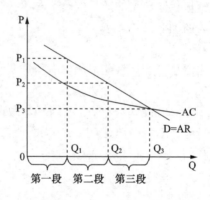

图 6 - 20　二级价格歧视

二级价格歧视所获得的利润比单一价格的垄断利润更高，因为，二级价格歧视由于降低价格，诱导出新的需求，因而产量扩大了，成本由于规模经济而下降。只要较低的价格高于边际成本，而且又不会影响较高价格下的销售，那么垄断者的利润就会增加。

二级价格歧视会使部分消费者剩余转化为生产者剩余。

3. 垄断者的三级价格歧视

三级价格歧视是垄断者对同一产品在不同的市场上索取不同价格，但在同一市场上只有一个价格。为了实现利润极大化，对不同市场定价必须使各个市场的边际收益相等，且等于边际成本，否则，垄断者可以在各市场间转移产品，或增加、减少产量以增加利润。实施三级价格歧视的条件：一是能够将一个产品市场分成两个或两个以上的独立的子市场；二是各个市场的需求价格弹性不同。

三级价格歧视是生活中最常见的价格歧视，比如，公园对学生与成年人可以收取不同的门票价格；电力公司对民用电与工业用电收取不同价格；航空公司对公务舱与经济舱收取不同票价等。

图 6－21 说明了三级价格歧视，某产品的消费者被分成两组（相对于两个子市场），第一组的需求曲线（D_1）的弹性比第二组的需求曲线（D_2）的弹性要小，MR_1 和 MR_2 分别为第一组消费者、第二组消费者的边际收益曲线，MR 为 MR_1 和 MR_2 的水平加总。

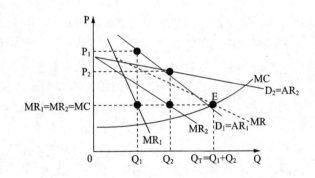

图 6－21　三级价格歧视

MR 与 MC 相交于 E 点，决定着总产量 Q_T，为了使 $MR_1 = MR_2 = MC$，从 E 点作一条水平线与 MR_1、MR_2 分别相交，并决定各组的最佳产量为 Q_1 和 Q_2（$Q_1 + Q_2 = Q_T$），对第一组产量 Q_1，收取价格 P_1，对第二组产量收取价格 P_2，$P_1 > P_2$ 说明，较低需求价格弹性的消费者将被索取较高的价格。

例题：假设一个生产一种特殊试剂的垄断企业，在两个分割的市场出售其产品。两个市场的需求函数分别为：

$Q_1 = 24 - P_1$ 和 $Q_2 = 24 - 2P_2$

该垄断企业在两个市场的产品生产的边际成本都为 6。求该企业为了实现最大利润如何在两个市场定价？

解：根据垄断企业三级价格歧视的原理，其最大化利润要求两个市场的边际收益分别等于各自的边际成本。由于两个市场的边际成本相同，因此，最大化利润要求：

$MR_1 = MC$，$MR_2 = MC$

由于 $MR_1 = \dfrac{d(P_1Q_1)}{dQ_1} = 24 - Q_1$，$MR_2 = \dfrac{d(P_2Q_2)}{dQ_2} = 12 - Q_2$，$MC = 6$，由上式

可得，$Q_1 = 9$，$Q_2 = 6$。通过各自的需求函数可求出其价格分别为：
$P_1 = 15, P_2 = 9$

第四节　垄断竞争和寡头市场的价格与产量的决定

一、垄断竞争及其厂商面临的需求曲线

垄断竞争是指众多厂商生产、出售相似但有差异的商品，因而是既有垄断特征，又有竞争特征的市场结构。垄断竞争市场有两个特点：一是市场中存在大量的厂商，它们进入、退出市场比较自由；二是各厂商出售有差异的商品，即基本相似但又不能完全替代的商品，这些差异可能体现在产品的品质、性能、设计、颜色、款式、包装的不同。比如在小说、皮鞋、电影、电脑等市场，每家厂商自己的商品有一定的垄断势力，都面临一条向右下方倾斜的需求曲线。

垄断竞争厂商有两条需求曲线，一条是厂商感觉到的需求曲线，它是指其他因素不变时，厂商面临的需求量与价格之间的关系（如图 6 - 22 中的 d 曲线），当价格由 P_1 下降到 P_2 时，如果其他厂商没有做出相应反应，那么该厂商的需求量由 Q_1 增加到 Q_3。

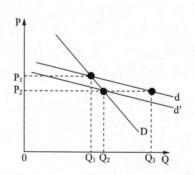

图 6 - 22　垄断竞争厂商面临的需求曲线

由于产品之间有一定的竞争性，当一个厂商降低价格时，其他厂商也会降价竞争，吸引走一部分消费者，也就是说，P_1 降到 P_2 时，若其他厂商也降价的话，该厂商的实际需求量只增加到 Q_2 而不是 Q_3，即垄断竞争厂商面临一条更陡的需求曲线，它称为已做必要调整的需求曲线，如图 6 - 22 中的 D 曲线，因此，降价

使需求量沿着 D 曲线从 Q_1 增加到 Q_2，相当于厂商感觉到的需求曲线"由 d 下移
至 d'"。厂商根据自己变化后感觉到的需求曲线做决策。

二、垄断竞争厂商的均衡与效率

　　垄断竞争厂商的利润极大化的产量也是确定在边际收益等于边际成本之处，
短期内可能存在正的利润，但在长期内，厂商可以自由进入行业，正的利润必定
会吸引其他厂商的进入，从而使长期利润降为零。图 6 - 23 说明了垄断竞争厂商
的短期均衡与长期均衡。

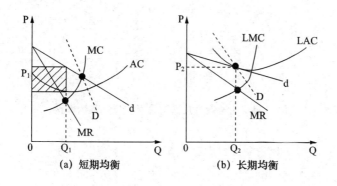

图 6 - 23　垄断竞争厂商的均衡

　　假设 d 与 D 分别是厂商感觉到的需求曲线与已做必要调整的需求曲线，MR
是根据 d 做出的，在图 6 - 23（a）中，在短期内，厂商把均衡产量确定为 Q_1，
这时价格为 P_1，厂商获得阴影部分的短期利润。

　　在长期内，这个正的利润吸引其他厂商加入，它们生产竞争性的产品，使得
该厂商的销售量减少，它的感觉到的需求曲线向下移动，在图 6 - 23（b）中，
直到感觉到的需求曲线与长期平均成本曲线相切为止，厂商实现了长期均衡，这
时厂商的均衡产量为 Q_2，价格为 P_2，它大于长期边际成本，但等于长期平均成
本，故长期利润为零。

　　与完全竞争市场相比，垄断竞争市场缺乏效率，其原因主要有以下两方面：

　　（1）生产能力过剩。如图 6 - 24（a）所示，完全竞争市场的自由进入、退
出使厂商在长期平均成本最低点进行生产，实现了有效规模，而在垄断竞争市场
中，厂商在长期平均成本下降区段进行生产，在图 6 - 24（b）中，垄断竞争厂
商的均衡产量为 Q_M，Q_M 小于有效规模产量 Q_C，这说明，垄断竞争厂商存在过
剩的生产能力。

　　（2）价格大于边际成本。在图 6 - 24（a）中，完全竞争厂商的价格等于其

边际成本，而对于垄断竞争厂商来说，其他厂商的进入与竞争使其价格长期等于长期平均成本，但它具有一定的垄断势力，其价格高于长期边际成本，如图6-24（b）所示，存在价格加成，这种价格加成造成厂商一定的"无谓损失"，使消费者剩余受损。

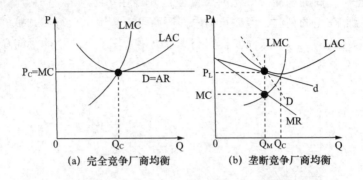

图6-24　完全竞争厂商与垄断竞争厂商均衡比较

当然，并不能因为其缺乏效率就完全否定垄断竞争市场结构，因为它可以为消费者带来一个很大的好处，即产品多样性。

三、寡头及其选择策略

寡头垄断是市场上有许多厂商，但只有少数几个厂商占有大部分产量的一种市场结构。它和垄断竞争都是介于完全竞争与完全垄断之间的市场结构，所不同的是，垄断竞争强调产品差别与市场进入，而寡头市场更关注几个厂商之间的相互影响关系。由于寡头分析依赖于对寡头间的行为假设，因而寡头均衡是在给定竞争对手的行为后，各厂商采取的最好行为，目前还没有公认的一般的寡头均衡理论。

表6-3　几个经典的双寡模型特征

	选择的变量	选择的时序	行为假设
古诺模型	产量	同时	双方都认为对方的产量不变
伯特兰德模型	价格	同时	双方都认为对方的价格不变
斯塔克尔伯格模型	产量	一先，一后	跟随着假设先行者选择的产量不变
价格领导模型	价格	一先，一后	跟随着假设先行者选择的价格不变
卡特尔模型	产量	同时	双方合作，使总利润最大

市场上只有两个厂商的寡头垄断称为双寡。在双寡市场上，有几个经典的双寡模型，厂商可以选择产量和价格变量，并且选择也可能有先后之分。先选择的厂商称为先行者，后选择者称为跟随者，如果双方同时选择（即一方选择时不知道另一方所做的选择），并且都选择产量作为决策变量，则为古诺模型。如果双方同时选择，但都选择价格变量，则为伯特兰德模型。价格领导模型（又称主导厂商模型）是假设先行者与跟随者都选择价格变量。而斯塔克尔伯格模型是假设先行者与跟随者都选择产量变量。前四个模型都假设两个厂商之间相互竞争，而卡特尔（串谋）模型是双方相互合作（或串通）共同决定产量，使它们的总利润最大化，一个卡特尔就像一个垄断者一样行动。下面以古诺模型和伯特兰德模型为例分析寡头的产量决策和定价行为。

1. 古诺模型

古诺模型是法国经济学家古诺于 1838 年提出的双寡模型，该模型假设两个厂商生产同质产品，两个厂商同时做出产量决策，但双方都在预测对方产量不变时，决定自己的最佳产量。如果每个厂商的最佳产量正好等于另一个厂商对它的预测产量，那么就实现了古诺均衡。古诺均衡可以在两个厂商的反应曲线的相交点实现，如图 6 – 25 所示。

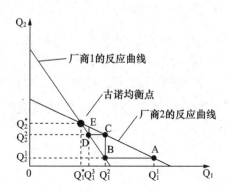

图 6 – 25 古诺均衡

反应曲线是指一个厂商在预测另一个厂商选择给定情况下的最佳选择。在古诺模型中，厂商 1 的反应曲线表示在任一给定的对厂商 2 的预期产量下，厂商 1 的最佳产量，如果厂商 1 预测厂商 2 的产量为 Q_2^1 时，那么厂商 1 的利润极大化的产量为 Q_1^2；同理，厂商 2 的反应曲线表示在任一给定的对厂商 1 的预期产量下，厂商 2 的最佳产量。古诺均衡并不在反应曲线的任意点上实现，只有厂商 1 和厂商 2 的反应曲线的交点 E 才是古诺均衡点，厂商 1、厂商 2 的最佳产量分别

为 Q_1^*, Q_2^*。在 E 点各厂商的最佳产量等于对方对自己的预期产量,而其他点的最佳产量不等于预期产量。古诺均衡的实现是动态调整的过程。如果两个厂商初始的产量组合为 A(Q_1^1, Q_2^1),下一期厂商 1 认为厂商 2 的产量会保持在 Q_2^1 不变,那么它的最佳产量会选择 Q_1^2,产量组合为(Q_1^2, Q_2^1);一直调整下去,直到 E 点,双方才没有改变产量的动力,达到均衡。

例题:假设一个市场只有两个生产相同产品的企业,其生产的平均成本都为 1。市场需求为 $Q = Q_1 + Q_2 = 150 - P$,Q_1 和 Q_2 表示企业 1 和企业 2 的产量。如果这两个企业采用古诺模型的策略,即假设在对方产量给定情况下决定自己的最佳产量,使得利润最大化。问两个企业最优产量是多少?

解:企业 1 和企业 2 分别选择产量 Q_1 和 Q_2,其利润分别为:

$\pi_1 = PQ_1 - c_1 = (150 - Q_1 - Q_2 - 1)Q_1$

$\pi_2 = PQ_2 - c_2 = (150 - Q_1 - Q_2 - 1)Q_2$

由于每家企业在对方产量给定情况下决定自己的最佳产量,使得利润最大化,因而每家企业利润最大化的一阶条件(反应函数)为:

$$\frac{\partial \pi_1}{\partial Q_1} = 149 - Q_2 - 2Q_1 = 0$$

$$\frac{\partial \pi_2}{\partial Q_2} = 149 - Q_1 - 2Q_2 = 0$$

从上面的反应函数可知,每个企业的最佳产量都取决于对对方产量的假设。如果每家企业的最佳产量和对方对自己产量假设一致时,那么两家企业生产实现了均衡。从数学上说,均衡产量可通过解上面的一阶条件的联立方程得到:

$$Q_1 = \frac{149}{3}, Q_2 = \frac{149}{3}$$

$$P = 150 - Q_1 - Q_2 = 51$$

$$\pi_1 = \pi_2 = 2483$$

2. 伯特兰德双寡模型

伯特兰德模型是由另一位法国经济学家伯特兰德于 1883 年提出的双寡模型,该模型分析两个厂商同时在给定对方价格不变时,如何选择自己的价格使利润极大化的问题。

如果两个厂商生产同质产品,并有相同的成本函数,那么伯特兰德均衡是两个厂商的价格相同且等于边际成本,两个厂商都赚到零利润;这是因为,生产完全相同的产品,如果一个厂商降价,而另一个厂商价格不变,那么降价的厂商会吸引到整个消费者,也就是说,只要价格高于边际成本,厂商就有动力降价,获取更大利润,因而价格竞争会使得双方把价格降到价格等于边际成本,结果是双方只能获得正常利润。

如果两个厂商生产有差别的产品，那么伯特兰德均衡可用价格反应曲线来分析，如图6-26所示。价格反应曲线表示厂商在给定双方价格时自己的最佳选择，比如，厂商1的价格反应曲线表示厂商1在任一给定厂商2所定价格时所选择的最佳价格。反应曲线斜率为正，表示当厂商又降价时，厂商1发现自己的降价是最优的，同时，厂商2的价格反应曲线与厂商1的价格反应曲线所表示的含义是相同的，伯特兰德均衡在两条价格反应曲线的相交点上，厂商1和厂商2的最佳定价分别为 P_1^* 和 P_2^* ，其均衡的实现过程与古诺均衡调整过程原理相似。

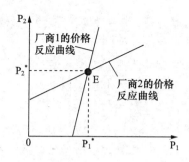

图6-26 有差别产品的伯特兰德均衡

本章小结

（1）市场类型是指影响企业行为和表现的市场组织的特征。根据交易者数量、交易商品的质量是否相同、进入市场有无障碍、交易者所得到的信息是否完全四个特征，市场结构大体上可以将市场区分成四类：完全竞争市场、完全垄断市场、垄断竞争市场、寡头垄断市场。

（2）完全竞争市场，有时又称为竞争市场，市场上有许多买者和卖者。各个卖者出售同质产品，企业可以自由进入或退出市场。

（3）完全竞争厂商的产量决策的标准是边际收益等于边际成本。短期内，如果市场价格高于或等于平均成本最低点时，厂商利润大于等于零或等于零。

如果平均总成本提高，大于市场价格，结果厂商出现亏损，但是只要市场价格仍高于平均可变成本，厂商应继续生产，使亏损极小化。

（4）在平均可变成本最低点以上的边际成本曲线便是厂商短期供给曲线。

（5）长期内，厂商所有投入可改变，它可以做出两类选择：一是调整工厂规模，选择产量以实现长期利润极大化；二是自由进入或退出某行业。追求利润极大化的厂商长期内会选择使长期边际成本等于价格的产量。

完全竞争厂商的长期均衡的条件是市场价格等于长期平均成本最低点，厂商利润为零，仅获得正常的会计利润。

（6）如果某商品只有一个生产者，且市场上没有近似的替代品，那么这样的市场称之为完全垄断市场，垄断者根据 MR = MC 的原则确定最佳产量，然后，由需求曲线 D 确定市场价格为 P*，由于 P* 高于垄断者的平均成本，因而垄断者获得利润。

在短期内，由于平均成本提高，垄断利润可能为零，甚至为负，但只要市场价格高于平均可变成本，垄断者仍将生产。

在长期内，垄断者可以选择最佳生产规模，使长期利润极大化，同时，也可能退出某行业，如果短期内出现亏损，由于存在进入壁垒，垄断者在长期均衡时的利润通常大于零。

（7）垄断者以不同价格销售相同单位的产品的行为称为价格歧视。垄断者实施价格歧视，是为了获取更大的利润。包括一级价格歧视、二级价格歧视、三级价格歧视。

（8）垄断竞争是指众多厂商生产、出售相似但有差异的商品，因而是既有垄断特征，又有竞争特征的市场结构。

垄断竞争厂商的利润极大化的产量也是确定在边际收益等于边际成本之处，短期内可能存在正的利润，但在长期内，厂商可以自由进入行业，正的利润必定会诱引其他厂商的进入，从而使长期利润降为零。

（9）寡头垄断是市场上有许多厂商，但只有少数几个厂商占有大部分产量的一种市场结构。它和垄断竞争都是介于完全竞争与完全垄断之间的市场结构，所不同的是，垄断竞争强调产品差别与市场进入，而寡头市场更关注几个厂商之间的相互影响关系。

基本概念

完全竞争市场　完全垄断市场　垄断竞争市场　寡头垄断市场　边际原则
成本不变行业　成本递增行业　成本递减行业　生产者剩余　消费者剩余　价格歧视

复习思考题

一、单项选择题

1. 完全竞争的假设是（   ）。

A. 对某一商品存在着大量的买者和卖者，任何个人均无力影响商品的价格

B. 在这一市场中所有企业生产的产品都是同质的

C. 资源具有完全的流动性，所有的买者和卖者对此交易具有完全信息

D. 以上均正确

2. 在完全竞争市场上，企业短期均衡条件是（   ）。

A. P = AR   B. P = MR   C. P = MC   D. P = AC

3. 在完全竞争的条件下，如果某行业的厂商的商品价格等于平均成本，那么（   ）。

A. 新的厂商要进入这个行业

B. 原有厂商要退出这个行业

C. 既有厂商进入也有厂商退出这个行业

D. 既没有厂商进入也没有厂商退出这个行业

4. 完全竞争厂商利润极大化的充分条件是（   ）。

A. MR = MC   B. 利润对产量的二阶导数小于零

C. 总收益大于总成本   D. 价格高于平均成本的差额达到最大值

5. 对完全垄断厂商来说（   ）。

A. 提高价格一定能够增加收益

B. 降低价格一定会减少收益

C. 提高价格未必能增加收益，降低价格未必能减少收益

D. 以上都不对

6. 如果以利润最大化为目标的企业的边际收益小于其边际成本，该企业（   ）。

A. 一定处于经济亏损状态   B. 一定获得经济利润

C. 应增加其产量   D. 应减少其产量

7. 消费者剩余和生产者剩余说法不正确的是（   ）。

A. 消费者剩余等于消费者能够支付的价格和实际价格的差额

B. 生产者剩余等于生产者实际出售的价格与愿意生产的价格的差额

C. 当价格发生变化时，生产者剩余发生变化

D. 消费者剩余与生产者剩余之和表示市场的总的社会福利效益

8. 完全垄断厂商的总收益与价格同时下降的条件是（   ）。

A. $E_d > 1$ B. $E_d < 1$ C. $E_d = 1$ D. $E_d = 0$

9. 如果完全垄断厂商在两个分隔的市场中有相同的需求曲线，那么垄断厂商（   ）。

A. 能实行差别价格   B. 不能实行差别价格

C. 不一定能实行差别价格   D. 以上都不正确

10. 垄断竞争市场上厂商实现短期均衡时（   ）。

A. 平均成本下降

B. 边际成本等于实际需求曲线产生的边际收益

C. 主观需求曲线与平均成本曲线相切

D. 主观需求曲线与实际需求曲线相交，并且边际成本等于主观需求曲线中产生的边际收益

二、问答题

1. 完全竞争市场、完全垄断市场、垄断竞争市场和寡头市场各自有什么特征？试比较说明。

2. 完全竞争市场中，不同成本行业的长期供给曲线各呈何种态势？

3. 如何通过生产者剩余和消费者剩余来衡量经济福利？

4. 垄断者短期利润极大化的条件是什么？如何进行产量决策？

三、计算题

1. 完全竞争行业中某厂商的成本函数为 $STC = Q^3 - 6Q^2 + 30Q + 60$，假设产品价格为 70，求解：

（1）求利润极大时的产量及利润总额。

（2）由于竞争市场供求发生变化，由此决定的新的价格为 40，厂商是否会发生亏损？如果会，最小的亏损额为多少？

2. 假设某垄断企业的成本函数为 $TC = 0.6Q^2 + 3Q - 2$，反需求函数为 $P = 8 - 0.4Q$，求解：

（1）该企业实现利润最大化时的产量、价格、收益、利润。

（2）该企业实现收益最大化时的产量、价格、收益、利润。

第 七 章

市场失灵与微观经济政策

从新闻媒体中，我们经常看到或听到"市场是有效率的"的言论，在一定程度上讲，这是对的，但是，这是有前提的，那就是市场为完全竞争市场。如果为非完全竞争市场，如垄断市场、寡头市场，那么市场均衡则是缺乏效率的，会出现市场失灵的现象。

市场失灵是指一些不受规制的市场不能有效地配置资源。市场失灵的主要原因是市场存在市场势力和外部性。市场失灵主要表现在垄断、公共物品和外部性方面。当市场失灵时，政府采取的公共政策有可能纠正这些问题。本章将分析市场失灵及其原因，纠正市场失灵的一些微观政策，主要包括反托拉斯、规制等。

第一节 垄断及其干预政策

一、垄断的社会成本

我们已经知道，完全竞争市场的资源配置是有效率的，因为其市场价格等于厂商的边际成本，而垄断者利用其垄断势力所确定的市场价格高于边际成本，产量低于完全竞争市场的产量，说明完全垄断市场的资源配置是缺乏效率的。垄断者为了自身利益所决定的资源配置会对社会造成"无谓损失"。

假设在完全竞争市场中，有许多小企业生产小麦，然后一家垄断企业将所有这些小企业都买下，那么该市场的产量、价格和效率将会有什么变化呢？

图 7-1 分析了这个市场。市场需求曲线是 D。开始，市场中有许多小企业存在，市场供给曲线是所有单个企业的供给曲线（也就是边际成本），加总市场均衡价格是 P_c，市场均衡数量是 Q_c。每家企业都定价为 P_c，并且生产使其边际成本等于该价格时的产量，从而达到利润最大化。

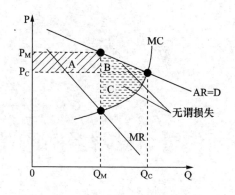

图 7 - 1　垄断的福利损失

现在一家垄断企业经营小麦，消费者的需求曲线也就没有变化，但是该垄断企业的边际收益曲线是 MR，垄断者与完全竞争市场具有相同的成本曲线，其边际成本曲线为 MC，为了使利润极大化，厂商在边际成本等于边际收益之处进行生产，垄断者确定的产量与价格分别为 Q_M 与 P_M，而在一个完全竞争市场中，产量与价格分别为 Q_C 与 P_C。

显然，垄断者为了垄断利润，与完全竞争相比，会做出有利于自身的选择。

（1）单一垄断者会减少产出而提高价格。

（2）并且会造成社会福利的损失。

与完全竞争市场相比较，垄断市场提高价格使消费者剩余总量减少区域为（A + B），生产者剩余净变化为（A - C），因而消费者剩余与生产者剩余总和净变为（- A - B）+（A - C）= - B - C，也就是说，区域（B + C）是垄断造成的社会福利的"无谓损失"。

（3）垄断再分配了社会剩余。部分消费者剩余变成了转到垄断者那里的生产者剩余，生产者受益，而消费者却受损。

二、政府对垄断的公共政策

政府对垄断的公共政策包括：

（1）用反垄断法促进竞争。

（2）规制垄断者的行为。

（3）将一些垄断企业国有化。

1. 用反垄断法促进市场竞争

2009 年，中华人民共和国商务部发布公告，禁止可口可乐公司收购中国汇源公司，理由是"收购完成后，可口可乐公司有能力将其在碳酸软饮料市场上的支配地位传导到果汁饮料市场，对现有果汁饮料企业产生排除、限制竞争效果，进而损害饮料消费者的合法权益"。这是政府利用反垄断法干预市场垄断行为的案例之一。

反垄断法是反对垄断和保护竞争的法律制度，又称反托拉斯法。

世界上多数国家使用反垄断法来限制垄断权力。第一个也是最著名的反垄断法是美国 1890 年的《谢尔曼反托拉斯法》，1914 年美国又通过了《克莱顿法》和《联邦贸易委员会法》作为对谢尔曼法的补充。美国反托拉斯法的目的是"维护作为贸易规则的自由和不受干预的竞争"。

2007 年 8 月 30 日，中国通过了《中华人民共和国反垄断法》，反垄断法的任务就是防止市场上出现垄断，以及对合法产生的垄断企业进行监督，防止它们滥用市场优势地位。

反垄断法为政府限制垄断提供了多种方式：①禁止卡特尔。生产同类产品的企业，如果它们聚集在一起商讨如何对付消费者，行业合谋涨价，那么，消费者将受损。反垄断法上把这种限制竞争性的协议称为"卡特尔"。②控制企业合并。市场经济下的企业如果对合并不加控制，允许企业无限制地购买或者兼并其他的企业，不可避免地会消灭市场上的竞争者，导致垄断性的市场结构。③禁止滥用市场支配地位。例如，微软公司就是通过知识产权在全世界的软件市场上取得了市场支配地位。反垄断法就是要防止可能会滥用其市场优势地位，损害市场竞争，损害消费者的利益。④禁止行政垄断。行政垄断是指政府及其所属部门滥用行政权力限制竞争的行为。政府利用行政权力限制竞争都会降低市场效率。

2. 规制

规制是政府为了公共的利益对厂商无节制的市场势力的一种限制。价格规制是规制自然垄断企业的一种重要方式。

我们知道，自然垄断行业的平均成本和边际成本在很大的产出范围内是递减的。例如，有线电视公司、煤气公司、配电公司等是自然垄断企业，因而它们向整个市场提供产品的价格，比由两个或更多竞争企业所能提供的产品价格更低。在未被规制的情况下，自然垄断企业，如通信公司为家庭提供服务的数量定在恰好能使得利润最大化。像所有单一价格垄断企业一样，利润最大化产量低于有效率产量，而生产不足会导致无谓损失。

（1）最优规制。如何规制自然垄断企业从而使其提供有效率的产品数量？答案是通过规制将其定价等于其边际成本，这种规制称为边际成本定价规则。价格等于边际成本时的需求数量就是有效率产量。实际上，以边际成本定价被认为是规制的理想价格制定法。

如图 7 - 2 所示，垄断行业的平均成本曲线和边际成本曲线向右下方倾斜，如电话、自来水、核电等行业。如果政府不进行价格规制，那么垄断者的产量为 Q_M，价格为 P_M，垄断者获得垄断利润（利润额为矩形 $ABCP_M$ 的面积）。如果政府根据边际成本定价原则，规制价格定为 $P_r(P_r = MC)$，此时，垄断者的产量水平达到了有效率的水平 Q_r，但在此价格下，垄断者的平均成本小于平均收益，结果垄断者出现了亏损，亏损额为矩形 $GFEP_r$ 的面积。由于在长期内，厂商无法在亏损状态下经营，因而理想的规制价格难以实施。

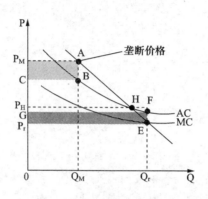

图 7 - 2 自然垄断的价格规制

（2）次优规制。因为平均总成本高于边际成本，一个被要求使用边际成本定价规则的自然垄断企业可能无法在行业中长期生存。既然自然垄断企业并不能总是在被规制时就获得有效率的产出，因而，实践中常常采用次优的规制方式，避免受规制的垄断者遭受经济损失，同时又能提高自然垄断行业的市场效率。

采用次优规制有较多方式，其中之一是实行平均成本定价规则。政府常把规制价格定在恰好能弥补平均成本之处，如图 7 - 2 中的 H 点，在这一规则下，企业生产平均总成本曲线与需求曲线相交时的产量。这一规则使得企业获得零经济利润——收支相抵。这种方法为传统的价格规制方法。在传统的价格规制法下，价格与边际成本的差距缩小了，产量比未实施规制时的产量要大，从而在一定程度上提高了经济效率。现在解决边际成本定价法的难题，通常有两种方法：一种是两步收费制，即把使用费定在可变成本的水平，而用入门费来抵补固定成本。另一种是实施歧视价格，即允许垄断者向某些用户索取高价，而对边缘用户收取低价。

此外，可以采用回报率规制。在回报率规制下，价格设定在使得企业能获得特定目标资本回报率的水平。这种规制最终是为企业自身利益而不是社会利益服务。还有，可以采用价格上限规制。价格上限规制是允许企业所能设定的最高价格的规则。这种规制降低了价格并刺激企业减少其成本。

第二节 公共物品及其干预政策

一、公共物品与其他物品

现实中物品多种多样，特点各异，但根据竞争性和排他性特征，可将物品分门别类。如果一种产品被提供以后，不能排除任何人消费，则称这种产品具有非排他性。比如，路灯具有非排他性，因为路灯一旦出售并安装后，不能阻止人们使用路灯，国防和新鲜空气也是非排他性商品。相反，如果能排除他人消费，则具有排他性。很多产品具有排他性，比如上网，没有开通账号就上不了网。

非竞争性是指一种产品在给定的产出水平下，增加额外一个人消费该产品不会引起产品成本的增加。比如公共电视一旦建起后，额外增加一个观众不会增加公共电视的成本，而私人提供的多数产品却有竞争性，如果一人多使用，他人将少使用。比如一定量的粮食，有人多消费，就有人将少消费。

根据是否具有排他性和竞争性，产品可以分为四种类型（见表7-1）：公共物品、公有资源、自然垄断品和私人物品。

表7-1 不同的物品类型

	非竞争性	竞争性
非排他性	公共物品，如国防、路灯等	公有资源，如新鲜空气、公海捕鱼等
排他性	自然垄断品，如有线电视、消防等	私人物品，如服装、粮食等

（1）公共物品。同时具有非排他性和非竞争性的产品，如国防、灯塔、基础研究、反贫困等。

（2）私人物品。同时具有排他性与竞争性的产品称为私人物品，如服装、汽车、粮食等。

（3）公有资源。具有非排他性和非竞争性之一的产品称为准公共品，例如，有些产品是非排他的，但是竞争的。新鲜空气是非排他的，但如果受到污染时，空气可以是竞争的。

（4）自然垄断品。具有非竞争的但是排他的物品。例如，有线电视一旦铺好线路后，多一个观众的边际成本为零，因而是非竞争的，但可以限制没交费的观众观看电视，所以又是排他的。在现实中，往往将公有资源与自然垄断品统称为准公共品。

二、公共物品的"搭便车"问题和有效供给

假设即将在一条街道进行卫生设施改造，改造完成之后每家住户都能从中受益，如更好的出行环境、宽敞整洁的街道。街道改造具有非排他性和非竞争性，虽然设施的改造会使得所有住户都可以受益，但当费用是自愿支付时，肯定会有一部分住户拒绝缴纳，于是，就出现"搭便车"问题。"搭便车"问题是指人们得到一种物品的收益却不为此付费。不付费而享受好处的人称为"搭便车"者。"搭便车"问题的出现，使得由市场来融资进行公共街道的改造可能因为出资不足而搁置。

在公共物品的市场供给中，"搭便车"问题在现实生活中大量存在。例如，对公海的灯塔的供给，对于每条经过这片公海的航船来说，由于灯塔是公共物品，具有非排他性，一旦建立灯塔，每一个航行者都可以不付钱就获得消费的权利，成为"搭便车"者。对于灯塔提供者而言，他必须能够把那些不付钱而享受灯塔的人排除在消费之外，否则他将无法弥补生产成本。因此，"搭便车"问题往往导致市场失灵，使得市场提供公共物品时无法达到效率。

下面我们进一步分析公共物品的有效提供量问题。私人物品的均衡数量是由边际收益（需求曲线）等于边际成本（供给曲线）时决定的。边际收益等于边际成本原则，同样适用公共物品的有效提供量的决定，因为公共物品具有消费非竞争性和非排他性，其边际收益应该是所有享用该公共物品的消费者的边际收益之和。

图7－3分析了公共物品的有效提供量。假设某公共物品只有 A 与 B 两个消费者，MB_A 为 A 对公共物品的边际收益（或需求），MB_B 为 B 对公共物品的边际收益（或需求）。由 A 和 B 的边际收益曲线的垂直加总就得到该公共物品的总边际收益曲线（又称为边际社会收益曲线 MSB），它代表社会对该公共物品的总需求曲线 D。该公共物品的有效产出水平为，边际社会收益曲线与边际成本曲线的交叉点 F 所对应的产出水平 Q^*。如果产出大于 Q^*，多生产一单位公共物品的成本会大于其社会收益，显然公共物品的提供太多了；如果产出小于 Q^*，多生产一单位公共物品的社会收益大于其成本，增加产量是有利的。因此，只有当边际社会收益等于边际成本时，公共物品的提供量才达到了帕累托最优水平。

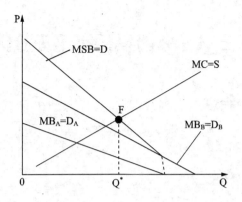

图 7 - 3　公共物品的有效提供量

三、公共物品的干预政策

正是由于市场供给公共物品会导致供给不足，因而公共物品一般不是由市场供给，一些公共服务，如国防、公共治安等，就必须由政府组织提供，而另一些（准）公共物品则采用政府补贴市场供给的方式。

1. 政府提供

政府直接提供各种公共物品，如国防、安全、公共道路、给排水等。这是现实生活中最普遍的方式。

2. 政府授予私营机构经营权

政府将现有的公共基础设施以授予经营权的方式，委托给私人公司经营，如自来水公司、供电等。此外，还有很多的公共服务项目也是由这种方式经营的，如政府将城市卫生管理、绿地维护、市政设施维护等委托私人管理。

3. 政府对提供公共物品的私营机构提供补贴

例如，政府提供补助津贴、优惠贷款，减免税收等，政府提供财政补贴的主要领域是科学技术、基础研究、教育、卫生保健、博物馆等。

4. 界定产权，由私人提供

只要产权明确，一些公共物品，如海上灯塔也可以是由私人经营的；经营者虽然没有办法向使用灯塔的船只收费，但却可以向港口收费，因为如果港口不交费，灯塔经营者就关闭灯塔。

第三节 外部性及其干预政策

外部性是指经济当事人（厂商或消费者）的行为以不反映在市场交易中的方式对其他经济当事人造成的影响。外部性分为正外部性和负外部性，也可分为生产外部性和消费外部性。

一、生产中的负外部性

造纸厂排放污水给下游渔民造成危害，那么造纸厂的生产具有负外部性。图7-4说明了造纸厂生产中的负外部性。生产的负外部性使生产的私人成本与社会成本不相等。私人成本是指生产者生产某商品时自己必须承担的费用，当不存在外部性时，私人成本就是生产的全部成本，私人成本等于社会成本。如果存在负外部性，造纸厂多生产一单位产品，就会使下游渔民必须多付出一定的成本来弥补生产环境的恶化造成的影响，渔民的这种支出应为造纸厂多生产一单位产品所引起的边际外部成本（MEC）。这样，边际私人成本加上边际外部成本之和就是造纸厂生产的边际社会成本（MSC），即 MPC + MEC = MSC。

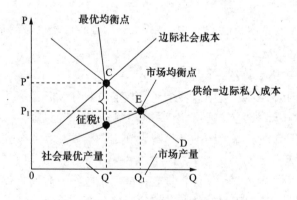

图7-4 生产负外部性

在市场中，生产者在 P_1 价格上生产出 Q_1 产量。由于负外部性，在 Q_1 处，生产的边际社会成本大于其边际收益，生产过多，过多的污水排入河中；从全社会角度看，最优的生产应由边际社会成本曲线与需求曲线的相交点 C 决定，最优产出为 Q^*。在这种情况下，征税可以使生产者在进行产量决策时考虑到其外部成本，实现外部性内在化。如对造纸厂生产每单位产品征收 t 单位的税。

二、生产中的正外部性

许多生产的社会成本大于私人成本，引起负外部性，但有一些生产的情况却相反。假设一个苹果园旁边有一个养蜂者，苹果生产得越多，生产蜂蜜就越便宜，这种苹果生产者使养蜂者受益的外部性称为生产正外部性。生产正外部性使产品市场生产量小于社会最优生产量，图 7－5 说明了生产的正外部性。

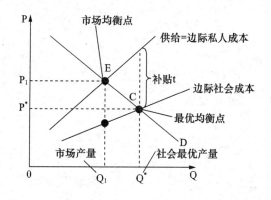

图 7－5　生产正外部性

图 7－5 表示苹果生产市场。苹果生产使蜂蜜生产受益，减少了蜂蜜生产的成本，这种减少的成本称为苹果生产的外部成本。由于苹果生产的外部成本为负，因而苹果生产的边际社会成本小于其边际私人成本，也就是说，MSC 曲线在 MPC 曲线之下。苹果生产者决定其产量时，并不会考虑自己对养蜂者带来正外部性，因而，苹果生产的市场数量由生产的边际私人成本（供给）与边际收益（需求）相等时决定，即苹果的市场生产量为 Q_1，市场价格为 P_1。但从全社会来看，苹果生产者应增加产量，直到其生产的边际社会成本等于其边际收益，即 C 点为社会最优均衡点，苹果的社会最优产量为 Q^*，价格为 P^*，可见，正外部性使生产过少。在这种情况下，政府可以通过补贴，给苹果生产者每单位产品补贴 t 单位的补贴款，则苹果生产的市场数量将达到社会最优数量。

三、消费的外部性

当人们的消费对他人的利益造成影响时，就存在消费外部性。消费外部性也分为负消费外部性与正消费外部性。有的人在公共场合吸香烟污染空气使旁人受害，则香烟的消费具有负外部性，而受教育有利于提高国民素质，从而有利于社会发展，所以教育的消费具有正外部性。

消费者增加一单位产品消费对其他消费者利益的影响称为边际外部利益（MEB），消费的边际私人利益（MPB）加上其边际外部利益等于其边际社会利益（MSB）。在图7-6中需求曲线没有反映消费的社会利益，图7-6（a）表示香烟消费负外部性情况，其边际社会利益小于边际私人利益，结果是香烟的私人市场消费量大于社会最优消费量；图7-6（b）表示教育消费正外部性情况，其边际社会利益大于边际私人利益，结果是教育消费的私人市场消费量小于社会最优消费量。

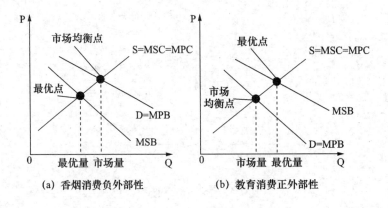

(a) 香烟消费负外部性   (b) 教育消费正外部性

图7-6　消费外部性

政府同样可以通过征税或提供补贴方式使消费外部性内在化。政府对具有负外部性的消费进行征税，而对具有正外部性的消费进行补贴，使消费的市场均衡数量等于社会最优均衡数量。

四、干预政策

政府干预外部性的原则是让外部性内部化，即通过制度安排将经济主体经济活动所产生的社会收益或社会成本，转为私人收益或私人成本。典型的干预政策有：

1. 征税与补贴

对负的外部性征收赋税，对正的外部性给予补贴。征税可以抑制产生负外部性的经济活动；补贴可以激励产生正外部性的经济活动。这种用于消除负外部性的税收被称作庇古税。

2. 企业合并

如果说一家企业的生产影响到另一家企业，如果影响是正外部性，则这种具有正外部性的产品数量将低于社会最优水平；如果影响为负外部性，则这种具有负外部性的产品数量将大于社会最优水平。如果将两家企业合并，这种外部性将内部化。

3. 政府规制

除了征税和补贴外，政府可以通过设立污染标准或收取污染费，以降低或消除（负）外部性。污染标准是对生产者排放污染数量的法定限制，而污染费是对生产者每单位污染排放量的收费。

在图 7－7 中，横轴代表生产中排放的污染量，纵轴代表污染的边际成本或降低每单位污染的成本，MSC 曲线表示污染排放的边际社会成本，它相当于前面所说的生产的边际外部成本（MEC），由于污染量越大，污染的外部性就越大，从而 MSC 曲线向右上方倾斜，MCA 曲线表示降低污染的边际成本，它向右下方倾斜，因为污染度高时，减少一单位污染的成本少，而污染度低时，减少一单位污染的成本大。

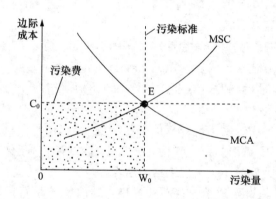

图 7－7 污染标准与污染费

为了控制最优污染程度，一种方法是政府制定厂商的污染排放标准为 W_0。污染量大于 W_0 的厂商将受罚。另一种方法是政府对每单位污染排放量收取 C_0 费用，使得厂商的污染排放量达到最优量 W_0，这时厂商共支付矩形 C_0EW_0O 面积的排放费。在实践中，制定污染排放标准和收取污染费方法都被不同的国家采用过，很难说孰优孰劣，因为它们各有优缺点。

五、外部性与科斯定理

科斯认为，在产权明确的情况下，如果不存在信息成本与谈判成本（交易成本为零），那么，通过当事人双方私人谈判就可以使外部性内在化，从而达到某个帕累托最优。这种通过明确产权来解决外部性问题的方法被称为科斯定理。

如果产权界定不明确，会造成公共资源的过度使用和破坏；公共资源是指任何人都可以自由得到的资源，如公海的渔产、公共牧场等。如果存在产权划分，那么在交易成本较低且参与人数较少的时候，人们可以通过私下谈判来解决外部性问题。

本章小结

（1）市场失灵是指一些不受规制的市场不能有效地配置资源。市场失灵的主要原因为市场存在市场势力和外部性。市场失灵主要表现为垄断、公共物品和外部性方面。当市场失灵时，政府采取的公共政策有可能纠正这些问题。

（2）垄断者确定的市场价格高于边际成本，产量低于完全竞争市场的产量，垄断将导致资源配置缺乏效率。

（3）政府对垄断的公共政策包括用反垄断法促进竞争、规制垄断者的行为、将一些垄断企业国有化。

（4）公共物品是指同时具有非排他性和非竞争性的产品，如国防、灯塔、基础研究、反贫困等。

公共物品的供给中经常出现"搭便车"问题。"搭便车"问题是指人们得到一种物品的收益却不为此付费。"搭便车"问题往往导致市场失灵，使得市场提供公共物品时无法达到效率，出现供给不足。

（5）公共物品的干预政策包括政府提供、政府授予私营机构经营权，政府对提供公共物品的私营机构提供补贴，界定产权等。

（6）外部性是指经济当事人（厂商或消费者）的行为以不反映在市场交易中的方式对其他经济当事人造成的影响。外部性分为正外部性和负外部性，也可分为生产外部性和消费外部性。

（7）生产负外部性使产品市场生产量大于社会最优生产量；而生产正外部性使产品市场生产量小于社会最优生产量。

（8）政府干预外部性的原则是让外部性内部化，包括征税与补贴、企业合并、政府规制等。

科斯定理认为，在产权明确的情况下，如果不存在信息成本与谈判成本（交易成本为零），那么，通过当事人双方私人谈判就可以使外部性内在化。

基本概念

市场失灵　公共物品　外部性　边际社会成本　边际外部成本　边际私人成本　边际外部利益　边际私人利益　边际社会利益

复习思考题

一、单项选择题

1. 私人商品与公共产品的主要区别在于（　　）。

A. 前者由私人提供，后者由政府提供

B. 前者是私人使用，后者是公众使用

C. 前者具有竞争性和排他性，后者则没有

D. 前者具有非竞争性和非排他性，后者则没有

2. 与完全竞争相比，垄断者为了利润（　　）。

A. 单一垄断者会减少产出而提高价格　　　　B. 会造成社会福利的损失

C. 会垄断再分配的社会剩余　　　　D. 以上均正确

3. 以下哪种说法不正确？（　　）

A. 市场经济中，价格是首要的配置机制

B. 若价格能使市场出清，则不存在市场失灵

C. 不完全竞争导致市场失灵是由于生产不足

D. 市场失灵时，政府的某些管理是合适的，因为它能在其他人不变糟的情况下使某些人变得更好

4. 公共产品提供的原则是（　　）。

A. 边际销售等于边际成本　　　　B. 边际社会效益等于边际生产成本

C. 边际社会效益等于边际社会成本　　　　D. 价格等于边际成本

5. 关于边际社会利益、边际私人利益和边际外部利益说法不正确的是（　　）。

A. 边际外部利益 = 边际社会利益 + 边际私人利益

B. 若 MEB = 0，则不存在外部效应

C. 若 MEB > 0，则存在正的外部效应

D. 若 MEB < 0，则存在负的外部效应

6. 在（　　）情况下，"搭便车"问题就会出现。

A. 所有消费公共商品的个人都支付其费用

B. 个人愿意支付他们的消费费用

C. 所有消费和生产的商品都是个人用物品

D. 某些人享用了公共物品，并不需要支付其全部的费用

7. 科斯理论表明（　　）。

A. 如果政府不参与的话，谈判一般可以解决外部影响问题

B. 如果产权明确，且谈判成本不高，则可能通过谈判降低外部影响的程度

C. 只要成本不太高、产权明确则谈判，必能产生一种有效率的结果

D. 以上均不正确

8. 对于有负外部性的商品（　　）。

A. 皆要禁止　　　　　　　　　　　　B. 由市场调节

C. 由社会调节　　　　　　　　　　　D. 由政府加以限制或禁止

9. 政府对垄断的经济政策不包括（　　）。

A. 用反垄断法促进竞争　　　　　　　B. 规制垄断者的行为

C. 将一些垄断企业国有化　　　　　　D. 保护自由垄断

10. 准公共产品（　　）。

A. 具有非竞争性和非排他性　　　　　B. 具有竞争性和排他性

C. 具有非竞争性和排他性　　　　　　D. 具有竞争性和非排他性

二、问答题

1. 公共物品与私人物品相比有什么特点？如何说明在公共物品的生产上存在着市场失灵？

2. 当政府对竞争性产业干预过多时，为何容易出现腐败的现象？

3. 外部影响的存在是如何干扰市场对资源的配置的？

4. 什么是消费外部性？政府可通过何种方式使消费外部性内在化？

5. 大学教育应按生产费用，还是低于生产费用定价？如果应该低于生产费用应低多少？为什么？

第 八 章

国民收入核算理论

宏观经济学研究整个社会经济活动，而整个社会经济活动主要依靠国民收入这一概念来衡量和表现，所以首先需要定义和计量总产出和总收入的方法。西方经济学中所核算的国民经济活动的两个最重要的核心指标为国内生产总值及国民生产总值。什么是国内生产总值及国民生产总值？衡量国民经济活动的其他相关总量指标是什么？这些指标与国内生产总值之间有着怎样的关系？国内生产总值如何核算？本章将充分阐述分析这些问题。

第一节　国内生产总值及相关总量

一、国内生产总值（GDP）

国内生产总值（Gross Domestic Product，GDP）是指一个国家或地区经济体在某一给定时期内（通常是一个季度或者一年）运用全部生产要素所生产的全部最终产品和劳务的市场价值的总和。这个定义包括了以下几方面的意思：

1. 国内生产总值是一个地域概念，而不是国民（公民）概念

国内生产总值（GDP）衡量的生产价值局限于一个国家的地理范围（包括海陆空领域）之内。当一个中国公民暂时在美国工作时，他生产的物品或劳务应是美国GDP的一部分。当一个美国人在中国暂时工作时，他生产的物品或劳务应该为中国GDP的一部分。这意味着，如果商品或劳务是在中国地理范围内生产的，则无论生产者的国籍如何，都应包括在中国的GDP之中。

2. 国内生产总值是一定时期内发生的活动价值

GDP衡量某一既定时期内发生的生产价值。这个时期通常是指一个季度（三个月）或一年。GDP衡量这一段时期内经济收入的流量。

流量（Flow）衡量一定时期内发生的数量，存量（Stock）衡量一个给定时点上的数量。我们以水库的水和开闸放水为例来说明存量和流量的具体内涵。水库中水的量就是存量，它是在某一给定的时刻上水库中水的数量。开闸放水流出来的水的数量就是流量，它是每单位时间内流出来的水的数量。比如说，10 点整某水库中有 10 亿立方水，这是存量概念；当我们说，10 点到 11 点这段时间之间开闸放水总共流出来 0.02 亿立方水的水量，这就是流量的概念。

这里还有一些我们以后在各章中要研究的有关存量和流量的例子：

（1）一个人的财富是存量；其收入和支出是流量。

（2）失业者人数是存量；失去工作的人数是流量。

（3）经济中的资本量是存量；投资量是流量。

（4）政府债务是存量；政府预算赤字是流量。

3. 国内生产总值指的是现在生产而不是销售的价值

GDP 是指现期新生产而不是新销售的物品和劳务的价值，这是因为，现期内新销售的物品可能不是这个时期中所生产的，而是上一期生产的。当上海通用汽车公司生产并销售一辆新别克君威汽车时，这辆别克君威汽车的价值包括在 GDP 中。当一个人把一辆二手车以 5 万元卖给另一个人时情况又如何呢？这 5 万元并不是 GDP 的一部分。因为二手车的价值不是在当期生产的，二手车的出售反映了一种资产的转移，并不是经济中收入的增加。

4. 国内生产总值是一个全面的衡量

GDP 定义当中"所有的"指的是 GDP 包括在经济中生产并在市场上合法地出售的所有东西。一个经济社会能生产出数以百万计的不同商品（汽车、冰箱、洗衣机、MP4、苹果，等等）和服务（医疗、法律咨询、银行服务、理发，等等）。国内生产总值把所有这些加总起来，作为这些商品和服务总量的一个独立的统计指标。但是，要把这些项目加总起来，就必须用一个共同的衡量指标——通常是货币单位——来表示它们，GDP 衡量了这些商品和服务的市场价值。例如，在中国，国内生产总值是以总产量的人民币的价值来表示；在美国，其国内生产总值是以美元来表示的。

GDP 还包括由经济中住房存量提供的住房服务的市场价值。就租赁住房而言，这种价值很容易计算——租金既等于房客的支出，又等于房东的收入。但许多人对自己所住的房子有所有权，因此不付租金。政府通过估算租金的价值而把这种自有房产包括在 GDP 中。这就是说，GDP 是基于这样的一个假设：所有者向自己支付这些应付租金，因此，租金既包括在其支付内，又包括在其收入中。

但是，还有一些物品没有被纳入 GDP 中，因为衡量这些物品十分困难。GDP 不包括非法生产和销售的东西，例如违法的毒品。GDP 也不包括在家庭内生产和消费，从而没有进入市场的东西。你在菜市场购买的蔬菜是 GDP 的一部分，但你在自己菜地里种的蔬菜却不是。

这些没有包括在 GDP 中的东西有时也会引起一些似是而非的结果。例如，当刘娟为李伟伟打扫卫生而进行支付时，这种交易是 GDP 的一部分。但如果李伟伟与刘娟结婚了，情况就变了。尽管刘娟还会打扫卫生，但打扫卫生的价值现在就不属于 GDP 了，因为刘娟的劳务不再在市场上出售。因此，当李伟伟和刘娟结婚时，GDP 减少了。

5. 国内生产总值衡量了最终产品的价值

许多产品的生产分阶段进行：一个企业把原材料加工成中间产品，然后出售给另一个企业进行最后加工。在计算 GDP 时该如何处理这些中间产品呢？国内生产总值的核算要准确，只能计算出最终产品（Final Goods）和劳务的价值，而不能计算中间产品（Intermediate Products）的价值。这是因为，我们计算的国内生产总值是某一时期所生产出来的物品和劳务的价值，因而该时期所生产出来的物品和劳务只应当计算一次，而不应重复计算。

例如，假设一个养鸭专业户以 14 元的价格把一只活鸭卖给煌上煌集团，然后，煌上煌集团以 28 元的价格卖给你一只烤鸭。GDP 是应该既包括这只活鸭又包括烤鸭（总计 42 元）呢？还是只包括烤鸭（28 元）呢？

答案是 GDP 只包括最终产品的价值。因此，烤鸭包括在 GDP 中，活鸭并不包括在 GDP 中，GDP 增加了 28 元，而不是 42 元。原因是中间产品的价值已经作为使用这些中间产品的最终产品的市场价格的一部分而包括在内了。把中间产品加在最终产品上会重复计算——这就是说，活鸭被计算了两次。因此，GDP 是所生产的最终产品和服务的总价值。

计算所有的最终产品和服务的价值的一种方法是把每个生产阶段的增加值加总。一个企业的增加值（Value Added）等于该企业产出的价值减去企业买进的中间产品的价值。在烤鸭这个例子中，养鸭专业户的增加值是 14 元（假设养鸭专业户没有购买中间产品），而煌上煌集团的增加值是（28 − 14）元，即 14 元。总增加值是（14 + 14）元，等于 28 元。对整个经济而言，所有增加值之和必定等于所有最终产品与服务的价值。因此，GDP 也是经济中所有企业的增加值。

6. 国内生产总值是一个市场价值概念

中国经济生产许多不同的产品和服务——汽车、电脑、MP4、理发，等等。GDP 把这些产品和服务的价值结合为一个单一的衡量指标。经济中产品的多样化使 GDP 的计算复杂化，因为不同的产品有不同的市场价值。

例如，假如经济体生产了 4 个苹果和 3 个橘子。我们该如何计算 GDP 呢？我们可以简单地把苹果和橘子相加，并得出结论说，GDP 等于 7 个水果。但这只是在我们认为苹果和橘子价值相等时才有意义，而这种情况一般并不常见（如果一个经济体生产了4个西瓜和3个葡萄，你会认为它们的价值相等吗）。

为了衡量这些经济活动的价值，国民收入核算使用了市场价格。由于市场价格衡量人们愿意为各种不同物品支付的量，因而，市场价格反映了这些物品的价值。比如，每个苹果的价格为2元，每个橘子的价格为1元，GDP就是：

GDP =（苹果的价格 × 苹果的数量）+（橘子的价格 × 橘子的数量）

$\qquad$ = 2 × 4 + 1 × 3 = 11（元）

GDP 等于11元——所有苹果的价值8元加所有橘子的价值3元。

二、实际 GDP 和名义 GDP

经济学家用刚刚说明的规则来计算 GDP，GDP 是对经济中产品和服务总产出的估价。我们再考虑上述生产苹果与橘子的经济体，在这个经济体中，GDP 是生产所有苹果的价值和生产所有橘子的价值之和。即：

GDP =（苹果的价格 × 苹果的数量）+（橘子的价格 × 橘子的数量）

需要注意的是，由于国内生产总值的计算公式有价格乘以产量的关系，因而，产品数量和产品价格的变动均会使国内生产总值发生变化。也就说，当 GDP 增加时，其增加值既可能来源于产品价格的增加，也可能来源于产品数量的增加，或两者兼而有之。但是，一个国家居民的物质福利水平只与该国所生产的物品和劳务的数量与质量有关。如果产品和劳务的数量没有增加而所有的价格翻了一倍，GDP 也就翻了一倍。如果此时你认为人们的物质福利也翻了一倍，那么你得出的结论将是一种误导，因为此时所生产的每一种产品的数量仍然是相同的。为此，我们有必要把国内生产总值变动中的价格因素剔除掉，只研究产品和劳务的数量变化。这就需要区别名义国内生产总值和实际国内生产总值。

名义国内生产总值（Nominal GDP）是用生产物品和劳务的当年（期）价格计算出来的价值。

比如说，2009年中国的名义国内生产总值就是指2009年生产的全部最终产品和劳务用2009年的市场价格计算出来的市场价值。名义 GDP 有时也被称为现值 GDP，因为这种 GDP 的计算方法采用了每种商品的当年价格。

实际国内生产总值（Real GDP）是用某一年作为基期价格计算出来的价值。

实际 GDP 表明了如果数量变化而价格不变时产出的支出有什么变动。比如说，如果把1978年作为基期，那么2009年中国的实际 GDP 就是指2009年生产出来的全部最终产品和劳务用1978年的价格计算出来的市场价值。由此获得的总数就称为"以1978年元计量的 GDP"。实际 GDP 有时也被称为不变价格的 GDP。

为了说明如何计算名义 GDP 和实际 GDP，现假设一国最终产品以苹果和橘子来代表，两种物品在 2008 年和 2009 年的价格和产量如表 8－1 所示。

表 8－1　2008 年、2009 年产品数量和价格

产品名称	2008 年产量	2008 年价格	2009 年产量	2009 年价格
苹果	20	5	30	6
橘子	10	4	20	5

那么，2008 年名义 GDP：

2008 年名义 GDP ＝（2008 年苹果的价格×2008 年苹果的数量）＋（2008 年橘子的价格×2008 年橘子的数量）

$$=5 \times 20 + 4 \times 10 = 140（元）$$

2009 年名义 GDP：

2009 年名义 GDP ＝（2009 年苹果的价格×2009 年苹果的数量）＋（2009 年橘子的价格×2009 年橘子的数量）

$$=6 \times 30 + 5 \times 20 = 280（元）$$

对于计算实际 GDP，关键在于开始时需要确定基年价格（Base-year Prices），然后用这些基年价格来加总产品和劳务。

例如，如果以 2008 年为基年的话，则：

2008 年实际 GDP ＝（2008 年苹果的价格×2008 年苹果的数量）＋（2008 年橘子的价格×2008 年橘子的数量）

$$=5 \times 20 + 4 \times 10 = 140（元）$$

2009 年实际 GDP ＝（2008 年苹果的价格×2009 年苹果的数量）＋（2008 年橘子的价格×2009 年橘子的数量）

$$=5 \times 30 + 4 \times 20 = 230（元）$$

需要注意的是，2009 年名义 GDP 和 2009 年实际 GDP 有所差别，根据名义 GDP 和实际 GDP，我们可以计算出第三个统计指标：GDP 平减指数。GDP 平减指数（GDP Deflator），又称为 GDP 的隐含价格平减指数，定义为名义 GDP 与实际 GDP 的比率：

GDP 平减指数 = 名义 GDP/实际 GDP

GDP 平减指数反映了经济中物价总水平所发生的变动。在上例中，2009 年名义 GDP/2009 年实际 GDP = 280/230 = 121.74%，即 GDP 平减指数为 1.2174，这意味着从 2008 年到 2009 年该国价格水平上升了 21.74%。

三、GDP 与经济福利

正如我们前面已经说明的，GDP 可以衡量经济的总收入。因此，人均 GDP 能够告诉我们经济中每个人的平均收入。由于大多数人喜欢得到更高收入，因而，人均 GDP 似乎自然成为平均经济福利的衡量指标。

GDP 作为衡量福利的恰当指标存在着争议。当肯尼迪在 1968 年竞选美国总统时，他慷慨激昂地批评了这种经济衡量指标：①

"国内生产总值并没有考虑到我们孩子的健康、他们的教育质量或者他们游戏的快乐。它也没有包括我们的诗歌之美或者婚姻的稳定，没有包括我们关于公共问题争论的智慧或者我们公务员的廉正。它既没有衡量我们的勇气、我们的智慧，也没有衡量我们对祖国的热爱。简而言之，它衡量一切，但并不包括使我们的生活有意义的东西；它可以告诉我们关于美国人的一切，但没有告诉我们，为什么我们以做一个美国人而骄傲。"

肯尼迪的话大多数是正确的。可是为什么我们还要关注 GDP 呢？

这是因为高的 GDP 意味着我们能够生活得更好。虽然 GDP 没有衡量我们孩子的健康，但 GDP 高的国家负担得起孩子更高的医疗服务；虽然 GDP 没有衡量孩子的教育质量，但 GDP 高的国家能够为孩子们提供更好的教育制度；虽然 GDP 没有衡量我们的诗歌之美，但 GDP 高的国家可以为其公民提供更多的阅读和欣赏诗歌的机会；虽然 GDP 没有考虑到我们的知识、廉正、勇气、智慧或对国家的热爱，但当人民不用过多关心是否负担得起生活的物资必需品时，和这一切有关的美好的气质也容易养成。总而言之，GDP 虽然没有直接衡量这些使我们的生活有意义的东西，但它确实衡量了能使我们过上这种有意义生活的投入能力。

然而，GDP 并不是一个衡量福利的完美指标。从福利的角度看，GDP 还有如下的一些缺点：

（1）GDP 没有考虑到收入分配的变化。一个由 100 个每年收入为 5 万元的人组成的社会，其 GDP 为 500 万元，人均 GDP 为 5 万元；而一个有 10 个人赚到了 50 万元和 90 个人一无所有而受苦的社会，其 GDP 也是 500 万元，人均 GDP 也是 5 万元。毫无疑问，这两个社会是不同的。人均 GDP 只告诉我们平均每个人的情况，而没有说明平均量背后个人的巨大差别。

（2）GDP 没有考虑到环境损害，例如空气和水质的污染。设想一个政府废除了所有环境的管制，那么，企业就可以不考虑由它们引起的污染而生产物品和

---

① 曼昆：《经济学原理》（第三版），机械工业出版社，2003 年版。

劳务。可以预见，GDP 会增加，但福利很可能会下降。空气和水质的恶化要大于更多地生产物品和劳务的福利价值。

（3）GDP 并没有包括大多数的非市场商品。这些不包括在内的商品包括"地下经济"中合法和非法的交易，以及人们自己在家中所从事的服务。例如，一个人在家里照顾自己的孩子，这种服务就不包括在 GDP 中。但是如果这个人雇用了某个人到他家里照顾孩子，或者把孩子送到幼托中心，这种服务就应包括在 GDP 之中。

（4）GDP 没有包括休闲时间的价值。例如，假设经济中的每个人突然开始每天都工作，而不是在周末享受闲暇，这将生产更多的商品和劳务，即 GDP 肯定会增加。尽管 GDP 增加了，但我们不应该得出每个人状况更好的结论。减少闲暇所引起的福利损失抵消了生产并消费更多物品和劳务所引起的福利利益。

尽管有这些缺点，GDP 还是告诉我们许多关于一个国家或地区的生活水准如何随时间变化的信息。它还让我们能够对生活水准做跨国的比较。此外，衡量GDP 能够帮助我们理解短期经济波动和长期经济发展。总而言之，在大多数情况下，我们可以说 GDP 是衡量福利的一个好指标。

【案例】
GDP 的国际质量与生活质量

确定 GDP 有用性的一个方法是把 GDP 作为经济福利衡量指标来考察国际数据。富国和穷国人均 GDP 水平差异很大。如果高的 GDP 能够带来高的生活水平，那么我们就应该看出 GDP 与生活质量的衡量指标是密切相关的。

表8－2 表明按人均 GDP 排序的世界上 12 个人口最多的国家。该表还表明了预期寿命和识字率。这些数据表现出了一些明显的差别。在美国、日本和德国这些富国，人们预期寿命可以活到 70 多岁，而且，几乎所有的人都识字。在尼日利亚、孟加拉国和巴基斯坦这些穷国，人们一般只能活到五六十岁，而且，只有一半人识字。

案例来源：2001 年《人类发展报告》[1]。

表8－2 GDP、预期寿命和识字率

国别	人均实际 GDP（1999 年，美元）	预期寿命（岁）	成人识字率（%）
美国	31872	77	99
日本	24898	81	99

---

[1] 曼昆：《经济学原理》（第三版），机械工业出版社，2003 年版。

续表

国别	人均实际 GDP（1999 年，美元）	预期寿命（岁）	成人识字率（%）
德国	23742	78	90
墨西哥	8297	72	91
俄罗斯	7473	66	99
巴西	7037	67	85
中国	3617	70	83
印度尼西亚	2857	66	86
印度	2248	63	56
巴基斯坦	1834	60	45
孟加拉国	1483	59	41
尼日利亚	853	52	63

资料来源：Human Development Report 2001，United Nations.

四、国民生产总值及其他衡量指标

与国内生产总值（GDP）密切相关的一个概念是国民生产总值（Gross National Product，GNP），即一国国民在一个既定时期内运用生产要素所生产出来的全部最终产品和劳务的市场价值。在一个封闭经济中——与世界其他国家没有贸易往来和资本流动——国内生产总值（GDP）和国民生产总值（GNP）是相等的。但是，真实经济中这两个数字是不同的（尽管在有些国家，这个差别很小），因为实际上总有部分国内产值为外国人所有，而部分外国产值又是国内居民的收入。

让我们来更仔细地考察一下这两个概念的区别。在任何一个国家的经济中，都有一部分生产要素为外国人所拥有。因此，劳动和资本所获得的部分收入实际上属于外国人。当本国经济雇用了外国人时，这一点非常容易看出。同时，国内居民也可以从国外获取部分收入。他们或者实际在国外工作，或者持有国外公司的股票。国内生产总值衡量的是一国边境内生产要素的收入，而不管收入由谁获得。国民生产总值衡量的是一国居民的收入，而不管收入是从国内生产还是从国外生产中获得。

GDP 和 GNP 之间的关系为：

GNP = GDP + 来自国外的要素收入 – 对国外的要素支付

例如，如果一个中国居民在纽约拥有一座公寓楼房，他赚取的 200 万美元租金收入是美国 GDP 的一部分，因为这种收入是在美国赚取的。但是，由于这一租金收入是对中国居民所拥有要素的支付，这 200 万美元不是美国 GNP 的一部分。对于中国而言，中国 GDP 不受此影响，原因是此 200 万美元不是在中国境内的经济活动，但中国的国民生产总值却增加了 200 万美元。

在国民收入核算中，除了上述国内生产总值和国民生产总值外，还有 4 个与之相关的重要总量指标：国民生产净值、国民收入、个人收入和个人可支配收入。

1. 国民生产净值（Net National Product，NNP）

国民生产净值是指一个国家一年内新增加的产值。为了得到 NNP，我们从 GNP 中减去资本折旧——在这一年内经济中工厂、设备和住房存量磨损的数额：

NNP = GNP - 折旧

在国民收入核算中，折旧被称为固定资本的消耗（Consumption of Fixed Capital）。它约占 GNP 的 10% 左右。由于资本折旧是经济中产出的成本，因而，减去折旧后的 NNP 的值表示经济活动的净结果。

2. 国民收入（National Income，NI）

国民收入核算中的下一项调整是企业的间接税，例如销售税。这些税收占 NNP 的 10% 左右（以美国为例），是消费者为一种产品支付的价格和企业得到的价格之间的一个差额。由于企业从未得到这一税收差额，因而，它不是收入的一部分。一旦我们从 NNP 中减去企业的间接税，我们就可以得到一个称为国民收入的衡量指标：

国民收入 = NNP - 企业间接税

国民收入衡量经济中的所有人赚到了多少钱。

国民收入核算把国民收入分为五个组成部分，划分标准取决于赚取收入的方式。这五个项目是：

（1）雇员报酬（Compensation of Employees）。工人赚到的工资与福利津贴。

（2）业主收入（Proprietors' Income）。非公司企业的收入，例如，小企业、夫妻店的收入。

（3）租金收入（Rental Income）。房东得到的收入，包括房主向自己"支付"的估算租金，减去折旧之类的支出。

（4）公司利润（Corporate Profits）。公司向工人支付工资和向债权人支付债款后的收入。

（5）净利息（Net Interest）。国内企业支付的利息减去它们得到的利息，加上从外国人那里得到的利息。

3. 个人收入（Personal Income，PI）

生产要素报酬意义上的国民收入并不会全部成为个人收入（PI）——家庭和非公司企业所得到的收入额，我们要对 NI 进行一系列的调整才会得到个人收入。

最重要的调整有:

第一,我们要从国民收入中减去公司赚到但没有支付出去的数额,这可能是由于公司保留了这部分收入,或者由于公司向政府缴纳了税收。我们通过减去公司利润(等于公司税收、股息和留存收益之和)再加上股息对国民收入进行调整。

第二,我们在国民收入中加上政府以转移支付形式所支付的净数额。这项调整等于政府向个人转移支付减去个人向政府缴纳的社会保险税。

第三,我们对国民收入的调整包括家庭得到但并不由企业支付的利息。这项调整是加上个人利息收入并减去净利息。

这样,个人收入:

个人收入 = 国民收入 − 公司利润 + 股息 + 政府对个人的转移支付 − 社会保险税 + 个人利息 − 净利息

4. 个人可支配收入(Disposable Personal Income,DPI)

个人收入不等于个人可以自由支配的数量,因为个人需要缴纳个人所得税。税后的收入才是个人可支配收入,即人们可以用来消费和储蓄的收入。

个人可支配收入:

个人可支配收入 = 个人收入 − 个人收入所得税

下面以美国的材料来说明上述国民经济总量之间的关系,如表 8 − 3 所示。

表 8 − 3　2005 年美国国民经济总量之间的关系　　　单位:万亿美元

产品或收入的分类	数值
国内生产总值(GDP)	12. 49
+ : 来自世界其他地区的收入	0. 51
− : 付给世界其他地区的收入	0. 47
= : 国民生产总值(GNP)	12. 53
− : 资本存量折旧	1. 57
= : 国内生产净值(NNP)	10. 96
− : 统计误差	0. 04
= : 国民收入(NI)	10. 92
− : 公司利润、生产税收、社会保险、企业转移支付、政府企业盈余	3. 64
+ : 个人资产收入、个人转移支付	2. 98
= : 个人收入(PI)	10. 26
− : 个人税收	1. 21
= : 个人可支配收入(DPI)	9. 05

资料来源:经济分析局(http://www.bea.gov)。

第二节　核算国民收入的两种基本方法

一、产出等于收入

如何核算一国或地区一定时期内产生了多少 GDP，我们事先要弄清楚产出、收入和支出的关系。这个关系是产出等于收入，产出也等于支出。

为什么产出总量等于收入总量呢？试以最简单的单个纺纱企业为例，假定棉农共生产了 15 万元的棉花，并假定这 15 万元就是新增价值，那么，按照西方经济学者的说法，这 15 万元实际上是生产棉花所投入的生产要素（劳动、资本、土地）所共同创造的。将这 15 万元棉花卖给纺纱厂，纺纱厂经过加工纺成纱卖 20 万元，新增价值为 5 万元，怎么会增值呢？这是因为纱厂把棉花纺成纱也需要投入生产要素，这 5 万元被认为是这些生产要素共同创造的。由于企业使用要素是需要代价的，使用工人需付工资，使用资本需付利息，使用厂房需付租金，这些要素报酬就为这些生产要素在生产中的贡献，因而这 5 万元的增值要转为要素提供者的收入，假定工资为 2 万元，利息为 1 万元，地租为 1 万元，则还剩 1 万元为企业利润。上述情况可列简表，如表 8-4 所示。

表 8-4　某纺纱厂年产出和收入报表　　　　　　　　　　　单位：万元

收入（支）		产出（收入）	
工资	2	生产出成品	20
利息	1	减购买棉花支出	15
地租	1		
利润	1		
总计收入	5	产出（增值）	5

纺纱厂如此，织布厂、制衣厂的情况也是如此，它们生产的价值，都要转化为生产要素报酬和企业利润，即转化为要素提供者和企业的收入。由于利润被看作产品卖价扣除工资、利息、地租等成本后的余额，它是销售收入的一部分，因而产出（生产价值）总是等于收入。一个企业的产出总等于其收入，对于一个国家或地区而言，其总产出也必然等于总收入。

二、产出等于支出

为什么产出又总等于支出呢？这是因为，最终产品的销售收入，就是最终产品购买者的支出。例如，生产了一件上衣卖 500 元，就是购买上衣的消费者支出了 500 元，这 500 元就是生产和经营上衣的有关生产者（棉农、纺纱厂、织布厂、制衣厂、售衣商）创造的价值即产出。一件上衣是这样，千千万万的最终产品生产也是如此。因而，从整个社会的角度看，总产出就等于购买最终产品的总支出。

然而，你可能会问，当年生产的产品在当年没有全部卖出去，还有产品积压，这时候怎么会有总产出等于总支出呢？对于这个问题的回答是，在国民收入核算中，还未卖掉的产品被看成是企业在存货方面的投资支出，称为存货投资，企业的存货被看成是企业自己购买自己的产品而形成了存货投资，这是总投资的一个组成部分。整个社会犹如一个企业，产出和支出相等是把存货投资作为支出的组成部分的结果。

三、用收入法核算国内生产总值

上面说过，收入法是从居民向企业出售生产要素获得收入的角度看，也即从企业生产成本看，社会在一定时期内生产了多少最终产品的市场价值。严格来说，最终产品市场价值除了生产要素收入构成的成本外，还有间接税、折旧、公司未分配利润等内容，因此用收入法核算的国内生产总值应包括以下的一些项目：

一是工资、利息和租金等报酬。工资应包括所有对工作的酬金、补助和福利费，也包括工资收入者必须缴纳的所得税和社会保险税；利息在这里指人们储蓄所提供的货币资金在本期内的利息收入，如银行存款利息、企业债券利息等，但政府公债利息和消费信贷利息不应包括在内，而只能被当作转移支付；租金包括出租土地、房屋等租赁收入。

二是非公司企业主收入。它指的是各种类别的非公司型企业主的纯收入，如医生、律师、农民和小店铺主的收入。他们被自己雇用，使用自有资金，因此他们的工资、利息和租金等混合在一起作非公司企业主的收入。

三是公司税前利润。公司税前利润包括公司利润税（公司所得税）、社会保险税、股东红利和公司未分配利润等。

四是企业转移支付和企业间接税。企业转移支付是指公司对非营利性组织的社会慈善捐款和对消费者赊账。企业间接税是指企业缴纳的货物税或销售税、周转税。这些虽然不是生产要素创造的收入，但要通过产品价格转嫁给消费者，故也应视为成本。

五是资本折旧。资本折旧是资本的耗费，也不是生产要素的收入，但包括在应回收的投资成本中，故也应计入 GDP 中。

这样，按收入法核算得到的国民收入为：

国民收入 = 工资 + 利息 + 利润 + 租金 + 间接税和企业转移支付 + 折旧

四、用支出法核算国内生产总值

用支出法核算 GDP，就是通过核算在一定时期内整个社会购买最终产品的总支出即最终产品的总卖价来计量 GDP。按照最终产品的买者对象划分，产品和劳务的最终使用有居民消费、企业投资、政府购买和出口。因此，用支出法核算 GDP，就是核算经济社会在一定时期内消费、投资、政府购买和出口这几个方面支出的总和。

个人消费支出（Consumption，用字母 C 表示）包括所有家庭对生产的产品和劳务的消费。产品可分为耐用品（如小汽车、电视机、洗衣机等）和非耐用品（如食物、衣服等）。劳务是指个人和企业为消费者所做的工作，如医疗、旅游、理发等。

投资（Investment，用字母 I 表示）包括为未来使用而购买的产品。投资可分为三个子项目：企业固定投资、住房固定投资和存货投资。企业固定投资是指企业购买的新工厂和新设备。住房固定投资是指家庭购买的新住房。存货投资是指企业产品存货的增加（如果存货减少，存货投资就为负）。

政府购买（Government Purchase，用字母 G 表示）是指中央政府和地方各级政府购买的产品和服务。这个项目包括诸如军事设备、高速公路和政府工作人员所提供的服务等项目。它不包括向个人的转移支付，如社会保障和福利。这是因为，转移支付是再分配已有的收入，并不是用以交换产品和服务，所以不是 GDP 的一部分。

净出口（Net Exports，用字母 NX 表示）是指向其他国家出口的产品和服务的价值减去外国人向本国提供的产品和服务的价值。净出口代表外国对本国产品和服务的净支出，它为国内生产者提供了收入。

表 8 - 5 是美国 2001 年的 GDP 资料。

表 8 - 5　2001 年美国 GDP 和需求的构成

构成	金额（10 万美元）	百分比（%）
国内生产总值	10028.1	100
1. 个人消费支出	6987	69.3
2. 国内私人总投资	1586	15.7
3. 政府对产品和服务的购买	1858	18.4
4. 产品和服务的净出口	-348.9	-3.4

第三节　国民经济循环流量图

一、两部门经济循环流量图

要弄清楚如何核算国民收入，我们还应当分析国民收入流量循环的模型。从参与国民经济的主体看，有企业、家庭、政府及对外经济四个部门。按参与主体的划分，我们可以研究两部门、三部门及四部门的经济循环流量图。

1. 最简单的两部门经济循环流量图——家庭没有储蓄

最简单的模型假定一个经济体中只有两种经济单位或者说两个经济部门：家庭（或者说居民）和企业（或者说厂商），家庭部门拥有全部生产要素（土地、劳动和资本），家庭部门的收入是通过向企业出售生产要素而得到的。企业的收入是通过向家庭出售其生产的产品或服务而得到的。假定家庭部门花费了他们全部的收入（没有储蓄），在这种情况下，循环流量如图8-1所示。

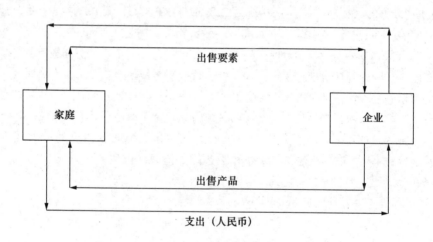

图8-1　循环流量图

图8-1中的内圈代表产品和要素的流向。家庭把自己的生产要素出售给企业。企业使用其购买的生产要素生产产品，然后企业又把产品卖给家庭。因此，生产要素从家庭流向企业，而产品从企业流向家庭。

图8-1中的外圈代表相应的人民币流向。家庭向企业购买产品。企业用这些产品销售的一部分收入支付购买要素的支出，剩余部分是属于企业所有者（他

们本身是家庭部门的一部分）的利润。这样，家庭向企业购买产品的支出从家庭流向了企业，而以生产要素的支出和利润为形式的收入从企业流向了家庭。

假定家庭部门向企业出售的生产要素收入为 1000 亿元，那么，根据图 8-1，在没有储蓄的假设下，家庭的消费支出也是 1000 亿元，而这 1000 亿元成为了企业部门的售货收入。

这样，收入就在企业部门和家庭部门之间不断地循环流动。

2. 两部门经济循环流量图——家庭有储蓄

上述的两部门经济循环流量图假定家庭把全部收入用于消费而不储蓄一分钱，这不符合家庭部门一般不会消费掉他们全部收入的现实情况，为此，在本小节中，我们放弃家庭没有储蓄的假设，转而假设家庭有储蓄的这种情况。图 8-2 为家庭有储蓄情况下的两部门经济循环流量图，图中箭头指向表明流动方向。

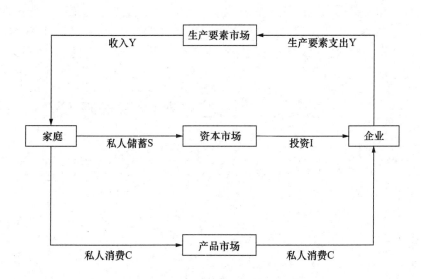

图 8-2　包含储蓄的循环流量图

下面，我们以自来水的管道流向来表明两部门的经济循环流量图。不妨假设不同的方框代表不同的水塔，把"生产要素市场"看成是总水塔，图中的线条代表自来水管道，箭头代表自来水流动的方向。

从图 8-2 左边图看（从收入角度看，即站在家庭角度看问题），"生产要素市场"总水塔有 Y 个单位的水送到了"家庭"水塔中，而"家庭"水塔中的水又被分流，分别送到了"资本市场"水塔和"产品市场"水塔中，流量单位分别为 S 个单位和 C 个单位，从而有 Y = C + S。

从图 8 - 2 右边图看（从支出角度看，即站在企业角度看问题），"资本市场"水塔和"产品市场"水塔分别流出 I 个单位和 C 个单位的水量到"企业"水塔中，而"企业"水塔又流出了 Y 个单位的水量到"生产要素市场"总水塔中，从而有 $I + C = Y$。

由前面的论述可知，一个国家的收入、支出、产出是相等的，即 $I + C = Y = C + S$，所以有 $I = S$。这就得到了宏观经济学中的一个十分重要的命题：储蓄—投资恒等式。

注意，这里所讲的是，储蓄和投资的恒等，这是从国民收入核算的会计角度来看，它是一个事后概念，说的是一个国家事后的储蓄和投资总是相等的。

二、三部门经济循环流量图

在三部门经济中，把政府部门引入进来。政府的经济活动表现在：一方面有政府收入（最终都是向家庭征收的税收 T），另一方面有政府支出（包括政府对产品和劳务的购买 G，以及政府给居民的转移支付 TR）。这样，把政府经济活动考虑进来，国民收入的循环流量图如图 8 - 3 所示。

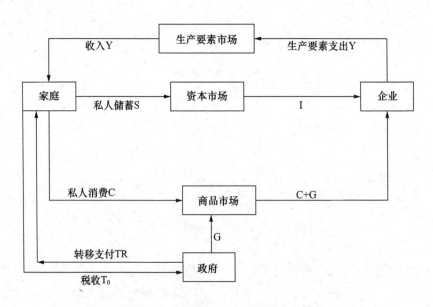

图 8 - 3　包含储蓄和政府的循环流量图

从图 8 - 3 左侧图（收入角度）看，国民收入 Y 除了用于消费 C 和储蓄 S 之外，还要纳税 T_0。然而，居民又得到政府的转移支付收入 TR。故流入"家庭"水塔中的总流量为 $Y + TR$，而流出量为 $C + S + T_0$，从而有 $Y + TR = C + S + T_0$，

即 $Y = C + S + (T_0 - TR)$。令 T 表示净税收，即 $T = (T_0 - TR)$，则 $Y = C + S + T$。

从图 8 – 3 右侧图（支出角度）看，有投资、消费和政府购买的总和等于国内生产总值，即 $I + C + G = Y$。

由前面的论述可知，一个国家的收入、支出、产出是相等的，即 $I + C + G = Y = C + S + T$，所以有 $I = S + (T - G)$。在这里，$(T - G)$ 可被看作政府储蓄，因为 T 是政府净收入，G 是政府购买性支出，二者的差额就为政府储蓄，这可以是正值，也可以是负值。这样，$I = S + (T - G)$ 的公式，也就表示储蓄（私人储蓄和政府储蓄之和）和投资的恒等。

三、四部门经济循环流量图

上述三部门经济加入一个国外部门就成为了四部门经济。四部门经济循环流量图如图 8 – 4 所示。从收入角度看，国民收入构成的公式可以写成：

$Y = C + S + T$，其中 $T = T_0 - TR$

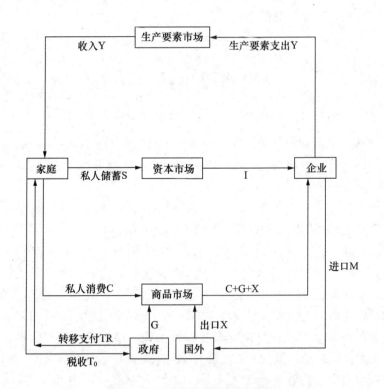

图 8 – 4 四部门经济循环流量图

从支出角度看，由于有了对外贸易，国民收入的构成从支出角度看就等于消费、投资、政府购买和净出口的总和，用公式表示为：

C + I + G + X = Y + M

进一步变形，有：

C + I + G + X − M = Y

这样，四部门经济中国民收入的构成的基本公式就是：

C + S + T = C + I + G + X − M

公式的两边同时消去 C，则得到：

I = S + (T − G) + (M − X)

式中，S 代表居民私人储蓄，（T − G）代表政府储蓄，而（M − X）则可代表外国对本国的储蓄，因为从本国的立场看，M（进口）代表其他国家出口商品，从而是这些国家获得的收入，X（出口）代表其他国家从本国购买商品，从而是这些国家的支出，即为本国的收入，（M − X）代表国外的储蓄。

这样，I = S + (T − G) + (M − X) 的公式就代表了四部门经济中总储蓄（私人、政府和国外）和投资的恒等关系。

本章小结

（1）核算经济活动的总量指标为国内生产总值（GDP），它是经济社会（一国或一地区）在一定时期内运用生产要素所生产的全部最终产品（商品和劳务）的市场价值的总和。

（2）名义国内生产总值是用当期价格计算的最终产品的市场价值总和；实际国内生产总值是用不变价格计算的最终产品的价值总和。

（3）国内生产总值的平减指数等于名义国内生产总值除以实际国内生产总值。

（4）西方经济学中所讲的国民收入乃是衡量整个社会经济活动成就的一个广泛概念，实际上包括国内生产总值、国内生产净值、国民生产总值、国民生产净值、国民收入、个人收入和个人可支配收入，这些概念之间存在着关联。

（5）核算国内生产总值可用支出法和收入法。以四部门经济为例，用支出法核算的国内生产总值 = 消费 C + 投资 I + 政府购买 G + 净出口（X − M）；用收入法核算的国内生产总值 = 工资 + 利息 + 租金 + 间接税 + 折旧。

（6）国民收入核算体系中存在着储蓄和投资的恒等式，这是一个会计结果，是一个事后结果。在两部门经济、三部门经济和四部门经济中，这一恒等式的形式是：

两部门经济：$I = S$

三部门经济：$I = S + (T - G)$

四部门经济：$I = S + (T - G) + (M - X)$

基本概念

国内生产总值　名义国内生产总值　实际国内生产总值　国内生产净值　国民收入　个人收入　个人可支配收入

复习思考题

一、单项选择题

1. 在国民收入核算体系中，计入 GDP 的政府支出是指（　　）。

A. 政府购买物品的支出

B. 政府购买物品和劳务的支出

C. 政府购买物品和劳务的支出加上政府的转移支付之和

D. 政府工作人员的薪金和政府转移支付

2. 所谓净出口是指（　　）。

A. 出口减进口　　　　B. 进口减出口　　　　C. 出口加出口　　　　D. GNP 减进口

3. 在三部门经济中，如果用支出法来衡量，GDP 等于（　　）。

A. 消费 + 投资　　　　　　　　　　B. 消费 + 投资 + 政府支出

C. 消费 + 投资 + 政府支出 + 净出口　　D. 消费 + 投资 + 净出口

4. 计入国内生产总值的有（　　）。

A. 家庭主妇的劳务折合成的收入　　　　B. 出售股票的收入

C. 拍卖毕加索作品的收入　　　　　　　D. 为他人提供服务的收入

5. 国民生产总值与国民生产净值之间的差别是（　　）。

A. 直接税　　　　B. 折旧　　　　C. 间接税　　　　D. 净出口

6. 下列产品中不属于中间产品的是（　　）。

A. 某造船厂购进的钢材　　　　　　　B. 某造船厂购进的厂房

C. 某面包店购进的面粉　　　　　　　D. 某服装厂购进的棉布

7. 已知某国的期初资本存量为 30000 亿美元，它在该期生产了 8000 亿美元的资本品，资本折旧为 6000 亿美元，则该国当期的总投资与净投资分别为（　　）。

A. 22000 亿美元和24000 亿美元　　　　B. 38000 亿美元和36000 亿美元

C. 8000 亿美元和6000 亿美元　　　　　D. 8000 亿美元和2000 亿美元

8. 在一个四部门经济模型中，GDP = （　　　）。

A. 消费 + 净投资 + 政府购买 + 净出口　　B. 消费 + 总投资 + 政府购买 + 净出口

C. 消费 + 净投资 + 政府购买 + 总出口　　D. 消费 + 总投资 + 政府购买 + 总出口

9. 下列各项中，属于要素收入的是（　　　）。

A. 企业间接税　　　　　　　　　　B. 政府的农产品补贴

C. 公司利润税　　　　　　　　　　D. 政府企业盈余

10. 在统计中，社会保险税的变化将直接影响（　　　）。

A. GDP　　　　　　B. NDP　　　　　　C. NI　　　　　　D. PI

11. 已知个人可支配收入为1800 美元，个人所得税为300 美元，利息支付总额为100 美元，个人储蓄为500 美元，个人消费为1200 美元，则个人收入为（　　　）。

A. 2000 美元　　　B. 2200 美元　　　C. 2100 美元　　　D. 2300 美元

12. 已知在第一年名义 GDP 为500 美元，如果到第六年 GDP 指数增加一倍，实际产出上升40%，则第六年的名义 GDP 为（　　　）。

A. 2000 美元　　　B. 1400 美元　　　C. 1000 美元　　　D. 750 美元

13. 最终产品包括（　　　）。

A. 钢筋　　　　　　B. 水泥　　　　　　C. 钳子　　　　　　D. 稻谷

二、问答题

1. 国民经济核算中的五个总量指标存在怎样的数量关系？

2. 计算 GDP 时应注意哪些问题？

3. GDP 作为衡量各国综合国力的重要指标，存在着哪些缺陷？

4. 假如某人不出租他的房子而是自己使用，这部分房租算不算 GDP，为什么？

三、计算题

1. 某国企业在本国的总收益为200 亿元，在外国的收益为50 亿元；该国国民收入的劳动收入为120 亿元，在外国的劳动收入为10 亿元；外国企业在该国的收益为80 亿元，外国人在该国的劳动收入为12 亿元。求该国的 GDP 与 GNP。

2. 假定某国某年发生了以下活动：①一银矿公司支付7.5 万美元给矿工，开采了50 磅银卖给了一银器制造商，售价为10 万美元；②银器制造商支付5 万美元工资给工人造一批项链卖给消费者，售价为40 万美元。试解答：

（1）用最终产品生产法计算 GDP。

（2）用增值法计算 GDP。

（3）用收入法计算 GDP。

3. 假定 GDP 是6000 美元，个人可支配收入为5100 美元，政府预算赤字为200 美元，消费为3800 美元，对外贸易赤字为100 美元。试解答：

（1）储蓄为多少？

（2）投资规模是多少？

（3）政府支出是多少？

第 九 章

简单国民收入决定理论

上一章探讨了国民收入如何核算，本章主要探讨国民收入如何被决定，即经济社会的生产或收入水平是如何被确定的。现代西方宏观经济学的奠基人凯恩斯学说的中心内容就是国民收入决定理论。凯恩斯主义的全部理论涉及了四个市场：产品市场、货币市场、劳动市场和国际市场。仅包括产品市场，并且产品价格在短期内具有不变性（或者说具有黏性）的国民收入决定理论称为简单的国民收入决定理论。

第一节　总需求和均衡产出

总需求指经济中所需求的商品总量。在两部门经济中，通过区分消费（C）、投资（I）所需求的商品，总需求（AD）由下式给定：

AD = C + I

一般来说，所需求的商品数量或总需求取决于经济中的收入水平。但是，我们现在假设所需求的商品数量是不变的，不取决于收入水平。

总需求在图9-1中用水平线 AD 表示。在该图中，总需求等于6亿美元。这意味着经济中所需求的商品总量是6亿美元，它与收入水平无关。如果所需求的商品数量是不变的，那么，什么决定现实的收入水平呢？我们不得不转向均衡产出这一概念的介绍。

当所生产的产出量等于所需求的产出量时，产出处于均衡水平。均衡最初是一个物理学上的概念。均衡是指力量之间的相互作用达到一个相对静止的状态，在此状态中，没有什么力量能使其发生变化。后来，均衡概念被引入到经济学研究当中。我们现在解释为什么当产出等于总需求时，产出处于均衡水平。

我们所定义的均衡产出是与商品的总需求相等时候的产出。

在图 9 - 1 中，我们以横轴表示产出水平。45°线被当作一条参考线。它能把任何一段横轴距离转换为一段相等的纵轴距离。因而，在标有 AD = Y 的 45°线上的任何一点，总需求的水平都等于产出水平。例如，在 E 点，总产出和总需求都等于 6 单位（6 亿美元）。

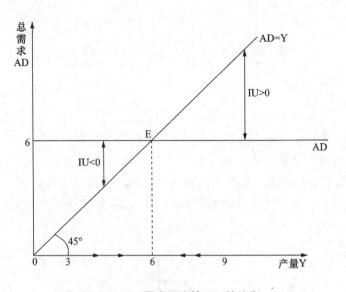

图 9 - 1　总需求固定情况下的均衡

因此，E 点是均衡产出点，在该点上，所生产的产出量正好等于所需求的数量。假设厂商所生产的是另一产量，比如说 9 单位。于是产出将超过需求。厂商将无法出售他们所生产的全部产品，他们将发现仓库里堆满了未销售出去的商品存货。然而，他们将会削减产量。我们用产出水平 6 单位以左的箭头表示这种情况。类似地，如果产出低于 6 单位，如为 3 单位时，厂商将或者卖光产品，或者减少存货。他们当然将会增加产量，正如产出水平 6 单位以右的水平箭头表示的那样。

这样一来，在 E 点的均衡产出水平，厂商所销售的数量等于他们所生产的数量，人们买到了他们所想购买的数量，而且，产出水平不存在变化的趋势。在任何其他产出水平，来自存货增加或减少的压力，都会导致厂商去改变产出水平。

第二节 凯恩斯的消费函数和储蓄函数

从上一章两部门经济的循环流量图可知，一个经济体所生产的产品和服务有两种用途，即消费和投资。GDP 的两个组成部分可以表示为国民收入核算的恒等式：

$$Y = C + I$$

家庭把经济体中的部分产出用于消费，企业把经济体中的部分产出用于投资。我们现在要了解的是 GDP 如何配置于消费和投资这两种用途。

一、消费函数

消费量是由什么决定的呢？在现实生活中，影响家庭消费的因素非常多，如消费者收入水平、商品价格水平、利率水平、收入分配状况、消费者偏好、家庭财产状况、消费者信贷状况和消费者年龄构成以及制度、风俗习惯，等等。凯恩斯认为，在这些众多的因素中，只有收入水平才是最重要的因素。凯恩斯的消费函数是建立当期消费依赖于家庭收入水平模型的最早尝试。

凯恩斯的消费函数的建立是始于这样的观察：

无论是先验地从我们关于人性的知识看，还是从具体的经验事实看，我们都可以深信这样的一个基本的心理法则，一般来说，当人们的收入增加时，他们有增加消费的倾向，但消费者增加消费的速度不会像收入增加得那么快。[①]

在这个基础上，凯恩斯建立了一个把当前收入（Y）与当前消费（C）联系在一起的简单消费模型：

$$C = C(Y)$$

在假定消费函数为线性的情况下，上述抽象的消费函数可转变为具体的形式：

$$C = a + bY$$

$$a > 0, \ b \in (0, 1)$$

在图 9 – 2 中，标有 C = a + bY 的线表示消费函数。Y 为当前的收入。系数 a

---

① 约翰·梅纳德·凯恩斯：《就业、利息和货币通论》，载于 "The collected writings of john Maynard Keynes"（伦敦：麦克米兰，1972 年），第 92 页。

即截距表示当收入等于零时的消费水平，也称为自发性的消费水平。[①] 系数 b 表示消费函数的斜率。每增加 1 元收入，消费水平将增加 b 元。例如，当 b 等于 0.88，则表示收入每增加 1 元时，消费将增加 0.88 元。

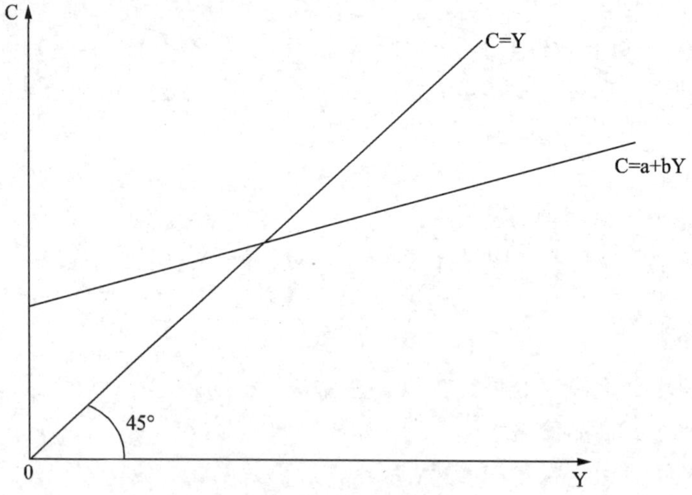

图 9－2　消费函数

系数 b 非常重要，它有一个专有名词即边际消费倾向。严格地说，边际消费倾向（Marginal Propensity Consume，MPC）是指增加的消费与增加的收入之比率，也就是增加的 1 单位收入中用于增加消费部分的比率。边际消费倾向的公式是：

$MPC = \Delta C/\Delta Y$ 或 $b = \Delta C/\Delta Y$

若收入增量很小或趋于无穷小时，上式便可以写成：

$MPC = dC/dY$

下面介绍平均消费倾向（Average Propensity to Consume，APC），平均消费倾向是指任一收入水平上消费支出在收入中的比率，平均消费倾向的公式是：

$APC = C/Y$

为了更加深入理解 MPC 和 APC，下面我们举一例子来说明其计算方法。假定某家庭的消费与收入之间有如下关系：

---

① 当个人收入为零时，如何使他们也能够有所消费呢？有时，他们可以卖掉他们的资产，如股票、债券和房屋。然而，当个人收入为零时，他们要继续购买商品，最终是困难的。

C = 1000 + 0.9Y

如果收入水平 Y 分别为 9000 元、10000 元、11000 元、12000 元、13000 元、14000 元、15000 元，可以得到表 9 - 1。

表 9 - 1 某家庭消费函数　　　　　　　　　　　　单位：元

收入水平 Y	消费 C	收入增加量 ΔY	消费增加量 ΔC	边际消费倾向 MPC = ΔC/ΔY	平均消费倾向 APC = C/Y
9000	9100				1.01
10000	10000	1000	900	0.90	1.00
11000	10900	1000	900	0.90	0.99
12000	11500	1000	900	0.90	0.96
13000	12400	1000	900	0.90	0.95
14000	13300	1000	900	0.90	0.95
15000	14200	1000	900	0.90	0.95

由上式可知，由于消费函数是一个线性函数，故 MPC 始终相等，且不依赖于自发性消费 1000 元；但是，APC 在各收入水平上并不总是相等的，其依赖于自发消费量。

由图 9 - 2 可以清楚地看出，APC > MPC，因为消费函数上任一点与原点的连线所成的射线的斜率都大于消费函数的斜率。而且从消费函数的公式中可知，APC = C/Y = (a + bY)/Y = a/Y + b。在这里，b 就是 MPC。由于 a 和 Y 都是正数，因而，APC > MPC。随着收入的增加，a/Y 的值越来越小，说明 APC 逐渐趋近于 MPC。

二、储蓄函数

储蓄是收入中未被消费的部分，则我们可知储蓄函数中储蓄应随收入增加而增加。据此，我们可以得到储蓄函数，其公式为：

S = S(Y)

在假定储蓄函数为线性的情况下，上述抽象的储蓄函数可转变为具体的形式：

S = c + dY

d ∈ (0, 1)

在图 9 - 3 中，标有 S = c + dY 的线表示储蓄函数。Y 为当前的收入。系数 c 即截距表示当收入等于零时的储蓄水平，也称为自发性的储蓄水平。系数 d 表示储蓄函数的斜率。每增加 1 元收入，储蓄水平将增加 d 元。例如，当 d 等于 0.12，则表示收入每增加 1 元时，储蓄将增加 0.12 元。

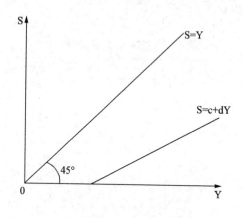

图 9 – 3　储蓄函数

系数 d 非常重要，它有一个专有名词即边际储蓄倾向。严格地说，边际储蓄倾向（Marginal Propensity to Save，MPS）是指增加的储蓄与增加的收入之比率，也就是增加的 1 单位收入中用于增加储蓄部分的比率。边际储蓄倾向的公式是：

$MPS = \Delta S / \Delta Y$ 或 $d = \Delta S / \Delta Y$

若收入增量很小或趋于无穷小时，上式便可以写成：

$MPS = dS / dY$

下面介绍平均储蓄倾向（Average Propensity to Save，APS），平均储蓄倾向是指任一收入水平上储蓄在其收入中的比率，平均储蓄倾向的公式是：

$APS = S / Y$

三、消费函数与储蓄函数的关系

在凯恩斯两部门经济中，个人可支配收入要么用于消费，要么用于储蓄（$Y = C + S$）。因此，储蓄可以看成是收入与消费之差（$S = Y - C$）。从而我们可以得出消费函数与储蓄函数如下的一些关系：

第一，在两部门经济情形下，消费函数与储蓄函数互为补数。

比如，在已知消费函数为 $C = a + bY$ 情形下，依据 $Y = C + S$，从数理上我们可以推导出储蓄函数的形式：

$S = Y - a - bY = -a + (1 - b) Y$

这一性质也告诉我们从几何上如何从消费曲线推导出储蓄曲线的过程。具体的推导过程参见图 9 – 4。

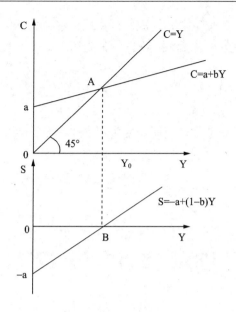

图 9 – 4　储蓄函数的推导

在图 9 – 4 中，当收入为 Y_0 时，收支相等，故储蓄为 0；当收入为 0 时，消费支出为 a 元，假设没有资产的情况下，这消费者须融资 a 元来满足消费支出，这时其储蓄为 – a 元。

第二，边际消费倾向（MPC）与边际储蓄倾向（MPS）之和等于 1，平均消费倾向（APC）和平均储蓄倾向（APS）之和等于 1。

由储蓄函数 $S = -a + (1 - b)Y$，可知边际储蓄倾向 $MPS = (1 - b)$；

由消费函数 $C = a + bY$，可知边际消费倾向 $MPC = b$；

所以，有 $MPS + MPC = (1 - b) + b = 1$。

再看 APC，APS 的情况：

$\because Y = C + S$

$\therefore Y/Y = C/Y + S/Y$，即：$APC + APS = 1$。

根据以上性质，消费函数和储蓄函数中只要有一个确定，另一个随之确立。当消费函数已知时，就可以得到储蓄函数；反之，当储蓄函数已知时，就可以求得消费函数。

四、投资函数

企业和家庭都需要购买投资品。企业购买投资品是为了增加它们的资本存量，并替代现有的耗损资本。家庭购买新住房，这也是投资的一部分。

在基本的凯恩斯主义理论中，投资是自发的，它独立于国民收入之外，也就是说，投资与国民收入的变化无关。因此，最为简单的投资支出可以表示为：

$I = I_0$

式中，I 为投资量，I_0 为自发性投资，是一个给定的、独立于国民收入之外的数值。

这一投资函数与凯恩斯关于短期投资的观点相一致。凯恩斯认为，绝大多数的现行投资支出都是过去投资决策的结果。例如，一家企业也许在 3 年以前就决定了投资兴建一家工厂，由于设计和其他环节需要时间，因而这家工厂目前才开始兴建。

第三节　两部门经济中国民收入的决定

一、由消费函数决定的均衡收入（Y＝AE）

由前一章两部门经济循环流量图可知，一国的国民收入总量（Y）应等于一国的支出总量（AE＝C＋I），即 Y＝AE＝C＋I。

回顾本章第二节的内容：消费函数取决于收入水平，并且是关于收入水平的一次线性函数形式，函数的具体形式是 C＝a＋bY；投资为独立于国民收入水平 Y 之外的常量，其取值为一常数。

根据产品市场的产出与总需求相等的均衡条件，只要把消费函数与投资函数代入均衡条件中就可求得均衡的国民收入：

$Y = C + I$

$C = a + bY$

$I = I_0$

解上述联立方程，即可得到均衡的国民收入：

$$Y = \frac{a + I_0}{1 - b}$$

式中，$a + I_0$ 为自发性支出。从均衡解的结果可知，均衡的国民收入取决于三个常参数（a，b，I_0），只要知道了这三个参数的具体数值，就可以得到具体的均衡的国民收入的数值了。

不妨假定消费函数 C＝100＋0.9Y，即 a＝100，b＝0.9，自发性的投资 I_0＝100，则均衡收入为：

$$Y = \frac{100 + 100}{1 - 0.9} = 2000$$

下面用几何法来说明两部门经济的均衡收入的决定，图9－5表示如何从消费函数的角度决定了均衡的收入。

图9－5中横轴表示国民收入，纵轴表示总支出（消费加上投资）。在消费曲线（C）上向上平移I_0个单位就可得到消费加投资曲线C＋I，这条曲线就是总支出曲线。总支出曲线的特征可以斜率（b＝0.9）和截距（a＋I_0＝200，自发性支出）来说明。给定截距a＋I_0，一个比较陡峭的总支出函数（它暗示了一个比较高的边际消费倾向b）意味着一个较高的均衡收入水平。类似地，给定斜率b（边际消费倾向），一个较高的自发性消费支出水平（a＋I_0）意味着一个比较高的均衡收入水平。因此，边际消费倾向b越大和自发性消费支出水平a＋I_0越高，均衡收入水平Y也就越高。

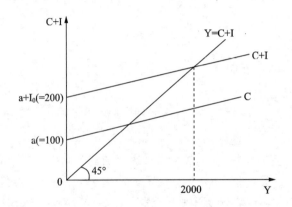

图9－5　两部门经济的均衡收入的决定

二、由储蓄函数决定的均衡收入

在两部门经济中，还可以从另外一个角度求得均衡的国民收入。这就是均衡时计划投资等于计划储蓄。由两部门国民收入循环图可知，总支出（C＋I）等于总收入（C＋S），从而就有：

I = S

而储蓄函数的表达式为：

$$S = -a + (1 - b)Y$$

将上面的两式联立，可得：

$$I(\,= I_0\,) = -a + (1 - b)Y$$

在已知参数 I_0，a，b 情况下，同样可以求解均衡的国民收入为：

$$Y = \frac{a + I_0}{1 - b}$$

同上例，当消费函数 $C = 100 + 0.9Y$ 时，储蓄函数 $S = -100 + 0.1Y$，自发性投资 $I_0 = 100$。令 $I = S$，即 $100 = -100 + 0.1Y$，得均衡国民收入 Y 为 2000。

同理，这一结果也可以用几何法来加以说明，图 9 - 6 表示了利用储蓄函数决定的均衡的国民收入示意图。

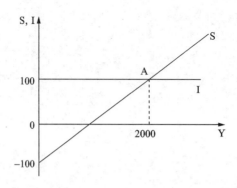

图 9 - 6　两部门经济的均衡收入的决定

图 9 - 6 中横轴表示国民收入 Y，纵轴表示储蓄 S 和投资 I。由于投资不取决于国民收入水平 Y，投资是一常量，因而投资曲线在图 9 - 6 中是与横轴平行的一条直线。投资曲线的纵截距为 100。投资曲线与储蓄曲线相交于 A 点，与 A 点对应的国民收入水平为 2000。如果实际产量小于均衡的收入水平，表明投资大于储蓄，此时社会生产供不应求，企业存货不断减少，企业就会不断扩大生产，使收入水平向右移动，直到平衡点 A 为止；相反，如果实际产出水平大于均衡的收入水平，表明投资小于储蓄，此时社会生产存在超额供给，企业存货不断增加，企业就会不断减少生产，使收入水平向左移动，直至平衡点 A 为止。

第四节　三部门经济中国民收入的决定

前面分析了两部门经济模型的均衡收入决定，两部门经济模型忽略了政府的作用。在现实市场经济中，每当经济发生衰退时，人民总希望政府能为经济的衰退做点什么。为了使经济尽可能实现充分就业、物价持续稳定和经济持续不断增长的宏观经济目标，政府必然会对经济进行宏观调控。政府采用两种相互独立的方式直接地影响均衡收入水平。首先，政府对商品和劳务的购买 G 是社会总需求的一部分；其次，政府的税收 T 和转移支付 Tr 影响产出、收入以及可用于消费或储蓄的可支配收入水平。

与投资一样，我们把政府购买支出 G、税收 T 和转移支付 Tr 当作常数来处理。其主要原因是基于我们在模型中想知道政府政策的效果，而不是想知道政府购买支出等决策是如何确定的。

根据三部门经济循环流量图可知，社会总需求为：

$Y = C + I + G$

特别地，此时消费不再取决于收入，而是取决于可支配收入 Y^d。可支配收入 Y^d 是指居民向政府纳税 T 和得到政府转移支付 Tr 之后可用于支出的净收入。可支配收入 Y^d 由收入加转移支付再减去税收所构成，即 $Y^d = Y - T + Tr$。

在这里，税收有三种可能的情况，第一种是从量税，即税收量不随收入变动，用 T_0 表示，此时税收总额 $T = T_0$；第二种是从价税，即税收量与收入成比例，比例（税率）用 t 表示，此时税收总额 $T = tY$；第三种是混合税，即同时征收从量税和从价税，即 $T = T_0 + tY$。我们在这里只考虑第一种情况。

此时消费函数不同于两部门经济中的情况，其具体的形式为：

$C = a + bY^d$

其中，$Y^d = Y - T + Tr$

对上式进一步简化，可得：

$C = a + b(Y - T + Tr)$

把上式消费函数代入均衡收入的决定方程，可得：

$$Y = \underbrace{a + b(Y - T + Tr)}_{c} + I + G$$

在 T，G，I 均为常数的情况下，即 $T = T_0$，$I = I_0$，我们可以解出均衡收入：

$$Y = \frac{a + I_0 + G - bT_0 + bTr}{1 - b}$$

从均衡解的结果可知，均衡的国民收入取决于六个常参数（a，b，I_0，G，T_0，Tr），只要知道了这六个参数的具体数值，就可以得到具体的均衡的国民收入的数值了。

假定消费函数 $C = 100 + 0.9Y^d$，即 $a = 100$，$b = 0.9$，自发性的投资 $I_0 = 100$，从量税 $T_0 = 100$，政府购买支出 $G = 100$，政府转移支付 $Tr = 50$，则有：

$$Y = \frac{100 + 100 + 100 - 0.9 \times 100 + 0.9 \times 50}{1 - 0.9}$$

= 2550

让我们用图形9-7来刻画上述均衡。

图9-7中横轴表示国民收入，纵轴表示总支出（消费加上投资和政府购买）。在消费曲线（C）上向上平移$I_0 + G$个单位就可得到消费加投资曲线$C + I + G$，这条曲线就是总支出曲线。总支出曲线的特征可以斜率（b = 0.9）和截距（$a + I_0 + G = 300$，自发性支出）得以说明。给定截距$a + I_0 + G$，一个比较陡峭的总支出函数（它暗示了一个比较高的边际消费倾向b）意味着一个较高的均衡收入水平。类似地，给定斜率b（边际消费倾向），一个较高的自发性消费支出水平（$a + I_0 + G$）意味着一个比较高的均衡收入水平。因此，边际消费倾向b越大和自发性消费支出水平$a + I_0 + G$越高，均衡收入水平Y也就越高。

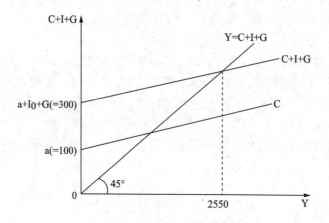

图9-7 三部门经济的均衡收入的决定

如果政府购买支出由100增加到200，那么均衡收入将变化多少呢？

$$\Delta Y = Y_{G=200} - Y_{G=100}$$

$$= \frac{100 + 100 + 200 - 0.9 \times 100 + 0.9 \times 50}{1 - 0.9}$$

$$- \frac{100 + 100 + 100 - 0.9 \times 100 + 0.9 \times 50}{1 - 0.9}$$

$$= 1000$$

类似于两部门经济，我们还可以从另一角度刻画均衡收入。在有政府起作用的三部门经济中，国民收入从总支出的角度看，包括消费、投资和政府购买，而从总收入的角度看，则包括消费、储蓄和税收，这里的税收是指总税收额减去政府转移支付以后所得的净税收额。因此，加入政府部门后的均衡收入应是计划消费、投资和政府购买之和，与计划消费、储蓄和净税收之和相等的收入，即：

$C + I + G = C + S + (T - Tr)$

移项化简后，得：

$I + G = S + (T - Tr)$

利用上例，由消费函数 $C = 100 + 0.9Y^d$，$Y = C + S + (T - Tr)$，$Y^d = Y - T + Tr$，我们可以得出储蓄函数：

$S = -a - (1 - b)(T - Tr) + (1 - b)Y$

给定自发性的投资 $I_0 = 100$，从量税 $T_0 = 100$，政府购买支出 $G = 100$，政府转移性支付 $Tr = 50$，则均衡收入：

$100 + 100 = -100 - (1 - 0.9) \times (100 - 50) + 0.1Y + (100 - 50)$

即：$Y = 2550$

下面用图 $9 - 8$ 和图 $9 - 9$ 来说明。

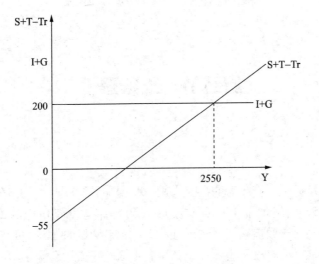

图 9 - 8　三部门经济的均衡收入的决定

如果从量税由 $T = 100$ 增加到 $T' = 150$，国民收入会发生什么变化呢？在这种情况下，$S + T - Tr$ 的截距由 -55 增加到 -10，从而均衡收入由 2550 下降到 2100，比原来低 450。这一结果的变动如图 $9 - 9$ 所示。

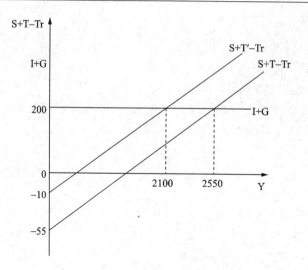

图9-9 从量税改变下均衡收入的变化

第五节 乘数理论

一、乘数

上一节已经提到，当政府购买支出由100增加到200时，均衡的国民收入由2550增加到3550，增加了1000，均衡收入的增加是投资增加的10倍（1000/100＝10）。可见，当政府购买支出增加时，均衡收入的增加量将是政府购买支出增加量的若干倍。如果以k表示这个倍数，那么这个k被称为乘数。在当前这个背景下，均衡收入的变化是由政府购买支出引起的，所以这个乘数k是政府购买支出乘数。所谓政府购买支出乘数，是指由于政府购买支出变动一个单位引起均衡收入变动的程度。我们以k_G来表示政府购买支出乘数。

均衡收入增加的机理是什么呢？我们以一个简单的问题为例。在两部门经济中，我们知道均衡的国民收入水平$Y = \dfrac{a + I_0}{1 - b}$，$a + I_0$为自发性支出水平。假定当期自发性支出增加1个单位时，当期产出也需增加1个单位，以满足增加了的自发性支出水平。接着，这种产出的增加和收入的增加又会促使、引致消费的增加。在最初增加的1单位收入中，有多少会花在消费上呢？每增加1单位收入，其中有 b 个单位花在消费上了($\because C = a + bY$，$b \in (0,1)$），这时国民收入也增加了 b 个单位。接着，这 b 个单位国民收入又会促使、引致消费增加，此时消费增加了 b×b 个单位。很明显，这个周期会不断循环下去，最终结果是多少呢？

在表 9 - 2 中，我们给出了这个循环中的步骤。第一轮开始于自发性支出增加 1 个单位，对应地，产量增加 1 个单位，以满足自发性支出的增加。产量的增加带来一个相等的收入增加，并且引致消费带来下一轮 b 个单位需求的增加。假定产量又一次扩张以满足消费的增加。这时产出增加 b 个单位，而且也就是收入增加了 b 个单位。接着这又带来了第三轮的引致支出，它等于 b^2。

表 9 - 2　乘数

轮次	本轮需求增加	本轮产量增加	收入增加量
1	1	1	1
2	b	b	b
3			
4	b^2	b^2	b^2
⋮	⋮	⋮	⋮
…	…	…	$\dfrac{1}{1-b}$

如果我们把上述所有收入增加的量相加，则可以得到：

$$\Delta Y = 1 + b + b^2 + \cdots + b^n + \cdots$$

根据等比数列的求和法，该等式可以简化为：

$$\Delta Y = \frac{1}{1-b}$$

这样，总支出（收入）的变化量等于自发性支出增加量（自发性增加量为1）的倍数。这倍数就是自发性支出乘数。自发性支出乘数是指由于自发性支出变动一单位引起均衡收入变动的程度。

在此例中自发性支出乘数为：

$$k = \frac{1}{1-b}$$

此例中的乘数大小取决于边际消费倾向，边际消费倾向越大，乘数也就越大。若边际消费倾向为 0.5，则乘数为 2；若边际消费倾向为 0.9，则乘数为 10。一个比较大的边际消费倾向表示新增加的一单位收入中的大部分被消费了，由此引起需求方面一个较大的引致增加。

我们也可以用图 9 – 10 来表示乘数效应。假定消费函数 C = 100 + 0.9Y，即 a = 100，b = 0.9，自发性的投资 I_0 = 100，均衡收入为 2000。现在自发性支出水平由 a + I_0 = 200 增加到 a + I_0 = 300，这表现在总需求曲线向上平移了 100。总需求超过了初始的产出水平 2000，结果导致存货水平不断下降，厂商以不断扩大产量来应付需求的增加和存货的减少，最终导致收入水平上升为 3000。

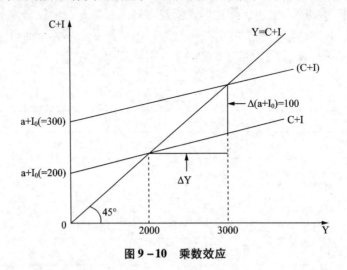

图 9 – 10　乘数效应

最后，还有另外一种推导乘数效应的方法。回想一下，在均衡时总需求等于收入或产出。因而从一个均衡变化到另一个均衡时，必然有收入的变化量 ΔY 等于总需求（或总支出）的变化量 ΔAE（Δ 表示变化量，比如 $ΔY = Y_1 – Y_0$），即：

$$ΔY = ΔAE$$

而总支出函数为：

$$AE = C + I = a + I_0 + bY$$

所以有：

$$ΔAE = Δ(a + I_0) + bΔY$$

从而有：

$$ΔY = ΔAE = Δ(a + I_0) + bΔY$$

化简，得：

$$ΔY = \frac{1}{1 - b} × Δ(a + I_0)$$

二、其他乘数

1. 税收乘数

税收乘数是指税收变动一单位引起均衡收入变动的程度。在本书中，我们以从量税为例。

根据前面第四节的内容可知，在三部门经济中，均衡的国民收入水平为：

$$Y = \frac{a + I_0 + G - bT_0 + bTr}{1 - b}$$

假设现在只有税收 T_0 发生变化，其由 T_0 变化到 T_1，则收入分别为：

$$Y_0 = \frac{a + I_0 + G - bT_0 + bTr}{1 - b}$$

$$Y_1 = \frac{a + I_0 + G - bT_1 + bTr}{1 - b}$$

则，

$$\Delta Y = Y_1 - Y_0$$

$$= \frac{a + I_0 + G - bT_1 + bTr}{1 - b} - \frac{a + I_0 + G - bT_0 + bTr}{1 - b}$$

$$= \frac{-b}{1 - b}(T_1 - T_0)$$

$$= \frac{-b}{1 - b}\Delta T$$

从而有：

$$\frac{\Delta Y}{\Delta T} = k_T = \frac{-b}{1 - b} < 0$$

式中，k_T 为税收乘数，税收乘数为负值，这表示均衡收入水平随税收增加而减少，随税收的减少而增加，这是因为，当税收增加时，人们的可支配收入减少，从而引起消费减少，因而税收变动方向和总支出变动方向相反。

例如，若 $b = 0.9$，则 $k_T = \frac{-0.9}{1 - 0.9} = -9$。这表明如果政府增加 200 单位税收，则导致了均衡的国民收入将减少 1800 单位；如果政府减少了 200 单位税收，则均衡的国民收入将增加 1800 单位。

2. 政府转移支付乘数

政府转移支付乘数是指政府转移支付变动一个单位引起均衡收入变动的程度。政府转移支付增加，增加了人们的可支配收入，从而导致消费的增加，导致总支出和国民收入的增加，故政府转移支付乘数为正值。

均衡的国民收入水平为：

$$Y = \frac{a + I_0 + G - bT_0 + bTr}{1 - b}$$

假设现在只有政府转移支付 Tr 发生变化，其由 Tr_0 变化到 Tr_1，则收入分别为：

$$Y_0 = \frac{a + I_0 + G - bT_0 + bTr_0}{1 - b}$$

$$Y_1 = \frac{a + I_0 + G - bT_0 + bTr_1}{1 - b}$$

则，

$$\Delta Y = Y_1 - Y_0$$

$$= \frac{a + I_0 + G - bT_0 + bTr_1}{1 - b} - \frac{a + I_0 + G - bT_0 + bTr_0}{1 - b}$$

$$= \frac{b}{1 - b}(Tr_1 - Tr_0)$$

$$= \frac{b}{1 - b}\Delta Tr$$

从而有：

$$\frac{\Delta Y}{\Delta T} = k_{Tr} = \frac{b}{1 - b} > 0$$

式中，k_{Tr} 为政府转移支付乘数。

可见，政府转移支付乘数与税收乘数只是符号相反，两者的绝对值相等。

例如，若 $b = 0.9$，则 $k_{Tr} = \dfrac{0.9}{1 - 0.9} = 9$。这表明如果政府转移支付增加 200 单位，则导致了均衡的国民收入将增加 1800 单位；如果政府转移支付减少了 200 单位，则均衡的国民收入将减少 1800 单位。

3. 平衡预算乘数

假设政府购买支出增加 ΔG，同时增加一笔税收 ΔT（税收对于政府而言是收入），政府预算保持平衡，即 $\Delta G = \Delta T$，均衡的国民收入会增加吗？增加多少？一个令人感兴趣的结果是，收入增加量刚好等于政府购买支出或税收额的增加量，或者说，平衡预算乘数为 1。

平衡预算乘数是指政府购买支出和收入同时以相等的数量增加或减少一个单位引起均衡的国民收入变动的程度。

上面的例子告诉我们，当政府购买支出增加了 200 单位时，均衡的国民收入增加了 2000 单位；当税收增加 200 个单位时，均衡的国民收入水平减少了 1800 单位，从预算平衡角度看，由于政府支出与政府收入均等于 200，因而预算是平衡的。从均衡的国民收入角度看，当政府购买支出和税收同时变动相同数量时，均衡的国民收入将增加一个与政府购买支出和税收变动相等的数量。

上述结果可以用公式来表示，用 ΔY 表示政府购买支出和税收各增加同一数量时均衡的国民收入的变动量，则有：

$$\Delta Y = k_G \Delta G + k_T \Delta T$$

又 $\because \Delta G = \Delta T$

$$\therefore \Delta Y = k_G \Delta G + k_T \Delta T$$

$$= \frac{1}{1-b}\Delta G + \frac{-b}{1-b}\Delta G$$

$$= \Delta G$$

可见，$\dfrac{\Delta Y}{\Delta G} = 1 = k_{balance}$。

式中，$k_{balance}$ 为平衡预算乘数。

本章小结

（1）与总需求相等的产出称为均衡产出，或者说均衡的国民收入。在均衡产出水平上，计划投资等于计划储蓄。

（2）总需求由居民在消费上的计划支出、厂商在投资品上的计划支出、政府在它对商品和服务购买上的计划支出以及净出口所构成。

（3）消费与收入的依存关系称为消费函数。在线性假设下，消费函数的截距称为自发性消费支出，斜率称为边际消费倾向。

（4）消费随着收入的增加而增加，没有被用于消费的收入，便用于储蓄，所以可以由消费函数推导出储蓄函数。

（5）乘数是一个数，通过它可以计算1单位自发性支出的变化量所带来的均衡产出水平的变化量。消费倾向越大，乘数也就越大。

（6）在两部门经济中，自发性支出乘数为 $\dfrac{1}{1-b}$。

（7）在三部门经济中，政府购买支出乘数为 $\dfrac{1}{1-b}$，税收乘数为 $\dfrac{-b}{1-b}$，政府转移支付乘数为 $\dfrac{b}{1-b}$，平衡预算乘数为1。

基本概念

均衡产出　消费函数　边际消费倾向　平均消费倾向　边际储蓄倾向　平均

储蓄倾向　乘数　自发性支出乘数　政府购买支出乘数　税收乘数　转移支付乘数　平衡预算乘数

复习思考题

一、单项选择题

1. 在两部门经济中，均衡发生在（　　）之时。

A. 实际储蓄等于实际投资　　　　　　　B. 计划储蓄等于计划投资

C. 实际消费加实际投资等于产出　　　　D. 总支出等于企业部门的收入

2. 在短期内，某居民的可支配收入等于0，那么其消费支出可能（　　）。

A. 等于0　　　　　　B. 大于0　　　　　　C. 小于0　　　　　　D. 以上均有可能

3. （　　）不会使均衡的国民收入增加。

A. 自发性支出的增加　　　　　　　　　B. 政府购买性支出增加

C. 政府转移支付增加　　　　　　　　　D. 税收增加

4. 在其他条件不变的情况下，政府购买支出与税收同时增加相同数量时，则（　　）。

A. 总支出曲线向下平移　　　　　　　　B. 总支出曲线不变

C. 总支出曲线向上平移　　　　　　　　D. 以上均有可能

5. 边际消费倾向与边际储蓄倾向之和，是（　　）

A. 大于1的正数　　　　　　　　　　　B. 小于2的正数

C. 零　　　　　　　　　　　　　　　　D. 等于1

6. 平均消费倾向与边际消费储蓄倾向之和，是（　　）

A. 大于1的正数　　　　　　　　　　　B. 小于1的正数

C. 零　　　　　　　　　　　　　　　　D. 等于1

7. 根据消费函数，引起消费增加的因素是（　　）

A. 价格水平下降　　　　　　　　　　　B. 收入增加

C. 储蓄增加　　　　　　　　　　　　　D. 利率提高

8. 消费函数的斜率取决于（　　）

A. 边际消费倾向　　　　　　　　　　　B. 与可支配收入无关的消费的总量

C. 平均消费倾向　　　　　　　　　　　D. 由于收入变化而引起的投资总量

9. 在基本消费为正数的线形消费函数中，平均消费倾向（　　）

A. 大于边际消费倾向　　　　　　　　　B. 小于边际消费倾向

C. 等于边际消费倾向　　　　　　　　　D. 等于零

10. 如果边际储蓄倾向为负，则（　　）

A. 边际消费倾向等于1

B. 边际消费倾向大于1

C. 边际消费倾向和边际储蓄倾向之和小于1

D. 边际消费倾向小于1

二、问答题

1. 简述凯恩斯消费函数的特点。

2. 试用凯恩斯主义交叉图解释为什么财政政策对国民收入有乘数效应。

三、计算题

1. 在三部门经济中，假定消费函数 $C = 100 + 0.8Y^d$，投资 $I = 50$，同时，政府购买性支出 $G = 200$，政府转移支付 $Tr = 62.5$，税收 $T = 250$。试求：

（1）均衡收入水平。

（2）政府购买支出乘数、政府转移支付乘数、税收乘数。

2. 在上题中，假定该社会的均衡的国民收入水平变化为1200，试问：

（1）应增加多少政府购买支出才能达到此均衡收入水平？

（2）应减少多少税收才能达到此均衡收入水平？

3. 在两部门经济中，假定消费函数为 $C = 100 + 0.8Y$，投资 $I = 50$，试求：

（1）均衡的收入水平。

（2）均衡的储蓄水平。

（3）如果投资由50上升为100，此时均衡收入是多少？

（4）投资乘数是多少？

（5）画一张图表明（1）和（3）的均衡。

4. 假定在习题3中的消费者的行为发生了变化，消费函数为 $C = 100 + 0.9Y$，投资 $I = 50$，试求：

（1）均衡的收入水平。

（2）均衡的储蓄水平。

（3）如果投资由50上升为100，此时均衡收入是多少？

（4）投资乘数是多少？

（5）试比较一下习题3上述4小问与本习题的差别。

（6）画一张图表明（1）和（3）的均衡。

第 十 章

产品市场与货币市场的一般均衡

上一章探讨了消费、投资、政府支出这三个方面的总支出水平如何决定经济社会的总需求，从而决定了均衡的国民收入或产量。这种分析只讲了产品市场的均衡，而没有涉及货币市场的均衡，这两个市场是相互依存、相互影响的：产品市场上总产出或总收入增加了，需要使用的货币交易量增加了，从而影响了利率水平，进而影响了投资水平，最终影响了整个产品市场。产品市场上的国民收入和货币市场上的利率水平正是在这两个市场的相互影响过程中被共同决定的。凯恩斯经济学一个重要的特点是说明产品市场和货币市场是相互作用的，货币是非中性的。本章主要介绍产品市场和货币市场一般均衡的 IS – LM 模型。

第一节　投资的决定

到目前为止，投资支出 I 一直被看成是完全外生的，例如某企业决定投资1000 亿美元，其决定过程外生于收入决定模型。在现实经济中，投资并不是一个外生变量，而是一个应当放在模型中来被分析的内生变量。

在这里，我们有必要区分一下我们通常所说的投资和经济学中所说的投资的差异。通常所说的投资是指人们购买证券、土地和其他财产，这些在经济学中都不能算作投资，而是一种资产所有权的转移；经济学中所说的投资是指资本的形成，即社会实际资本的增加，包括厂房、机器设备和存货的增加，新住宅的建筑等，其中主要是指厂房、机器设备的增加。下面的分析就是指这样的投资。

投资决策是一个经济行为过程。任何一项新投资必须要考虑新投资的预期利润率和为购买这些资产而必须借贷的投资成本（利率）的比较。如果前者大于后者，则这项新投资是划算的；若前者小于后者，则这项投资是不可取的。因此，决定投资的主要因素是利率。在预期利润率一定时，利率越高，合意的或计划的投资就越少。

可以简单说明为何如此：投资是用于增加厂商诸如机器或建筑物等资本的支出。厂商通常是借款来购置投资品的，所以，借款利率越高，厂商预期通过借款购置新机器或新建筑来赚取的利润也就越少，从而他们合意的借款和投资也就越少；反之，当利率越低时，厂商将从事更多的借款和投资。

投资与利率之间的反向变动关系称为投资函数，我们设定如下形式的投资支出函数：

$$I = I_0 - hr \qquad h > 0$$

式中，I 为计划投资量，I_0 为自发性投资，即不依赖于收入和利率变化的一个量。r 代表实际利率（它等于名义利率减去通货膨胀率），h 用来衡量投资对利率的反应。该式表明：利率越低，计划投资量越高，参数 h 是用来测度投资支出对利率的反应程度的。

图 10-1 是投资需求曲线。该曲线表示对于每一利率水平厂商计划用于投资的支出。该曲线的负斜率反映这样的一个假设，即利率下降将提高资本存量行为的营利性，从而导致更多的计划投资支出。

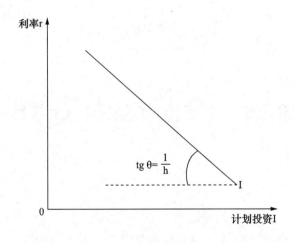

图 10-1 投资需求曲线

投资需求曲线的位置由斜率 h 和自发性投资支出水平 I_0 所决定。如果投资对利率有敏感反应，即 h 值较大时，投资曲线接近平坦，那么较小的利率下降将导致较大的投资增加。相反地，如果投资对利率不那么敏感，即 h 值较小时，投资曲线接近于垂直，从而较小的利率下降将导致较小的投资增加。

自发性投资 I_0 的变化将使投资曲线移动位置。I_0 的增加意味着在每一个利率水平上厂商的计划投资都增加了，这将表现为投资需求曲线向右平移。反之，I_0 的减少意味着在每一个利率水平上厂商的计划投资都减少了，这表现为投资需求曲线向左平移。

图 10-2 给出了自发性投资 I_0 的变化对投资需求曲线的影响效应。

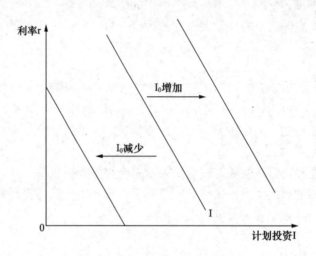

图 10-2　投资需求曲线的平移

第二节　产品市场均衡：IS 曲线

一、IS 曲线

我们现在对第九章的总需求函数进行修改，以反映新的计划投资支出函数。在三部门经济中，总需求函数仍然是由消费需求、计划投资需求和政府在产品和劳务上的支出需求所构成，只是现在计划投资支出依赖于利率。根据产品市场的均衡条件，有：

$$Y = C(Y - T + Tr) + I(r) + G \qquad (10.1)$$

其中，$C(Y - T + Tr) = a + b(Y - T + Tr)$

$$I = I_0 - hr$$

产品供给（左边）必须等于产品需求（右边）。上述这个方程也称为 IS 方

程。所谓的 IS 曲线是指在产品市场均衡时，均衡产出与其所对应利率组合的
轨迹。

当利率发生变化时，产出会发生什么变化呢？从图 10 - 3 出发，纵轴表示需
求，横轴表示产出。对于给定的利率 r，需求是产出的增函数，这是因为：

第一，产出的增加导致了收入即可支配收入的增加，可支配收入的增加导致
消费也增加。

第二，产出增加时，投资也会增加。

简而言之，由于产出增加对消费和投资都有影响，因而将导致需求增加。曲
线 zz 为给定利率 r 水平下需求作为产出的函数的图形。

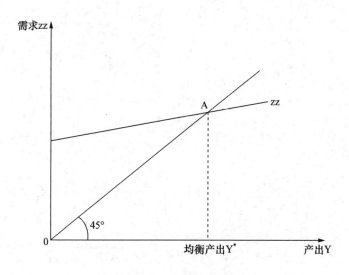

图 10 - 3　产品市场均衡

如图 10 - 3 所示，我们可以注意到 zz 曲线的两个特征：

特征一：由于消费函数及投资支出函数均为线性的，因而 zz 曲线为一
直线。

特征二：图 10 - 3 中 zz 曲线要比 45°线平缓，换句话说，就是产出增加导致
需求增加的比例小于 1 比 1。

但需求等于产出时，产品市场就达到了均衡点 A 点，即 zz 曲线和 45°线的交
点。均衡产出水平为 Y^*。

到目前为止，我们所做的是对第九章分析的扩展，下面我们准备推导 IS
曲线。

二、IS 曲线的推导

在给定利率水平下，我们已经画出了需求曲线 zz（见图 10－3）。但是我们现在想知道的是，当利率发生变化时，会发生什么？

如图 10－4 所示，假设需求曲线 zz，初始均衡点为 A 点。现在假设利率从初始值 r 上升到一个更高的值 r′，在任何给定的产出水平下，投资和需求都减少了，因此需求曲线 zz 向下移到 zz′：给定产出水平，需求水平更低。新的均衡在更低的需求曲线 zz′和 45°线的交点 A′达到。现在均衡产出为 Y′。

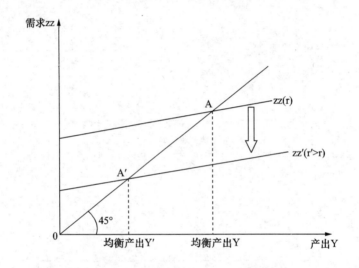

图 10－4　利率上升对产出的影响

可以这样用语言表述：利率上升减少了投资，投资减少导致了产出减少，而产出减少通过乘数效应进一步减少了消费和投资。

利用图 10－4，我们可以找到任何利率水平上所对应的均衡产出值。图 10－5 推导了均衡产出和利率的关系：

第一，图 10－5（a）重新表现了图 10－4，利率 r 意味着产出水平等于 Y，更高的利率 r′意味着更低的产出水平 Y′。

第二，图 10－5（b）中横轴代表均衡产出水平 Y，纵轴代表利率 r。图 10－5（b）中 A 点对应 10－5（a）中的 A 点，图 10－5（b）中 A′点对应 10－5（a）中的 A′点。更一般地，产品市场均衡意味着利率水平越高，均衡产出水平越低。

第三，产品市场均衡意味着利率的上升导致了产出的下降，该关系由向下倾斜的 IS 曲线表示，这一利率与产出的关系由图 10 – 5（b）中向下倾斜的曲线表示，该曲线被称为 IS 曲线。

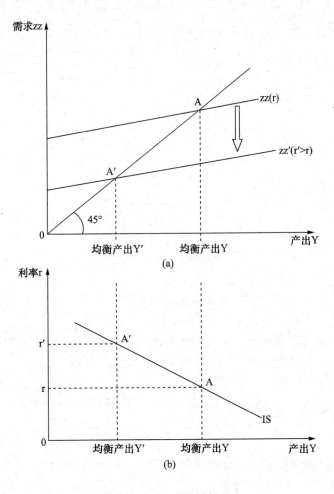

图 10 – 5 IS 曲线的推导

三、IS 曲线的斜率

以三部门经济为例，有：

$Y = C(Y - T + Tr) + I(r) + G$

式中，$C(Y - T + Tr) = a + b(Y - T + Tr)$

$I = I_0 - hr$

对上式进行简化，得：

$$Y = \frac{a + I_0 + G - bT_0 + bTr}{1 - b} - \frac{h}{1 - b}r \qquad (10.2)$$

式（10.2）就是 IS 曲线的代数表达式，因为 IS 曲线图形的纵轴表示利率，横轴表示收入，所以 $\frac{h}{1-b}$ 为 IS 曲线斜率的倒数，其取决于参数 b，h。三部门经济的 IS 曲线的图形如图 10-6 所示。

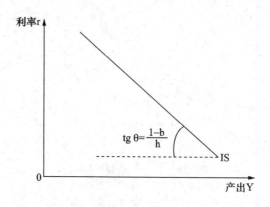

图 10-6　IS 曲线

参数 h 度量了投资对利率变动的反应程度，它表示利率变动一定幅度时投资变动的程度，如果 h 值较大，即投资对于利率反应比较敏感时，即图 10-6 中的 tgθ 的值就越小，从而 IS 曲线也就越平缓。这是因为，投资对利率较为敏感时，利率较小的变化将引起投资发生较大的变化，进而引起收入发生较大变化，反映在 IS 曲线上是，利率较小变动就要求有收入较大变动与之相配合，才能使产品市场均衡。

参数 b 为边际消费倾向，如果 b 较大，1-b 就越小，图 10-6 中的 tgθ 的值就越小，从而 IS 曲线也就越平缓。这是因为，b 较大时，支出乘数较大，从而当利率变动引起投资变动时，收入会以较大幅度变动，因而 IS 曲线也就越平缓。

四、IS 曲线的移动

图 10-5 中 IS 曲线是在给定税收 T_0 和政府支出 G 的情况下推导出来的，税收 T_0 或政府支出 G 的改变会如何影响 IS 曲线呢？

为了知道税收变动或政府支出变动对 IS 曲线的影响，我们不妨从 IS 方程着手，IS 方程为：

$$Y = \underbrace{\frac{a + I_0 + G - bT_0 + bTr}{1 - b}}_{\text{横截距项}} - \frac{h}{1 - b}r \qquad (10.3)$$

由于税收包含在 IS 方程的截距项里，而不包含在斜率项内，因而税收的变动不会引起 IS 方程斜率的变化，只会引起 IS 方程截距项发生变化，所以，税收的变动将导致 IS 曲线发生平移。

现在不妨考虑税收由 T_0 增加到 T_1 的效应。由于税收的增加，从而导致了横截距项变得更小，从而 IS 曲线向左平移。这主要是因为，在给定利率水平下，税收增加导致了可支配收入的下降，消费减少，从而导致了产品需求减少，并使均衡产出减少。均衡产出由 Y_0 减少到了 Y_1。图 10－7 给出了税收增加的影响效应。

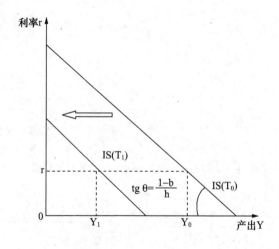

图 10－7　IS 曲线的移动

更一般地讲，在给定利率水平下，任何减少均衡产出的因素都会导致 IS 曲线向左移动。我们已经考虑了税收的增加，而政府支出的减少或者消费者信心的下降（在可支配收入给定时减少消费）也将会出现与增加税收一样的情形。相反，在给定的利率水平下，任何增加均衡产出的因素，如税收的减少、政府支出的增加或者消费者信心提升，将导致 IS 曲线向右移动。

五、偏离 IS 曲线的位置

IS 曲线上任意一点均代表了产品市场上的均衡，对于偏离 IS 曲线位置的考察，有助于理解 IS 曲线的含义。图 10－8 给出了均衡点和非均衡点的情形。

在图 10－8 中，E_1 和 E_2 表示均衡点，E_3 和 E_4 表示非均衡点。现在，像点

E_3 和 E_4 这样偏离 IS 曲线的点到底意味着什么样的问题呢？在点 E_4 处，收入水平 Y_1 与点 E_1 相同，但是利率较低，从而点 E_4 处的投资需求要高于点 E_1 处的投资需求。这表明在点 E_4 处的产品需求要高于收入水平 Y_1，从而存在着产品需求大于产品供给，即存在着产品的过度需求。类似地，在点 E_3 处，利率高于点 E_2，产品需求低于点 E_2，从而存在着产品需求小于产品供给，即存在着产品的过度供给。

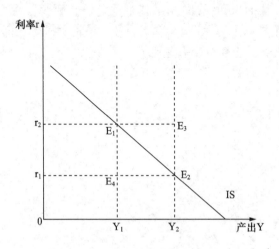

图 10 – 8　产品市场上的过度供给和过度需求

这里的讨论表明，像点 E_3 这样位于 IS 曲线右上方的点表示产品的过度供给。像点 E_4，在这样的点上，利率较低，因而总需求高于产出，存在着产品的过度需求。

第三节　货币的供求及利率的决定

以上两节说明，利率决定投资，从而影响了国民收入水平。然而，利率本身又是怎样被决定的呢？凯恩斯认为，利率是由货币供给和货币需求决定的。货币实际供给量一般用 $\frac{M}{P}$ 来表示，其中 M 表示名义货币供给量，P 表示价格指数。货币的实际供给量一般是由国家加以控制，是一个外生变量，因此，下面我们先转向分析货币需求。

一、货币需求

对于货币需求，又称为"流动偏好"（也译为灵活性偏好或流动偏好）。所谓"流动性偏好"是指由于货币的灵活性，人们宁肯以牺牲利息收入而储存不生息的货币来保存财富的心理倾向。这一概念首先是由凯恩斯提出的。

众所周知，人们的财富如果不以货币形式持有，而以其他形式持有，会给他们带来收益。例如，以债券形式持有，会有利息收入；以股票形式持有，会有股息及红利收入；以房产形式持有，会有租金收入；等等。为什么人们愿意持有不生息或其他形式收入的货币呢？凯恩斯认为，就是因为货币具有以下使用上的灵活性，随时可以满足以下三种不同的动机：

第一，交易动机，是指个人和企业需要货币是为了进行正常的交易活动。由于收入和支出在时间上不是同步的，因而个人和企业必须拥有足够的货币资金支付日常需要的开支。个人和企业出于这种交易动机所需要的货币量，取决于收入水平和商业制度，而商业制度在短期内一般可假定为固定不变的，因此，根据凯恩斯的说法，出于交易动机的货币需求量主要决定于收入水平，收入越高，交易数量越大。交易数量越大，所交换的商品和劳务的价格越高，则为应付日常开支所需要的货币量也就越大。

第二，谨慎动机（也称为预防性动机），是指预防意外支出而持有一部分货币的动机，如个人或企业为应付事故、失业、疾病等意外事件而需要事先持有一定数量货币。预防性动机与不确定性因素有关。比如，作为一个消费者，星期天你准备去南昌步行街逛街，计划购买一双500元左右的皮鞋，你应该随身携带多少货币呢？除了多带一些以支付公交车票和饮料的钱之外，你也许还需要多带一点现金，这主要是因为，你可能会想到，你可能会碰到你平常非常想要而现在正在降价促销的商品的购买机会，你可能会碰上老同学而需要你尽地主之谊，总而言之，考虑到这些不确定性的因素，上街时你就总会多带点现金在身上。你会多带多少呢？很显然，这取决于你的收入水平。即使从整个社会角度来看，这一货币需求量大体上也和收入成正比，是收入的函数。

因此，货币的交易需求和谨慎需求之和，即广义的交易需求是与实际国民收入有关，而与利率无关的。如果我们用 L_1 表示这种广义的交易需求，用 Y 表示实际国民收入，并假设它为一线性函数，则这种广义货币需求量与收入的关系可以表示为：

$$L_1 = kY \tag{10.4}$$

式中，参数 k 是广义货币需求量与收入的比例关系，表示边际持币倾向。

例如，如果实际国民收入水平 Y = 1000 亿美元，交易动机和谨慎动机所需要的货币量占实际收入的 20%，则 $L_1 = 1000 \times 0.2 = 200$ 亿美元。

第三，投机动机，是指人们为了抓住有利的购买债券的机会而持有一部分货币的动机。债券是向持有者在未来特定日期支付某一事先商定货币量的承诺。例如，某一借款人出售债券以换取今天的一笔钱（比如说 100 美元），同时承诺每年向债券持有人支付某一固定数量的货币（比如 6 美元），并且承诺在到期时（比如说 3 年）偿还全部本金（100 美元）。在这一例子中，利率为 6%，因为该利率就是借款人每年支付额占总借款额的百分比。债券能够带来收益，而持有现金则没有收益。在给定财富的情况下，人们为什么不会全部购买债券而要在两者之间进行选择呢？原来是因为人们想利用利率水平或债券价格的变化进行投机。在现实生活中，债券价格与利率成反比关系。假定一张债券一年可获取利息收入 10 美元，而利率若为 0.1，则这张债券的市场价格为 100 美元，若市场利率为 0.05，则这张债券的市场价格就变为 200 美元，因为 200 美元放在银行里也可得到 10 美元的利息。可见，债券价格一般随利率变化而变化。由于债券市场价格是经常波动的，凡预计债券价格上涨（即预期利率将下降）的人，就会用货币买进债券以备日后以更高价格卖出；反之，如果预计债券价格下跌（即预期利率将上升）而需要把货币保留在手中的情况，就是对货币的投机性需求。可见，有价债券价格的未来不确定性是对货币投机需求的必要前提，这一需求与利率呈反比关系。利率越高，则债券价格越低。如果人们认为债券价格已经降低到了正常水平以下，预计很快就会回升，就会抓住机会及时买进有价债券，于是，人们手中持有的货币量就会减少；反之，利率越低，有价债券价格越高，人们若认为这一价格已涨到正常水平之上，预计债券价格将下跌，于是人们将抛售有价债券，从而使手中持有的货币量增加。

总之，对于货币投机性需求取决于利率，如果用 L_2 表示货币的投机需求，用 r 表示利率，在线性假设条件下，则投机性货币需求量和利率的关系可表示为：

$$L_2 = -dr \tag{10.5}$$

式（10.5）中，参数 d 是货币投机需求的利率系数，负号表示货币投机需求与利率变动呈负向关系。

由上述货币需求动机分析可知，对货币的总需求是人们对货币交易需求、谨慎需求和投机需求的总和，货币总需求函数可表示为：

$$L = L_1 + L_2 = kY - dr \tag{10.6}$$

式（10.6）中，L 表示实际货币总需求。

实际货币需求函数式表明，在收入给定的条件下，实际货币需求量是利率的减函数。图 10-9 给出了对应于收入水平 Y_1 的这样一条需求曲线。收入水平越高，实际货币需求量就越大，需求曲线因而也就偏向于右侧。图 10-9 也给出了对应于更高实际收入水平 Y_2 的一条需求曲线。

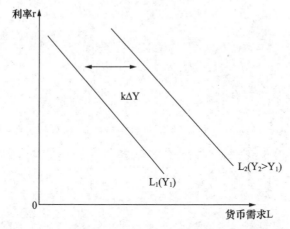

图 10 -9 作为利率和实际收入函数的实际货币需求曲线

二、货币供求均衡和利率的决定

上面讨论了货币需求，现在我们讨论货币供给，然后再讨论均衡。

货币供给有狭义的货币供给和广义的货币供给之分。狭义的货币供给是指硬币、纸币和银行活期存款的总和（一般用 M_1 表示）。活期存款可随时取现，并可当作货币在市面上流通，因而是狭义货币的一个组成部分。在狭义的货币供给上加上定期存款，便是广义的货币供给（一般用 M_2 表示）。再加上个人和企业所持有的政府债券等流动资产或"货币近似物"，便是更广泛意义上的货币供给（一般用 M_3 表示）。下面所讲的货币供给是指 M_1 供给。

货币供给是一个存量概念，它是指一个国家在某一时点上所保持的不属于政府和银行所有的硬币、纸币和银行存款的总和。西方经济学家认为，货币供给量是由国家用货币政策来调节的，因而是一个外生变量，其大小与利率无关。

货币市场均衡要求实际货币供给应等于实际货币需求，即：

$$\frac{M}{P} = L = kY - dr \qquad\qquad (10.7)$$

式（10.7）左边为实际货币供给量，右边为实际货币需求量。该等式告诉我们，利率必须使人们愿意持有的货币数量等于已有的货币供给。这一均衡关系被称为 LM 关系。

图 10 -10 用曲线描绘了该均衡条件。图 10 -10 中横轴表示实际货币，纵轴表示利率。给定实际收入水平，货币总需求 L 向下倾斜：较高的利率意味着较低的货币需求。实际货币供给用垂线 $\frac{M}{P}$ 表示：实际货币供给独立于利率。A 点为均

衡点，此时利率等于 r。

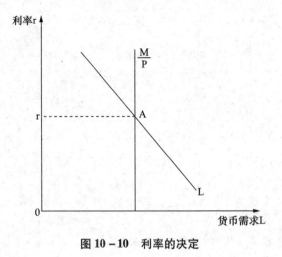

图 10 - 10　利率的决定

根据对均衡的描述，我们可以讨论实际收入或者实际货币供给量的变化对均衡利率的影响。

图 10 - 11 显示了实际收入增加对利率的影响。

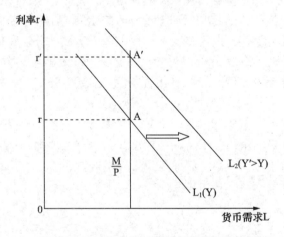

图 10 - 11　实际收入增加对利率的影响

图 10 - 11 以图 10 - 10 为模板，最初的均衡点在 A 点。现在实际收入由 Y 增加到 Y′，从而提高了交易水平，并在任何利率水平下提高了货币需求。需求曲线向右移动，从 L_1（Y）移到 L_2（Y′ > Y），均衡点沿着固定的货币供给从 A 点移动到 A′点，均衡利率从 r 上升到 r′。因此，实际收入增加导致利率增加。这是因为，在初始利率水平下，货币需求超过了货币供给，这就需要提高利率来减少

人们想要持有的货币数量，并重新建立均衡。

图 10 – 12 为实际货币供给增加对利率的影响。

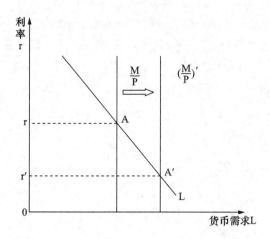

图 10 – 12　实际货币供给增加对利率的影响

初始均衡点为 A 点，利率等于 r。现在实际货币供给从 $\frac{M}{P}$ 提升为 $\left(\frac{M}{P}\right)'$，导致了供给曲线向右移动，均衡点由点 A 移向点 A′，利率由 r 下降为 r′。

因此，中央银行的货币供给的增加导致了利率下降。利率下降增加了货币需求，从而使其与更大的货币供给相等。

第四节　货币市场均衡：LM 曲线

一、LM 曲线

上一节已经说过，利率是由货币市场上的供给和需求的均衡决定的，而货币供给量是由货币当局所控制，即由代表政府的中央银行所控制，因而它是一个外生变量。在货币供给一定的情况下，货币市场的均衡只能通过调节对货币的需求来实现。

让我们回想一下，货币市场的均衡方程为：

$$\frac{M}{P} = L = kY - dr \tag{10.8}$$

等式（10.8）的左边为实际货币供给量，等式右边为实际货币需求量。由这个等式可知：在实际货币供给量一定的情况下，实际国民收入的增加，必然导致实际利率的上升，不然的话，方程左右两边不可能保持平衡。类似地，如果实际国民收入下降，要使均衡方程左右两边平衡，实际利率也要下降。总之，当实际货币供给量一定时，实际国民收入与利率的变化是同方向的。

我们把上述货币市场的均衡方程称为 LM 方程。LM 函数是指在货币市场均衡时，实际国民收入与利率的依存关系，这一依存关系的图形就被称为 LM 曲线。

现举一例子来说明 LM 曲线。假定对货币的交易需求函数为 $L_1 = 0.5Y$，对货币的投机需求函数为 $L_2 = 1000 - 250r$，实际货币供应量 $\frac{M}{P} = 1250$，则货币市场均衡时，有：

$1250 = 0.5Y + 1000 - 250r$

化简，得：

$Y = 500 + 500r$

因此有：

$Y = 1000$，$r = 1$

$Y = 1500$，$r = 2$

$Y = 2000$，$r = 3$

$Y = 2500$，$r = 4$

……

根据这些数据，可作如图 10 – 13 的图形。图 10 – 13 中这条从左到右向上方倾斜的曲线就是 LM 曲线。

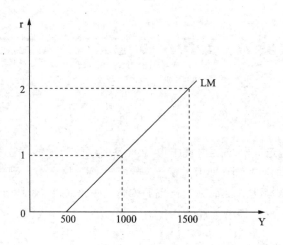

图 10 – 13　LM 曲线

二、LM 曲线的推导

图 10－14 给出了 LM 曲线的推导过程。在图 10－14（b）中，我们描述了使实际货币供给恰好与实际货币需求相匹配时的利率与收入组合。

图 10－14（a）重新表现了图 10－11 中的情况。当实际收入等于 Y 时，实际货币需求等于 $L_1(Y)$，均衡利率等于 r。当收入为更高的 Y' 时，较高的收入水平引起在每一利率水平上的实际货币需求增加，因而实际货币需求向右上方移动至 $L_2(Y')$，均衡利率将上升为 r'。

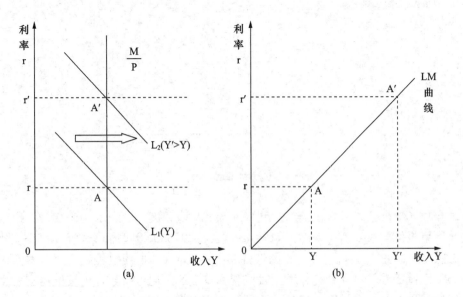

图 10－14 LM 曲线的推导

图 10－14（b）的纵轴表示利率 r，横轴表示实际收入 Y，图 10－14（b）中 A 点对应于图 10－14（a）中的 A 点，图 10－14（b）中 A′点对应于图 10－14（a）中的A′点。更一般地，货币市场均衡意味着产出水平越高，货币需求越大，因此均衡利率越高。

三、LM 曲线的斜率

根据货币市场的均衡方程，有：

$$\frac{M}{P} = L = kY - dr$$

对上式进行简化，得：

$$r = -\frac{1}{d} \cdot \frac{M}{P} + \frac{k}{d} \cdot Y \tag{10.9}$$

式（10.9）就是 LM 曲线的代数表达式，因为 LM 曲线图形的纵轴表示利率，横轴表示收入，所以 $\frac{k}{d}$ 为 LM 曲线斜率，其取决于参数 k，d。LM 曲线的图形如图 10 – 15 所示。

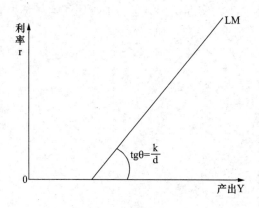

图 10 – 15　LM 曲线斜率示意图

参数 d 度量了货币投机需求对利率变动的反应程度，它表示利率变动一定幅度时货币投机需求变动的程度，如果 d 值较大，即货币投机需求对于利率反应比较敏感时，即图 10 – 15 中的 tgθ 的值就越小，从而 LM 曲线也就越平缓。这是因为，货币投资需求对利率较为敏感时，利率较小的变化将引起货币投机需求发生较大的变化，在货币供给一定时，从而引起收入发生较大变化，反映在 LM 曲线上是利率较小变动就要求有收入较大变动与之相配合，才能使货币市场均衡。

参数 k 表示货币交易需求对收入的敏感程度，如果 k 较大，图 10 – 15 中的 tgθ 的值就越大，从而 LM 曲线也就越陡峭。反之，k 较小，则 tgθ 的值就越小，从而 LM 曲线也就越平缓。

四、LM 曲线的移动

图 10 – 14 中的 LM 曲线是在给定实际货币供给量的情况下推导出来的，当实际货币供给量改变时会如何影响 LM 曲线呢？

为了知道实际货币供给量的变动对 LM 曲线的影响，我们不妨从 LM 方程着手，LM 方程为：

$$r = -\frac{1}{d} \cdot \frac{M}{P} + \frac{k}{d} \cdot Y$$

由于实际货币供给量$\dfrac{M}{P}$包含在 LM 方程的截距项里，而不包含在斜率项内，因而实际货币供给量的变动不会引起 LM 方程斜率的变化，只会引起 LM 方程截距项发生变化，所以，实际货币供给量的变动将导致 LM 曲线发生平移。

现在不妨考虑实际货币供给量由$\dfrac{M}{P}$增加到$\left(\dfrac{M}{P}\right)'$的效应。由于实际货币供给量的增加，从而导致了纵截距项变得更大，从而 LM 曲线向右平移。反之，则 LM 曲线向左移动。图 10 - 16 给出了实际货币供给量增加的影响效应。

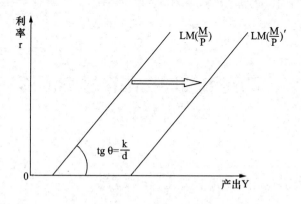

图 10 - 16　LM 曲线的移动

五、偏离 LM 曲线的位置

我们接着考察 LM 曲线位置的偏离，以便把它们归结为具有过度货币需求或者过度货币供给性质的情形。图 10 - 17 给出了均衡点与非均衡点的情形。

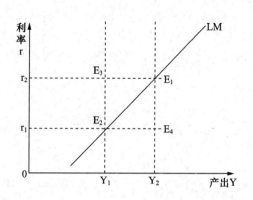

图 10 - 17　货币的过度需求和过度供给

在图 10－17 中，E_1 和 E_2 表示均衡点，E_3 和 E_4 表示非均衡点。现在，像点 E_3 和 E_4 这样偏离 LM 曲线的点到底意味着什么样的问题呢？在点 E_4 处，利率水平 r_1 与点 E_2 相同，但是收入较高，从而点 E_4 处的货币需求要高于点 E_1 处的货币需求。这表明在点 E_4 处存在着货币需求大于货币供给，即存在着货币市场的过度需求。类似地，在点 E_3 处，收入低于点 E_1，货币需求低于点 E_2，从而存在着货币需求小于货币供给，即存在着货币的过度供给。

这里的讨论表明，像点 E_3 这样位于 LM 曲线左上方的点表示产品的过度供给。像点 E_4，在这样的点上，收入较高，因而货币需求高于货币供给，存在着货币的过度需求。

第五节　产品市场与货币市场的同时均衡：IS－LM 分析

一、产品市场与货币市场同时均衡的利率和收入

IS 曲线和 LM 曲线分别总结了产品市场均衡和货币市场均衡时各自必须满足的条件。IS 曲线表示了产品供给等于产品需求条件下，利率是如何影响产出的。LM 曲线表示货币供给等于货币需求的条件下，产出又是如何影响利率的。现在的问题是，产品市场和货币市场如何实现同时均衡呢？为了实现两个市场的同时均衡，必定存在一个利率和收入水平的组合，这个组合能够同时使得产品市场和货币市场处于均衡状态中。

从代数方法上讲，为了寻找一组利率和收入的组合使得两个市场同时均衡，可以通过解 IS、LM 的联立方程来实现。

例如，已知产品市场上 IS 曲线方程和货币市场上 LM 曲线方程分别为：

IS：$Y = 3500 - 500r$

LM：$Y = 500 + 500r$

解上述联立方程，得：

$$\begin{cases} r = 3 \\ Y = 2000 \end{cases}$$

当 $r = 3$，$Y = 2000$ 时，同时可满足 IS 方程和 LM 方程，因此，它们是产品市场和货币市场同时均衡时的均衡利率和均衡收入。

均衡利率和均衡收入的组合也可用图形来表示。上述代数的解可用 IS 曲线

和 LM 曲线的交点坐标获得。图 10 – 18 中的 E 点就是满足该条件的位置。所以，在外生变量（特别是实际货币供给和财政政策）既定的条件下，均衡利率为 r_0，均衡收入为 Y_0。在点 E 上，产品市场和货币市场都是均衡的。

图 10 – 18 告诉我们：利率和产出水平是由产品市场和货币市场的相互作用而决定的。

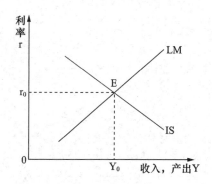

图 10 – 18　产品市场和货币市场的均衡

二、均衡收入和利率的变动

以上我们探讨了在 IS 曲线和 LM 曲线既定条件下的产品市场和货币市场的均衡状态。无论是 IS 曲线还是 LM 曲线发生移动时，收入和利率的均衡水平均会发生相应的变化。下面以三种情形来说明均衡利率和收入的变化。

第一，假定 LM 曲线不变，IS 曲线发生移动。

让我们回顾一下三部门经济中的 IS 方程：

$$IS: Y = \frac{a + I_0 + G - bT_0 + bTr}{1 - b} - \frac{h}{1 - b}r$$

从方程中我们可知，影响 IS 曲线的位置因素有自发性消费 a、自发性投资 I_0、政府购买支出 G、政府转移支付 Tr 及税收 T_0 等。

现在以政府支出的变化为例，我们探讨一下政府支出变化对均衡收入及利率的影响效应。假定政府支出由 G 增加到 G′，则 IS 曲线将向右上方移动，如图 10 – 19 所示，IS 曲线移动到 IS′，最后导致了如点 E′所示的均衡收入上升且利率上升的结果。其背后的机理是什么呢？这主要是源于：随着政府支出增加，即社会总需求增加，将使收入和生产增加。但随着收入的增加，对货币交易需求 L_1 也将增加（∵货币交易需求 $L_1 = kY$）。由于我们假设 LM 曲线不移动，即意味着整个社会的货币供给量不变（根据影响 LM 曲线的位置因素可知，货币供给量的变化决定了 LM 曲线的位置），因而，人们只能通过出售有价债券来获取从事交易需求所需要的货币，这就导致了利率的上升及货币投机需求 L_2 的下降（$\because L_2 = -dr$）。同时，由于利率的上升又导致了投资需求的下降（$\because I = I_0 - hr$），部分抵消了因政府支出增加所导致的总需求增加的压力。最终，利率由 r' 上升为 r''，国民收入由 Y' 上升为 Y''，宏观经济在 E' 点达到新的均衡。

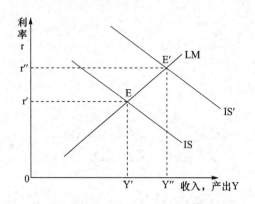

图 10 - 19　政府支出增加对均衡收入和均衡利率的影响

　　同样地，如果由于政府支出、自发性消费、自发性投资减少，使总需求减少，将使 IS 曲线向左平移，当 LM 曲线不变时，将导致均衡利率和均衡收入同时减少。

　　第二，假定 IS 曲线不变，LM 曲线发生平移。

　　从前述关于影响 LM 曲线的位置因素可知，实际货币供应量的变化将导致 LM 曲线的平移。现在假定政府实行扩张性的货币政策，增加了实际货币供给量，则 LM 曲线将向右方平移，如图 10 - 20 所示，LM 曲线移动到 LM'，均衡点由 E 移动到 E'，最终导致均衡利率下降和国民收入上升。其中原因是，随着实际货币供应量的增加，将使货币市场上的货币供给大于货币需求，利率下降。而又因为 IS 曲线不变，故利率的下降将导致投资的增加（$\because I = I_0 - hr$），进而导致国民收入增加（$\because Y = C + I + G$）。最终，均衡利率由 r' 下降到 r''，国民收入由 Y' 上升为 Y''。

　　同样地，如果实际货币供给减少，或者因货币需求量增加，将使 LM 曲线向左平移，当 IS 曲线不变时，将导致均衡利率上升，均衡国民收入减少。

　　第三，IS 曲线和 LM 曲线同时移动。

　　如果 IS 曲线和 LM 曲线因各种因素的共同作用而发生同时移动（同方向移动，反方向移动），则 IS 曲线和 LM 曲线的新的交点将随 IS 曲线和 LM 曲线变动的方向与程度的不同而不同。在各种情况下，均衡利率和收入的变动，可以从上面两种情况推导出来。

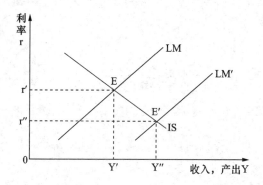

图 10 - 20　实际货币供给增加对均衡收入和均衡利率的影响

本章小结

（1）IS 曲线是产品市场均衡时利率和收入水平组合的轨迹。

（2）由于利率上升将减少计划投资支出，从而减少总需求，最终导致均衡收入水平下降，因而 IS 曲线的斜率为负。

（3）IS 曲线的相对陡峭取决于边际消费倾向 b 和投资支出对利率的敏感程度 h。

（4）IS 曲线的相对位置取决于自发性消费 a、自发性投资 I_0、政府购买支出 G、政府转移支付 Tr 及税收 T_0。

（5）在 IS 曲线右上方，产品市场存在过度供给；在 IS 曲线左下方，存在着产品的过度需求。

（6）LM 曲线是货币市场均衡时利率和收入水平组合的轨迹。

（7）LM 曲线的斜率为正。在货币供给既定的条件下，收入水平的上升增加了货币需求量，必然伴随着利率的上升。这就会减少货币需求量，从而维持货币市场的均衡。

（8）LM 曲线的相对陡峭取决于参数 k 和货币投机需求对利率的敏感程度 d。

（9）LM 曲线将因实际货币供给量的变化而发生移动。实际货币供给量的增加将导致 LM 曲线向右移动。

（10）在 LM 曲线右上方，存在着过度货币需求；在 LM 曲线左下方，存在着过度货币供给。

（11）利率和收入水平由产品市场和货币市场同时均衡来决定，这出现在 IS 曲线和 LM 曲线的交点上。

基本概念

IS 曲线　交易动机　谨慎动机　投机动机　LM 曲线　过度货币需求　过度货币　供给　IS – LM 模型

复习思考题

一、单项选择题

1. 不影响货币需求的因素是（　　）。

A. 一般物价水平　　　B. 银行利率水平　　　C. 公众支付习惯　　　D. 收入水平

2. 凯恩斯的货币交易需求函数表达式为（　　）。

A. $L = f(P)$　　　　B. $L = f(Y)$　　　　C. $L = f(r)$　　　　D. $L = f(N)$

3. 同时位于 IS 曲线和 LM 曲线下方的点表明（　　）。

A. 投资大于储蓄，货币需求大于货币供给

B. 投资大于储蓄，货币需求小于货币供给

C. 投资小于储蓄，货币需求大于货币供给

D. 投资小于储蓄，货币需求小于货币供给

4. LM 曲线是收入和利率的各种组合，它的条件是（　　）。

A. 收入—支出均衡　　　　　　　　B. 储蓄—投资均衡

C. 货币供给—货币需求均衡　　　　D. 总供给—总需求均衡

5. 产品市场和货币市场同时均衡的组合有（　　）个。

A. 零　　　　　　　B. 一　　　　　　　C. 两　　　　　　　D. 无数

6. 利率和收入的组合点若出现在 IS 曲线的右上方、LM 曲线的右下方，则会引起（　　）。

A. 收入增加、利率上升　　　　　　B. 收入增加、利率下降

C. 收入减少、利率不变　　　　　　D. 收入减少、利率上升

E. 收入减少、利率下降

7. 若中央银行在政府增税的同时减少货币供给，则（　　）。

A. 利率必然上升

B. 利率必然下降

C. 均衡的收入水平必然上升

D. 均衡的收入水平必然下降

8. 关于投资与利率的关系，以下判断正确的有（　　）。

A. 投资是利率的增函数　　　　　　　B. 投资是利率的减函数

C. 投资与利率是非相关关系　　　　　D. 以上判断都不正确

9. IS 曲线上的每一点都表示（　　）。

A. 产品市场投资等于储蓄时收入与利率的组合

B. 使投资等于储蓄的均衡货币额

C. 货币市场的货币需求等于货币供给时的均衡货币额

D. 产品市场与货币市场都均衡时的收入与利率组合

10. IS 曲线与 LM 曲线相交时表示（　　）。

A. 产品市场处于均衡状态，而货币市场处于非均衡状态

B. 产品市场处于非均衡状态，而货币市场处于均衡状态

C. 产品市场与货币市场都处于均衡状态

D. 产品市场与货币市场都处于非均衡状态

二、问答题

1. 什么是 IS 曲线？为什么 IS 曲线向右下方倾斜？

2. 什么是 LM 曲线？影响 LM 曲线斜率的主要因素是什么？

3. 简述凯恩斯的货币需求理论。

4. 为什么政府支出增加会使利率和收入上升，而中央银行增加货币供给会使收入增加而利率下降？

三、计算题

1. 假定：

（a）消费函数为 $C = 50 + 0.8Y$，投资函数 $I = 100 - 5r$，政府支出 $G = 50$；

（b）消费函数为 $C = 50 + 0.8Y$，投资函数 $I = 100 - 10r$，政府支出 $G = 50$；

（c）消费函数为 $C = 50 + 0.8Y$，投资函数 $I = 100 - 10r$，政府支出 $G = 100$；

（d）消费函数为 $C = 50 + 0.5Y$，投资函数 $I = 100 - 10r$，政府支出 $G = 50$。

试解答：

（1）求（a）、（b）、（c）、（d）的 IS 曲线。

（2）比较（a）、（b），说明投资对利率更敏感时，IS 曲线的斜率会发生什么变化。

（3）比较（b）、（d），说明边际消费倾向发生变动时，IS 曲线的斜率会发生什么变化。

（4）比较（a）、（c），说明政府支出发生变动时，IS 曲线的截距会发生什么变化。

2. 假定货币需求函数为 $L = 0.2Y - 5r$。试求：

（1）画出利率为 10%、8% 和 6%（即 $r = 10$，$r = 8$，$r = 6$），而收入为 800、900 和 1000 时的货币需求函数。

（2）若实际货币供给量等于 150，找出货币市场均衡时的利率与收入。

（3）画出 LM 曲线。

（4）若实际货币供给量等于 200，再画出一条 LM 曲线，这条 LM 曲线与（3）中的 LM 曲线相比有什么不同？

3. 下述方程是对某一经济体的描述：

$C = 0.8(1 - t)Y$

$t = 0.25$

$I = 900 - 50r$

$G = 800$

$L = 0.25Y - 62.5r$

$\dfrac{M}{P} = 500$

试解答：

（1）哪些方程描述了 IS 曲线？求出 IS 曲线。

（2）哪些方程描述了 LM 曲线？求出 LM 曲线。

（3）收入和利率的均衡水平是什么？

第 十 一 章

总需求—总供给模型

在西方经济学中，价格和产量是由供求曲线决定的。这一原理对微观经济学和宏观经济学均适用，所不同的是，在微观经济学中，供求所决定的是个别商品的价格和产量水平，而在宏观经济学中，供求所决定的则是整个国家和社会的价格和产量水平。

此外，在前面章节部分讨论宏观经济问题时都是在假定一般价格水平固定不变的前提下进行的，这些讨论都没有说明产量（收入）和价格水平之间的关系。本章要论述的总需求—总供给模型则取消了价格水平固定不变这一假设，着重说明产量和价格水平之间的关系。总需求函数（曲线）和总供给函数（曲线）是宏观经济学的重要分析工具，也是理解宏观经济学中一些重大问题的基础。

本章的目的在于引出和理解总需求函数（曲线）和总供给函数（曲线），并说明二者如何相互作用，导致价格水平和国民收入的波动。

第一节 总需求曲线

一、总需求与总需求函数

总需求（Aggregate Demand）是经济社会对物品和劳务的需求总量。在宏观经济学中，总需求是指整个社会的有效需求。它不仅指整个社会对物品和劳务需求的愿望，而且指该社会对这些物品和劳务的支付能力。因此，总需求实际上就是经济社会的总支出。由总支出的构成可知，在封闭经济条件下，总需求由经济社会的消费需求、投资需求和政府需求构成。

总需求函数（Aggregate Demand Function）代表产出（收入）和价格水平之间的关系，它表示在某个特定的价格水平下，经济社会需要多高水平的收入。它一般同产品市场与货币市场有关，可以从产品市场与货币市场的同时均衡中得到。总需求函数的几何表示被称为总需求曲线。

二、总需求曲线的导出

总需求曲线（Aggregate Demand Curve）表明了在产品市场和货币市场同时实现均衡时国民收入与价格水平的组合，描述了与每一物价总水平相适应的均衡支出或国民收入，它是描述国民收入与价格水平关系的图形。总需求曲线可由下述方法导出：从同时满足产品市场和货币市场的均衡条件出发，寻求国民收入与价格水平的关系。

（1）利率效应。在 IS－LM 模型中，假设其他条件都不变，唯一变动的是价格水平。此时，价格水平的变动并不影响产品市场的均衡，即不影响 IS 曲线。但是，价格水平的变动却会影响货币市场的均衡，即影响 LM 曲线。这是因为 LM 曲线中所说的货币供给量是指实际货币供给量，如果以 M 代表名义货币供给量，那么 M/P 就是实际货币供给量。当名义货币供给量不变，而价格水平变动时，实际货币供给量就会发生变动。实际货币供给量的变动会影响货币市场的均衡，引起利率的变动，而利率的变动就会影响总需求变动，这一过程在宏观经济学中被称为利率效应。即：

$P\downarrow \rightarrow M/P\uparrow \rightarrow M/P > L \rightarrow r\downarrow \rightarrow I\uparrow \rightarrow AD\uparrow$

（2）实际货币余额效应（通过 C 影响总需求）。如果名义货币供给量不变，价格上升时，以实物形态衡量的手持货币，也即实际货币余额减少，从而减少消费，并导致总需求减少；反之亦然。

这种由于价格水平下降导致实际货币余额上升，进而带动总需求增加的原理被称为实际货币余额效应（Real Money Balance Effect）。简称为实际货币效应、实际余额效应或称庇古财富效应。

现在就来具体说明，如何根据 IS－LM 模型推导出总需求曲线。

上面论述的关于产出和价格水平的关系表明总需求函数同时涉及产品市场和货币市场。换句话说，总需求函数可以从产品市场和货币市场的同时均衡中得到。如果暂时忽略政府和进出口，那么在两部门经济中，IS 曲线的方程为：

$$S(y) = I(r) \tag{11.1}$$

LM 曲线的方程为：

$$M/P = L_1(Y) + L_2(r) \tag{11.2}$$

假定 $S(Y) = 0.1Y - 80$，$I(r) = 720 - 2000r$，$M = 500$，$M/P = 0.2Y - 4000r$。把上述给定数值代入式（11.1）、式（11.2）得：

$$0.1Y - 80 = 720 - 2000r \tag{11.3}$$

$$500/P = 0.2Y - 4000r \tag{11.4}$$

把式（11.3）和式（11.4）联立，求产品市场与货币市场均衡时的国民收入（Y）：

$$Y = 4000 + 1250/P \tag{11.5}$$

式（11.5）即为总需求曲线的公式，它反映了国民收入（Y）与物价水平（P）呈反方向变化关系，这说明总需求曲线的斜率为负值。

在这种情况下，总需求曲线反映的是产品市场和货币市场同时处于均衡时，价格水平和产出水平之间的关系。因此，总需求曲线也可以从 IS - LM 模型图中得出。

在 IS - LM 模型中，一般价格水平被假定为一个常数。在价格水平固定不变且货币供给为已知时，IS 曲线和 LM 曲线的交点决定均衡产量水平。现用图11 - 1说明怎样根据 IS - LM 曲线推导总需求曲线。

图11 - 1分为上下两部分。上图为 IS - LM，下图则表示价格水平和需求总量之间的关系，即总需求曲线。当价格水平为 P_1 时，此时 IS 曲线和 LM 曲线相交于 E_1 点，E_1 点代表的国民收入和利率水平分别为 Y_1 和 r_1。将 P_1 和 Y_1 标在下图中便可以得到总需求曲线上的点 D_1。现在假定价格水平由 P_1 上升至 P_0。由于 P 的上升，LM 曲线将移动到 LM_0 位置，它与 IS 曲线的交点为 E_0，E_0 点代表的国民收入和利率水平分别为 Y_0 和 r_0，对应于上图的 E_0 点，又可在下图找到 D_0 点。按照同样的方法，随着价格水平的变化，IS 曲线和 LM 曲线可以有许多交点，每一个交点都代表着一个特定的价格水平和产量水平的组合，从而可以构成下图中的一系列点，把这些点连起来就得到了总需求曲线 AD。

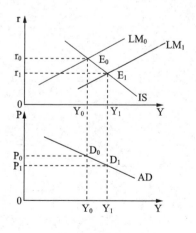

图11 - 1　总需求曲线的推导

从以上关于总需求曲线的推导中可以看到，总需求曲线表示社会的需求总量和价格水平之间反方向变化的关系，即总需求曲线是向右下方倾斜的。向右下方倾斜的总需求曲线表示，价格水平越高，需求总量越小；价格水平越低，需求总量越大。总需求曲线向下倾斜的经济解释是，在名义货币供给量保持不变时，价格水平上升使实际货币供给量减少，使货币市场出现超额货币需求，从而使利率提高。随着利率的提高，投资支出下降，进而导致产出下降。相反，较低的价格水平使货币市场出现超额货币供给，从而使利率下降。随着利率的下降，投资支出提高，进而导致产出提高。

三、总需求曲线的移动

1. 影响总需求曲线的因素

总需求曲线是由 IS－LM 模型决定的，所以，IS 曲线和 LM 曲线的位置也就决定了总需求曲线的位置，IS 曲线和 LM 曲线的移动也会改变总需求曲线的位置。当物价水平不变时，仍有许多影响总需求曲线的因素，可以把这些因素总结如下（见表 11－1）。

表 11－1　影响 AD 曲线的因素

引起总需求增加的因素	引起总需求减少的因素
利率下降	利率上升
预期的通货膨胀率上升	预期的通货膨胀率下降
汇率下降	汇率上升
预期的未来利润增加	预期的未来利润减少
货币量增加	货币量减少
总财产增加	总财产减少
引起总需求增加的因素	引起总需求减少的因素
政府对物品与劳务的支出增加	政府对物品与劳务的支出减少
税收减少或转移支付增加	税收增加或转移支付减少
国外收入增加	国外收入减少
人口增加	人口减少

2. 财政政策与总需求曲线的移动

财政政策的变动会改变 IS 曲线的位置，货币政策的变动会改变 LM 曲线的位置，因此，总需求曲线位置的决定与变动就要受财政政策与货币政策的影响。下面再分别说明财政政策与货币政策是如何决定总需求曲线的位置移动的。

财政政策并不直接影响货币市场的均衡，从而也就不影响 LM 曲线的位置。但财政政策影响产品市场的均衡，从而也就会影响 IS 曲线的位置。这样，财政政策就通过对 IS 曲线位置的影响而影响总需求曲线的位置。

　　以扩张性财政政策为例，在图 11 - 2 中，政府采取扩张性的财政政策将使均衡点由 E_0 点移至 E_1 点，其后果是均衡产量由 Y_0 上升到 Y_1，均衡利率由 r_0 上升至 r_1。

　　3. 货币政策与总需求曲线的移动

　　货币政策并不直接影响产品市场的均衡，从而也就不影响 IS 曲线的位置。但货币政策影响货币市场的均衡，从而也就会影响 LM 曲线的位置。这样，货币政策就通过对 LM 曲线位置的影响而影响总需求曲线的位置。

　　以扩张性货币政策为例，在图 11 - 3 中，政府采取扩张性货币政策将使均衡点由 E_0 移至 E_1，其后果是均衡产量由 Y_0 上升至 Y_1，均衡利率由 r_0 下降至 r_1。

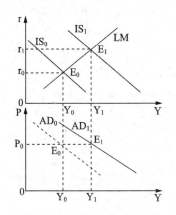

图 11 - 2　财政政策对总需求的影响

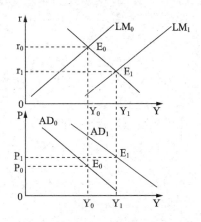

图 11 - 3　货币政策对总需求的影响

第二节　总供给曲线

一、总供给函数

　　总供给是指经济社会在每一价格水平上能够提供的最终产品和劳务的总量，即经济社会投入的基本资源所生产的产量。这里所说的基本资源主要包括劳动力、生产性资本存量和技术。在宏观经济学中，描述总产出与劳动、资本和技术之间关系的工具是生产函数。

在西方经济学中，生产函数是指投入和产出之间的数量关系。生产函数有宏观和微观之分，本书前文所描述的是微观生产函数，宏观生产函数又称总量生产函数，是指整个国民经济的生产函数，它表示总投入和总产出之间的关系。

假设一个经济社会在一定的生产技术水平下仅使用资本和劳动两种要素进行生产。则宏观生产函数可以表示为：

$$Y = AF(N, K)$$

式中，Y 表示总产出，A 表示技术水平，N 表示整个社会的就业水平，K 表示资本总量。上式表明，整个社会的产出主要取决于社会的就业水平、资本存量和技术水平。

该函数说明，经济社会的产出取决于该社会的技术水平、就业量和资本存量。一般认为，资本存量是由以前各年的投资决定的，因此假定资本存量是外生变量，则在一定的技术水平和资本存量的条件下，经济社会的总产出取决于就业量 N。

潜在的就业量或充分就业量是指一个社会在现有的条件下所有愿意工作的人都参加生产时所达到的就业量。在这里要注意两点：一是充分就业量是一个外生变量，不取决于产量、投资和价格水平等宏观经济变量；二是一个社会的潜在的就业量不是固定的，会随着人口的增长而稳定增长。

潜在的产量或充分就业的产量是指在现有的资本和技术水平的条件下，经济社会的潜在就业量所能生产的产量。

二、劳动力市场

劳动力的供给与需求决定劳动力市场均衡时劳动力的均衡价格和均衡的就业量。如图 11 –4 所示。

对劳动力市场，有两点说明：一是在有伸缩性的工资和价格下，实际工资立即调整到劳动力供求相等的水平，从而使劳动力市场处于均衡的状态，这种均衡状态在宏观经济学中称为充分就业的状态。二是资本存量不变。

三、总供给曲线

总供给曲线是表明产品市场与货币市场同时达到均衡时，总供给与价格水平之间关系的曲线。它反映了在每一既定的价格水平时，所有厂商愿意提供的产品与劳务的总和。

总供给取决于资源利用的情况。在不同的资源利用情况下，总供给曲线，即总供给与价格水平之间的关系是不同的。我们可以用图 11 –5 来说明总供给曲线的不同情况。

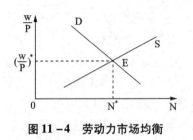

图 11-4　劳动力市场均衡

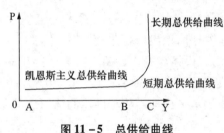

图 11-5　总供给曲线

总供给曲线有三种情况。

第一种情况：A 点至 B 点，这时总供给曲线是一条与横轴几乎平行的直线，这表明在价格水平不变的情况下，总供给可以增加。这是因为，资源还没有得到充分利用，所以，可以在不提高价格的情况下，增加总供给。这种情况是由凯恩斯提出来的，所以这种水平的总供给曲线称为"凯恩斯主义总供给曲线"。

第二种情况：B 点至 C 点，这时总供给曲线是一条向右上方倾斜的线，这表明总供给与价格水平呈同方向变动。这是因为，在资源接近充分利用的情况下，产量增加会使生产要素的价格上升，从而成本增加，价格水平上升。这种情况是短期中存在的，所以这种向右上方倾斜的总供给曲线称为"短期总供给曲线"。

第三种情况：C 点以上，这时总供给曲线是一条垂线，这表明无论价格水平如何上升，总供给也不会增加。这是因为，资源已经得到了充分的利用，即经济中实现了充分就业，总供给已无法增加。在长期中总是会实现充分就业的，因此，这种垂直的总供给曲线称为"长期总供给曲线"。

在资源条件既定，即潜在的国民收入水平既定的条件下，凯恩斯主义总供给曲线和长期总供给曲线是不变的。但短期总供给曲线是可以变动的。

对于总供给，西方学者大都同意存在总供给曲线的说法，但是对于总供给曲线的形状，却有着不同的看法。水平的总供给曲线和垂直的总供给曲线都被认为是极端的情形。很多经济学家认为，在短期现实的总供给曲线更多地表现为是向右上方倾斜的曲线。下面给出在完全竞争条件下这种形状的供给曲线的一种推导，如图 11-6 所示。

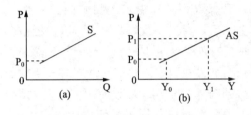

图 11-6　完全竞争条件下的供给曲线

从微观经济学中知道，在完全竞争的条件下，如果价格太低，生产就不合算，此时厂商退出该行业会更好。图 11-6（a）以 P_0 代表这一价格，当价格超过 P_0 时，价格越高，厂商就会生产得越多，直到达到某个生产能力水平，这是一个典型的厂商的供给曲线。市场供给曲线被解释为一个行业中所有单个厂商供给曲线的水平相加，故总供给曲线可以用同样的方法导出，图 11-6（b）中向右上方倾斜的 AS 就是正常的总供给曲线，它表明总供给量与价格水平同方向变动。在图 11-6（b）中，当价格水平为 P_0 时，总供给水平为 Y_0，当价格水平上升为 P_1 时，总供给水平增加至 Y_1。

总供给水平与价格水平同方向变动反映了产品市场与要素市场的状况。具体来说，当产品市场上价格上升时，厂商可以为生产要素支付更高的报酬，从而就可以使用更多的生产要素，生产更多的产品。

第三节　总需求—总供给模型分析

一、经济萧条与繁荣分析

西方主流学派经济学家试图用总供给曲线和总需求曲线来解释宏观经济波动。根据长期总供给曲线、短期总供给曲线以及其与总需求曲线的相互关系对经济波动做出如下的解释：

从短期总供给曲线不变，总需求曲线变动来看，总需求水平的高低决定了一国经济的萧条状态和繁荣状态下的均衡水平，如图 11-7 所示。

在图 11-7 中，Y^* 为充分就业条件下的国民收入，在此点垂直的曲线 LAS 就是长期总供给曲线。SAS 为短期总供给曲线，AD 为总需求曲线。假设经济的初始均衡状态为 E_1 点，即 AD_1 与 SAS 的交点，这时国民收入为 Y_1，价格水平为 P_1，显而易见，国民收入 Y_1 小于充分就业的产量 Y^*。这意味着国民经济处于萧条状态。但是，如果政府采取刺激总需求的财政政策，则 AD 曲线会向右方移动。在产品、货币和劳动市场经过一系列调整后，国民经济会移动到新的短期均衡点，比如随着 AD 曲线的右移会使 SAS、LAS、AD 三条曲线相交于同一点，即达到充分就业的均衡点。如果在政府采取扩张性宏观经济政策的同时，市场上另有强烈刺激总需求扩张的因素，则 AD_2 曲线有可能移动到与充分就业的 Y^* 点垂直的长期总供给曲线右方的某一点，与 SAS 曲线相交于 E_2 点，这时，均衡的国民收入为 Y_2，大于 Y^* 点，表示经济处于过热的繁荣状态。这说明引起国民经济

由 E_1 点移动到 E_2 点的原因是需求的变动。这时市场价格上升到 P_2 点，出现了通货膨胀与经济增长同时出现的状况。总之，经济的总需求的扩张可以使社会就业水平和总产出水平提高，但经济扩张一旦超过潜在的充分就业的国民收入时，则会产生经济过热和通货膨胀。

二、经济滞胀分析

下面考察总供给曲线变动，总需求曲线不变条件下的市场价格和国民收入的变动。在短期内，如果 AD 曲线不变，AS 曲线发生位移，则会产生市场价格与国民收入反方向的运动。如果 AS 的水平下降，市场价格会上升，而国民收入则下降，产生经济发展停滞和通货膨胀共生的"滞胀"现象。如图 11－8 所示。

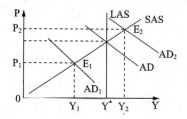

图 11－7　总需求变动对经济的影响

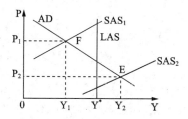

图 11－8　滞胀分析

在图 11－8 中 LAS 为长期总供给曲线，AD 为总需求曲线，这两条曲线不发生位置的移动。但是，短期总供给曲线可能由于投入的生产要素价格发生变动而发生位置的移动，比如，农业歉收、外汇市场的波动、石油价格的上涨等。

由于生产要素投入的价格（或成本）的上升，使得企业在同等产量条件下，要求更高的物价水平，或者在同等价格水平下，被迫减少产量。从而 SAS_2 曲线向左上方移到 SAS_1，使原先超出潜在国民收入 Y^* 的产量 Y_2 减少至 Y_1。均衡点由 E 移动至 F，市场物价水平由 P_2 移动到 P_1。结果是生产降到小于充分就业时的水平，价格水平则提高到高于充分就业时的水平，出现"滞胀"。显然，由于影响宏观经济的某些外部因素的作用，使总供给状况恶化，使政府原先的宏观经济政策目标遭到破坏。

三、长期均衡分析

上述的萧条状态、繁荣状态和滞胀状态都被认为是短期存在的状态。根据西方学者解释，在短期内，例如在几个月或在一两年内，企业所使用的生产要素的价格相对不变，因而总供给曲线向右上方延伸。在长期内，一切价格都能自由地涨落，经济具有达到充分就业的趋势，因而总供给曲线成为垂线。如图 11－9

所示。

图 11-9 中的 LAS 是长期总供给曲线,它和潜在产量线完全重合,当总需求曲线为 AD$_1$ 时,总需求曲线和长期总供给曲线的交点 E 决定的产量为 Y$_1$,价格水平为 P$_1$。当总需求增加使总需求曲线从 AD$_1$ 向上移动到 AD$_2$ 时,总需求曲线和长期总供给曲线的交点 F 决定的产量为 Y$_2$,价格水平为 P$_2$,由于 Y$_1$ = Y$_2$ = Y*,因而在长期中总需求的增加只是

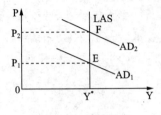

图 11-9 长期分析

提高了价格水平,而不会改变产量或收入。因此,西方主流学派认为总供给—总需求分析可以用来解释萧条状态、繁荣状态和滞胀状态的短期收入和价格水平的决定,也可以用来解释充分就业状态的长期收入和价格水平的决定。

【案例】

需求创造的中国经验:长期不缺总需求[①]

过去三十余年,经济实际年均增长率约为 10%,名义 GDP 年均增长近 16%,这一时期消费物价指数也增长了四倍多,年均增长率近 5%。总体而言,我们面临的是总需求增长过旺的通货膨胀问题。

为什么长期不缺总需求?从新中国经济史角度观察,计划经济和改革开放时期经济具体情况不同,然而提供了不同体制背景下长期不缺总需求的经验证据。

计划经济在产权、价格、激励方面最大限度地否定市场经济资源配置机制,同时也就最大限度去除了市场经济内生的行为约束机制。按照科尔内教授《短缺经济学》一书阐述的分析逻辑,行政系统调配资源体系下,软预算约束和投资饥渴成为计划经济体制下的固有倾向,经济主体通过"虚报需求"竞争更多资源,供不应求或短缺经济成为影响老百姓生活和宏观经济运行的持久而普遍的特征。

短缺经济下,普通生活消费不得不借助票证进行数量分配,派生出从肥皂、猪肉到自行车都要凭票供应的经济史奇观。企业行为如投资受政府严格控制,计划部门在平衡不同部门投资需求方面始终面临巨大挑战。例如,20 世纪 60 年代初确定投资计划方针时,是兼顾"吃穿用"和"三线"投资方针,还是应让其他投资为"三线"建设让道,最后在最高领导人毛泽东主席一再坚持下才得以定案。

短缺经济微观运行机制在宏观层面的表现,就是总需求持续大于有效总供给。投资饥渴,消费冲动,总需求不推自走;但是供给能力受到体制限制,难以

---

① 作者:卢锋,北京大学国家发展研究院教授。

持续较快增长，更谈不上与总需求大体一致。当时不仅长期不缺总需求，短期也会持续面临总需求过度扩张的压力。

改革开放时期，随着市场机制引入以及企业、财政、银行制度改革，预算约束软化体制特征逐步得到改变，短缺经济的微观基础发生实质性变化。然而宏观经济长期不缺总需求规律仍然发生作用。在过去三十余年里，经济实际年均增长率约为10%，名义GDP年均增长近16%，用GDP通缩指数作为衡量指标，年均通货膨胀率约为5.8%。在这一时期，消费物价指数也增长了四倍多，年均增长率近5%。可见总体而言，我们面临的是总需求增长过旺的通胀问题。

总需求不足当然也不是伪问题。在市场经济环境中，宏观经济运行会间歇性或周期性出现GDP缺口或总需求增长不足问题，这是催生现代宏观经济学理论出现的经验基础，也是宏观政策或总需求管理政策针对的主要对象之一。"短期或缺总需求"与"长期不缺总需求"这两个判断并行不悖。对于后一判断认识不足，过度担心需求不足，有可能忽视通过长期改革培育提升潜在供给能力方面的更具有实质意义的发展议程。

中国晚近时期的增长经验提供了一个大国在快速追赶阶段总需求创造的结构特点。快速增长经济伴随居民收入和消费较快增长。过去近十年我国城市居民可支配收入年均增长率近10%，农村居民人均纯收入增长率约为6.5%（收入增长存在城乡差别扩大问题，然而人均收入确实增长较快）。

收入增长推动消费增长成为总需求增长的基本驱动因素之一。1990～2008年，我国农村居民人均生活消费支出从375元增长到3159元，食物消费占支出比重即所谓恩格尔系数从58.8%下降到43.7%，人均肉、蛋、奶和水产品等食物消费量从大约16公斤上升到34公斤。

更为重要的总需求驱动因素是投资增长。如何看待投资增长是一个备受争议的问题。高投资确实会派生包括环境压力加大、原料供给紧张等一系列困难，然而从经济发展一般规律来看，快速追赶经济必然是投资较快增长经济，高投资构成高增长经济的需求创造的关键来源。

发达国家在快速增长和追赶时都经历过高投资阶段。如"二战"后美国投资增速快促成经济增长黄金期，20世纪90年代经济繁荣也伴随固定资产投资较快增长。因而问题不在于投资驱动，而在于投资增长能否创造经济和社会发展需要的新生产力，投资增长是否与总供求关系大体均衡的约束条件相兼容，能否同时有效应对环保和排放挑战从而实现其可持续性。

制造业、房地产、基础设施投资在我国投资增长中发挥着越来越重要的作用。三项投资占投资总额比重在20世纪90年代初不到五成，十年前上升到61%，近年上升到七成以上。其中房地产投资增长最快，从1990年的5.6%上升到 2000 年的 16%，再上升到 2008 年的 24%，相对增幅接近三倍。

投资结构演变与我国仍处于城市化和工业化基本发展阶段具有紧密联系。城市化快速推进伴随居民住宅需求和商务地产需求高涨，市场体制引导下房地产业高速增长。城市化和工业化需要大规模基础设施建设，以整合提升全国范围大市场和产能体系，为居民消费水平提升和社会发展提供支撑。制造业在比较优势规律作用下，为国内外市场提供消费物品和投资品，也为房地产和基础设施投资提供物质保障。

2001～2008 年资本形成对 GDP 年均贡献约 4.7 个百分点，加上消费支出年均贡献 4.2 个百分点，内需大体能够保证总需求实现年均 9% 的增长。可见在保持外部大体均衡即顺差大体稳定基础上，经济快速追赶阶段内需扩张有能力提供足够总需求增长，与 8%～10% 潜在总供给增速大体一致。

在长期不缺总需求条件满足前提下，政策面需要优先考虑的问题是：如何通过深化改革，更好地发挥市场和价格机制调节经济结构动态演变的作用，保证潜在供给增长势头不要过早衰减。同时要提供必要合理的社会保障系统，弥补市场竞争机制不足，促使经济发展利益普惠全民。

案例来源：《南方周末》，http：//www.infzm.com/content/47655.

本章小结

通过本章的学习使学生了解和掌握总需求曲线和总供给曲线的含义，进一步理解这两条曲线的作用如何造成价格水平和国民收入的波动。本章的主要内容包括：

1. 总需求曲线的含义及作用

总需求曲线的推导、影响总需求曲线斜率变化的主要因素、财政政策和货币政策对总需求曲线的影响。

2. 总供给曲线的含义及作用

短期总供给曲线表示社会供给方面的产量与价格之间的关系。这一关系来自生产函数和劳动市场。生产函数包含就业量（N）和资本存量（K），由于资本存量在短期中被假定为固定不变，因而短期中产量只取决于就业量（N）。就业量（N）的大小由货币工资和价格水平决定，因此，把生产函数和劳动力市场相结合就可以得到反映社会总供给方面的价格和产量之间关系的总供给曲线。常规的总供给曲线向右上方倾斜。

3. 总供给曲线类型

向右上方倾斜程度取决于货币工资和价格水平之间的调整速度。古典学派认为调整速度很快，总供给曲线成为垂直线，被称为古典总供给曲线，也叫长期总供给曲线。凯恩斯认为货币工资和价格水平之间调整的速度很慢，甚至根本无法调整，这时总供给曲线成为水平直线。

4. 总需求曲线和总供给曲线如何决定价格和产量

总需求曲线和总供给曲线的交点决定价格和产量。短期中总需求曲线移动比较频繁。它向左（向右）移动造成产量的减少（增加）以及价格水平的下降（上升）。而短期中总供给曲线不易移动，但是外界的冲击可以导致总供给曲线左移，从而引起失业和价格上升，出现滞胀现象。

基本概念

总需求　总供给　长期总供给曲线　凯恩斯主义总供给曲线

复习思考题

一、单项选择题

1. 下列说法不正确的是（　　）。

A. 价格变化的利率效应是价格水平变动引起利率反方向变动，进而导致投资和产出同方向变动

B. 价格变化的利率效应是价格水平变动引起利率同方向变动，进而导致投资和产出反方向变动

C. 价格变化的实际余额效应是价格下降使人们持有货币等资产的实际价值增加，人们变得更富有，从而增加消费需求

D. 价格变化的税收效应是价格下降使人们的名义货币收入减少，纳税档次降低，进而导致人们的可支配收入增加，消费需求增加

2. 当（　　）时，总需求曲线变得更加平缓。

A. 货币需求对利率变化较敏感　　　　B. 支出乘数较小

C. 投资支出对利率变化较敏感　　　　D. 货币供应量较大

3. 总需求曲线向下倾斜的原因是（　　）。

A. 价格下降增加了实际余额，因此，LM 曲线下移，收入提高

B. 价格下降迫使中央银行增加货币供给，因此，IS 曲线下移，收入提高

C. 价格下降诱使政府减税，因此，IS 曲线下移，收入提高

D. 以上都正确

4. 当其他条件不变时，下列关于总需求曲线移动的判断正确的是（　　）。

A. 政府支出减少时总需求曲线将右移

B. 价格水平上升时总需求曲线将左移

C. 税收减少时总需求曲线将左移

D. 名义货币供给量增加时总需求曲线将右移

5. 总需求曲线向右方移动的原因是（　　）。

A. 政府支出的减少　　　　　　　　B. 货币供给量的减少

C. 货币供给量的增加　　　　　　　D. 私人投资减少

6. 当（　　）时，古典总供给曲线存在。

A. 产出水平是由劳动力供给等于劳动力需求的就业水平决定

B. 劳动力供给与劳动力需求立即对价格水平的变化做出调整

C. 劳动力市场的均衡不受劳动力供给曲线移动的影响

D. 劳动力市场的均衡不受劳动力需求曲线移动的影响

7. 假定经济处于充分就业状态，总供给曲线是垂直的，政府的减税将（　　）。

A. 提高价格水平和实际产出　　　　B. 提高价格水平但不影响产出

C. 提高产出但不影响价格水平　　　D. 对价格水平和产出无影响

8. 假定经济处于充分就业状态，总供给曲线是垂直的，若增加 20% 的名义货币供给，将（　　）。

A. 增加实际货币供给 20%　　　　　B. 增加名义工资 20%

C. 对价格水平没有影响　　　　　　D. 提高利率水平

9. 总供给曲线垂直的原因是（　　）。

A. 假定名义价格是不变的　　　　　B. 假定名义工资是不变的

C. 假定可支配收入是不变的　　　　D. 假定实际工资是不变的

10. 在货币工资刚性条件下，政府可实施的宏观经济政策是（　　）。

A. 当经济处于低于充分就业的均衡状态，可采取扩张性财政政策以增加就业和国民收入

B. 当经济处于充分就业而价格水平过高状态，可采取紧缩性财政政策以减轻通货膨胀的压力

C. 当经济处于充分就业状态，且产品市场、货币市场和劳动力市场都实现均衡，可维持现有的政策

D. 以上政策措施都是恰当的

二、问答题

1. 总需求曲线的理论来源是什么？

2. 总供给曲线的理论来源是什么？

3. 如何区分古典总供给曲线和凯恩斯主义总供给曲线？

三、计算题

1. 设消费函数为 $C = 100 + 0.8Y$，投资函数为 $I = 20 - r$，政府支出为 $G = 80$，税收 $T = 0.2Y$，货币需求函数为 $L = 0.4Y - 0.5r$，货币供给为 $M = 50$，价格水平为 P。试求：

（1）推导总需求曲线。

（2）当价格等于 10 和 5 时，总需求分别是多少？

（3）假设政府支出增加 50，试求新的总需求曲线，并与（1）进行比较。

（4）假设货币供给增加 20，试求新的总需求曲线，并与（1）进行比较。

2. 假设一个只包含家庭和企业的两部门经济中，消费 $c = 100 + 0.8y$，投资 $i = 150 - 6r$，实际货币供给 $m = 150$，货币需要 $L = 0.2y - 4r$（单位都是亿美元）。

（1）求 IS 和 LM 曲线。

（2）求产品市场和货币市场同时均衡时的利率和收入。

第 十 二 章

宏观经济政策及其应用

宏观经济学的任务是要说明国家为什么要干预经济，以及应该如何干预经济，即要为国家干预经济提供理论依据与政策指导。因此，经济政策问题在宏观经济学中占有十分重要的地位。

在本章中，我们将在此基础上全面介绍宏观经济政策。

第一节　宏观经济政策目标

经济政策是要通过某些手段来达到特定的目标。宏观经济政策是国家进行总量调控，以达到一定目的的手段。本节就介绍宏观经济政策的目标、工具，及宏观经济政策的发展与演变。

一、宏观经济政策目标内容

宏观经济政策是要对经济总量进行调控的，那么，这种调控的具体目标是什么呢？

现在一般经济学家都认为，宏观经济政策应该同时达到四个目标：充分就业、物价稳定、经济增长、国际收支平衡。

1. 充分就业

充分就业并不是人人都有工作，而是维持一定的失业率，这个失业率要在社会可允许的范围之内，能为社会所接受。充分就业一般包含两种含义：一是指除了摩擦失业和自愿失业之外，所有愿意接受各种现行工资的人都能找到工作的一种经济状态，即消除了非自愿失业就是充分就业。二是指包括劳动在内的各种生产要素，都按其愿意接受的价格，全部用于生产的一种经济状态，即所有资源都得到充分利用。

2. 物价稳定

物价稳定是指物价总水平的稳定。一般用价格指数来衡量一般价格水平的变化。价格指数又分为消费物价指数（CPI）、批发物价指数（PPI）和国民生产总值折算指数（GNP Deflator）三种。物价稳定并不是通货膨胀率为零，而是允许保持一个低而稳定的通货膨胀率，所谓低，就是通货膨胀率在 1%～3%，所谓稳定，就是在相当时期内能使通货膨胀率维持在大致相等的水平上。

3. 经济增长

经济增长是指在一个特定时期内经济社会所生产的人均产量和人均收入的持续增长。通常用一定时期内实际国民生产总值年均增长率来衡量。经济增长会增加社会福利，但并不是增长率越高越好。这是因为，经济增长一方面要受到各种资源条件的限制，不可能无限地增长，尤其是对于经济已相当发达的国家来说更是如此。另一方面经济增长也要付出代价，如造成环境污染、引起各种社会问题等。因此，经济增长就是实现与本国具体情况相符的适度增长率。

4. 国际收支平衡

国际收支平衡的目标要求做到汇率稳定，外汇储备有所增加，进出口平衡。

国际收支平衡不是消极地使一国在国际收支账户上经常收支和资本收支相抵，也不是消极地防止汇率变动、外汇储备变动，而是使一国外汇储备有所增加。适度增加外汇储备被看作是改善国际收支的基本标志。同时，一国国际收支状况不仅反映了这个国家的对外经济交往情况，还反映出该国经济的稳定程度。

这四种经济目标之间是存在矛盾的。充分就业与物价稳定是矛盾的。因为要实现充分就业，就必须运用扩张性财政政策和货币政策，而这些政策又会由于财政赤字的增加和货币供给量的增加而引起通货膨胀。充分就业与经济增长有一致的一面，也有矛盾的一面。这就是说，经济增长一方面会提供更多的就业机会，有利于充分就业；另一方面经济增长中的技术进步又会引起资本对劳动的替代，相对地减少对劳动的需求，使部分工人，尤其是文化技术水平低的工人失业。充分就业与国际收支平衡之间也有矛盾。因为充分就业的实现引起国民收入增加，而在边际进口倾向既定的情况下，国民收入增加必然引起进口增加，从而使国际收支状况恶化。此外，在物价稳定与经济增长之间也存在矛盾。因为经济增长过程中，通货膨胀是难以避免的。

由于宏观经济政策目标之间存在矛盾，就要求政策制定者要么确定重点政策目标，要么对这些政策目标进行协调。政策制定者在确定宏观经济政策目标时，既要受自己对各项政策目标重要程度理解的制约，考虑国内外各种政治因素，又要受社会可接受程度的制约。不同流派的经济学家，对政策目标有不同的理解。例如，凯恩斯主义经济学家比较重视充分就业与经济增长，而货币主义经济学家则比较重视物价稳定。

二、宏观经济政策工具

宏观经济政策工具是用来达到政策目标的手段。一般说来，政策工具是多种多样的，不同的政策工具都有自己的作用，但也往往可以达到相同的政策目标。政策工具的选择与运用是一门艺术。在宏观经济政策工具中，常用的有财政政策、货币政策以及国际经济政策，下面简要介绍财政政策和货币政策。

1. 财政政策

财政政策一般是通过调节总需求来达到一定政策目标的宏观经济政策工具。这也是凯恩斯主义所重视的政策工具。财政政策的手段主要包括税收、预算、国债、购买性支出和财政转移支付等手段。例如，减少税收可以刺激消费，增加政府的支出能够刺激生产，这两种方式都可以刺激经济增长。

2. 货币政策

货币政策是指政府或中央银行为影响经济活动所采取的措施，尤其是指控制货币供给以及调控利率的各项措施，用以达到特定政策目标或维持政策目标，如抑制通货膨胀、实现充分就业或经济增长。直接地或间接地通过公开市场操作和设置银行最低准备金（最低储备金）来调控经济的运行。

二者的不同之处在于，财政政策是直接影响社会总需求的规模，中间不需要任何变量，而货币政策则是通过货币当局货币供给量的变化来调节利率，进而间接地调节总需求，因而货币政策是间接地发挥作用的。

三、宏观经济政策的发展与演变

自 20 世纪 30 年代以来，宏观经济政策的发展大致经历了三个阶段。

从 20 世纪 30 年代到第二次世界大战前是第一阶段。30 年代的大危机迫使各国政府走上了国家干预经济的道路。凯恩斯 1936 年发表的《就业利息与货币通论》，正是要为这种干预提供理论依据。这时是宏观经济政策的试验时期，其中最全面而且成功的试验是美国罗斯福总统的"新政"。

第二次世界大战以后，宏观经济政策的发展进入了第二阶段。1944 年英国政府发表的《就业政策白皮书》和 1946 年美国政府通过的《就业法》，都把实现充分就业、促进经济繁荣作为政府的基本职责。这标志着国家将全面而系统地干预经济，宏观经济政策的发展进入了一个新时期。这一时期的宏观经济政策是以凯恩斯主义为基础的，主要政策工具是财政政策与货币政策。

20 世纪 70 年代初，西方国家出现了高通货膨胀率与高失业率并存的"滞胀"局面，这就迫使它们对国家干预经济的政策进行反思。于是，宏观经济政策的发展进入了第三阶段。在这个阶段，最重要的特征是自由放任思潮的复兴。自由放任思潮主张减少国家干预，加强市场机制的调节作用。因此，经济政策的自由化和多样化，成为对宏观经济政策的重要发展。

值得注意的是，在1992年美国总统克林顿上台后，又强调了国家干预，希望依靠国家的力量振兴美国经济。这也许是又一次加强国家干预经济的一个信号。

应该说，20世纪30年代以后资本主义国家进入了国家垄断资本主义时代。这一时期，总的趋势是要借助国家的力量克服市场经济本身所固有的缺陷。当然，资本主义社会的基础是市场经济，利用市场机制来调节经济是基本的，但国家的宏观调控已是现代市场经济的一个重要组成部分。正如经济学家们所说的，现代经济是一种混合经济。就国家干预而言，并不是一成不变的，也不是不断加强的。有时国家会干预更多一些，有时也会减少一些干预。国家干预的总趋势是不变的，但在不同时期，干预程度与干预方式会有所不同。我们正是应该从这个角度来分析和理解宏观经济政策的发展与变化。

第二节　财政政策及其影响

宏观财政政策是国家调控经济，实现政策目标最主要的政策工具之一。所谓的财政政策，就是指政府为提高就业水平，减轻经济波动，防止通货膨胀，实现稳定增长而采取的税收、借债水平和政府支出的政策，即政府为了实现其宏观经济政策目标而对其收入和支出水平所做出的决策。

一、财政政策内容

1. 政府支出体系

政府支出包括各级政府的支出。

（1）政府支出内容。政府支出包括：①社会福利支出。②退伍军人的福利支出。③国家防务和安全支出。④债务利息支出。⑤教育和职业训练支出。⑥公共卫生和保健支出。⑦科学技术研究费用。⑧交通、公路、机场、港口和住宅的支出。⑨自然资源的环境保护的支出。⑩国际交往与国际事务的支出。

（2）政府支出方式。政府支出方式可有两种：政府购买和政府转移支付。其中，政府购买是指政府对商品和劳务的购买。政府购买的特点是以取得商品和劳务作为有偿支出。它是一种实质性的支出。它可以使经济资源的利用从私人部门转到公共部门。由于政府购买有着商品和劳务的实际交易，因而直接形成社会需求和社会购买力，是国民收入的一个组成部分，作为计入 GNP 的四大需求项目（消费、投资、政府购买和出口余额）之一。

而政府转移支付是指政府单方面的、无偿的资金支付，包括社会保障、社会福利支出、政府对农业的补贴以及债务利息支出、捐赠支出等。政府转移支付的特点是不以取得商品和劳务作为报偿的支付。它是货币性支出，是通过政府把一部分人的收入转给另一部分人，整个社会的收入总量并没有变化，变化的仅是收入总量在社会成员之间的分配比例。正是由于政府转移支付只是资金使用权的转移，并没有相应的商品和劳务的交换发生这个特点，因而它不能计入 GNP，不能算作国民收入的组成部分。

2. 政府收入体系

西方国家政府的收入主体上来源于税收和公债两个部分。税收是西方各国财政收入的主要形式，现在，在发达的资本主义国家里，税收在国民生产总值中经常占 20% 以上，甚至高达 50% 以上。

各国的税收通常由许多具体的税种所组成，且依据不同的标准可以对税收进行不同的分类。

（1）按照课税对象的性质，可将税收分为财产税、所得税和流转税三大类。

1）财产税是对不动产或房地产即土地和土地上的建筑物等所征收的税。西方国家有一般财产税、遗产税、赠与税等。

2）所得税是指对个人或公司的收入征收的税，例如个人的工薪收入和股票债券存款等资产的收入、公司的利润税。所得税是大多数西方国家的主体税种。因此，所得税税率的变动对经济活动会产生重大影响。

3）流转税则是对流通中的商品和劳务买卖的总额征税，它包括增值税、消费税、营业税、关税等，流转税是目前我国最大的税类。

（2）按税负能否转嫁，税收又可分为直接税和间接税两种。

1）直接税是直接征收的，不能再转嫁给别人的税。如财产税、所得税和人头税。

2）间接税是间接地向最终消费者征收的作为生产商和销售商的原来纳税人能最终转嫁给最终消费者的税，如消费税、营业税和进口税。

（3）按照收入中被扣除的比例，税收还可以分为累退税、累进税和比例税。

1）累退税是指税率随征税对象数量的增加而递减的一种税。即收入越大，税率越低。间接税是累退的。

2）累进税是税率随征税对象数量的增加而递增的一种税，即课税对象数额越大，税率也越高，上述的财产税和所得税一般是累进税。

3）比例税是税率不随征税对象数量的变动而变动的一种税，即按固定比率从收入中征税。多适用于流转税，如财产税、营业税和大部分关税，一般属于比例税。

政府收入主要来源是税收。政府当年的税收和支出之间的差额叫作预算余额（Budget Balance）。预算余额为零叫作预算平衡（Balanced Budget），预算余额为正数叫作预算盈余，为负数叫作预算赤字。如果政府增加支出而没有相应地增加税收，或者减少税收而没有相应地减少支出，这种做法叫作财政赤字（Deficit Financed）。当政府发生预算赤字时，就可以通过发行公债向公众借钱或增发货币来弥补。

由以上论述可知，政府的财政政策工具的变动，对宏观经济的运行有着直接或间接的调节作用。当经济出现波动时，政府可采取两种方法来稳定经济，这就是自动稳定器和酌情使用的财政政策。

3. 自动稳定器

自动稳定器（Automatic Stablizer）是指财政制度本身所具有的能够调节经济波动、维持经济稳定发展的作用。即使在政府支出和税率保持不变的时候，财政制度本身也会影响社会经济的活动，能够在经济繁荣时期自动抑制膨胀，在经济衰退时期自动减轻萧条，从而减轻以至消除经济波动。自动稳定器的功能主要通过以下三项制度来体现：

（1）累进税制度。当经济繁荣时，随着生产扩大，就业增加，人们的收入随之增加，而通过累进的所得税所征收的税额也自动地以更快的速度增加；税收以更快的速度增加意味着人们的可支配收入的增幅相对较小，从而使消费和总需求增幅也相对较小，最终遏制总需求扩张和经济过热的作用。当经济衰退时，国民产出水平下降，个人收入和公司利润普遍下降，在税率不变的条件下，政府税收会自动减少，留给人们的可支配收入也会自动地减少一些，从而使消费和总需求也自动地少下降一些，从而起到缓解经济衰退的作用。

因此，在税率既定不变的条件下，税收随经济周期自动地同方向变化，税收的这种自动变化与政府在经济繁荣时期应当增税，在经济衰退时期应当减税的意图正相吻合，因而它是经济体系内有助于稳定经济的自动稳定因素。

（2）政府转移支付制度。同税收的作用一样，政府转移支付有助于稳定可支配收入，从而有助于稳定在总支出中占很大比重的消费支出。大家知道，政府转移支付包括政府的失业救济和其他社会福利支出，按照失业救济制度，人们被解雇后，在没有找到工作以前可以领取一定期限的救济金，另外，政府也对穷人进行救济。这些福利支出对经济具有稳定作用。当经济出现衰退与萧条时，由于失业人数增加，穷人增多，符合救济条件的人数增多，失业救济和其他社会福利支出就会相应增加，从而间接地抑制人们的可支配收入的下降，进而抑制消费需求的下降。当经济繁荣时，由于失业人数减少和穷人减少，福利支出额也自行减少，从而抑制可支配收入和消费的增长。

（3）农产品价格维持制度。这一制度实际上是以政府财政补贴这一转移支付形式，保证农民的可支配收入不低于一定水平，从而维持农民的消费水平。农产品价格维持制度有助于减轻经济波动，故被认为是稳定器之一。

总之，政府税收和转移支付的自动变化、农产品价格维持制度都是财政制度的内在稳定器，是政府稳定经济的第一道防线，它在轻微的经济萧条和通货膨胀中往往起着良好的稳定作用。但是，当经济发生严重的萧条和通货膨胀时，它不但不能使经济恢复到没有通货膨胀的充分就业状态，而且还会起到阻碍作用。例如，当经济陷入严重萧条时，政府采取措施促使经济回升，但是当国民收入增加时，税收趋于增加，转移支付却减少，使经济回升的速度减缓，这时，内在稳定器的变化都与政府的需要背道而驰。因此，当代西方经济学家认为，要确保经济稳定，实现宏观调控的政策目标，主要靠政府的相机抉择法。

4. 酌情使用的财政政策

与自动稳定器自动发挥作用不同，酌情使用的财政政策是政府根据对经济形势的分析，而主动采用的增减政府收支的决策。比如，当认为总需求非常低，即出现经济衰退时，政府应通过削减税收，降低税率，增加支出或双管齐下以刺激总需求。反之，当认为总需求非常高，即出现通货膨胀时，政府应增加税收或减少支出以抑制总需求。前者称为扩张性（膨胀性）财政政策，后者称为紧缩性财政政策。究竟什么时候采取扩张性财政政策，什么时候采取紧缩性财政政策，应由政府对经济发展的形势加以分析、权衡，斟酌使用。它是凯恩斯主义的需求管理的内容。凯恩斯分析的是需求不足型的萧条经济，因此他认为调节经济的重点应放在总需求的管理方面，使总需求适应总供给。当总需求小于总供给出现衰退和失业时，政府应采取扩张性财政措施以刺激经济，当总需求大于总供给出现通货膨胀时，政府应采取紧缩性财政措施以抑制总需求。

图 12-1 中，增加政府支出 ΔG，会导致 IS 趋向右移（移动 $\Delta G / 1 - \beta$ 个单位），此时，均衡国民收入增加（由 Y_0 增加至 Y_1），均衡利率上升（由 r_0 上升至 r_1）。

所以，IS-LM 分析中的一般预测是，政府支出增加导致均衡利率上升和国民收入水平上升；反之，税收增加则导致均衡利率下降和国民收入水平下降。

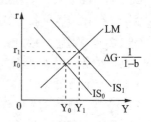

图 12-1　财政政策的一般分析
（以增加政府支出为例）

二、财政政策的效果

政府财政收支的变动都会引起国民收入水平的变动。那么，一定的政府财政收支的变动，会引起国民收入水平变动多少呢？这就是我们要分析的财政政策效果。国民收入水平变动大，则财政政策效果就强；国民收入水平变动小，则财政政策效果就弱。财政政策效果的强弱就可以用既定斜率的 IS 曲线在横轴上移动的距离大小来衡量。

1. IS 曲线斜率与财政政策效果

当 LM 曲线的斜率不变时，对于相同的财政政策，财政政策效果因 IS 曲线的斜率不同而不同。若 IS 曲线越平坦，即 IS 曲线的斜率绝对值越小，财政政策引起的国民收入变动越小，财政政策效果就越小；若 IS 曲线越陡峭，即 IS 曲线的斜率绝对值越大，财政政策变动越大，财政政策效果就越大。如图 12 - 2 所示。

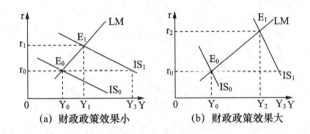

图 12 - 2 IS 曲线斜率与财政政策效果

在图 12 - 2（a）和图 12 - 2（b）中，LM 曲线的斜率是相同的，而 IS 曲线的斜率不同，且初始均衡状态的国民收入水平 Y_0 和利率 r_0 也完全相同。若政府实行一项扩张性财政政策，它可以是增加政府支出，也可以是减少税收。现假定政府增加同样一笔购买支出，则会使 IS_0 曲线右移到 IS_1。IS_1 曲线与 LM 曲线相交于 E_1 点，相对应的国民收入水平图 12 - 2（a）中为 Y_1，图 12 - 2（b）中为 Y_2，相应的利率水平分别是 r_1 与 r_2，在图 12 - 2（a）与图 12 - 2（b）中，新均衡点 E_1 与原均衡点 E_0 相比，无论是国民收入水平，还是利率水平都提高了。但图 12 - 2（a）中，利率上升得少，国民收入增加量 Y_0Y_1 也较少。在图 12 - 2（b）中，利率上升得较大，国民收入增加量 Y_0Y_2 也较多，即 $Y_0Y_1 < Y_0Y_2$。也就是说，图 12 - 2（a）中表示的政策效果小于图 12 - 2（b），原因就在于图 12 - 2（a）中 IS 曲线较平坦，而图 12 - 2（b）中 IS 曲线较陡峭。IS 曲线较平坦，也就是投资需求的利率弹性 d 较大，即利率变动一定幅度所引起的投资变动的幅度较大。这时实行扩张性财政政策使利率上升时，就会使私人投资下降很多，也就是"挤出

效应"大,从而使国民收入增加量就较少,因而财政政策效果就较小。反之,IS曲线越陡峭,也就是投资需求的利率弹性 d 越小,当扩张性财政政策使利率上升时,被挤出的私人投资就越小,从而使国民收入增加量就越大,因而财政政策效果就较大。

2. LM 曲线斜率与财政政策效果

在 IS 曲线斜率不变时,财政政策效果又随 LM 曲线的斜率不同而不同。若 LM 曲线斜率越大,即 LM 曲线越陡峭,扩张性财政政策引起的国民收入增加就越小,财政政策效果就越小。反之,LM 曲线越平坦,则财政政策效果就越大。如图 12 - 3 所示。

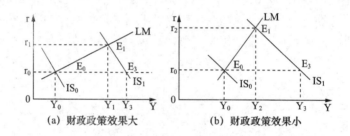

图 12 - 3　LM 曲线斜率与财政政策效果

在图 12 - 3 (a) 和图 12 - 3 (b) 中,IS 曲线斜率相同,但 LM 曲线的斜率不同,初始均衡状态时的均衡国民收入水平 Y_0 和利率水平 r_0 也是相同。在此情况下,若政府增加同样一笔购买支出使 IS 曲线从 IS_0 右移到 IS_1, IS_1 曲线与 LM 曲线相交于 E_1 点,相对应的国民收入水平是 Y_1 与 Y_2,利率水平是 r_1 与 r_2,图 12 - 3 (a)、图 12 - 3 (b) 两图中新均衡点 E_1 与原均衡点 E_0 相比,无论是国民收入水平还是利率水平都提高了。但在图 12 - 3 (a) 中,利率上升较小,国民收入增加量较大,在图 12 - 3 (b) 中利率上升较大,国民收入增加量较小,即由 Y_0Y_1 增加到 Y_0Y_2。由图 12 - 3 (a)、图 12 - 3 (b) 可见,政府增加同样一笔支出,在 LM 曲线斜率较小即 LM 曲线较为平坦时,引起的国民收入水平增量较大,即财政政策效果较大;相反,在 LM 曲线斜率较大即 LM 曲线较为陡峭时,引起的国民收入水平增量较小,即财政政策效果较小。这是因为,LM 曲线较平坦,表示货币需求的利率弹性 h 较大,这意味着一定的货币需求增加所引起的利率变动较小,从而对私人部门投资不会产生很大的影响,使得挤出效应较小,结果使国民收入水平增加较多,财政政策效果较大。相反,当 LM 曲线较陡峭,也就是货币需求的利率弹性 h 较小时,这意味着一定的货币需求增加所引起的利率变动较大,从而对私人部门投资产生较大的挤出效应,结果使财政政策效果较小。

三、财政政策的"挤出效应"

为了进一步认识财政政策效果，有必要对"挤出效应"做进一步说明。如图 12 - 4 所示。

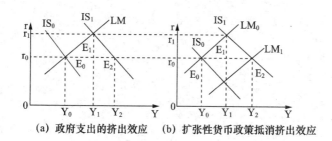

(a) 政府支出的挤出效应　(b) 扩张性货币政策抵消挤出效应

图 12 - 4　财政政策的"挤出效应"

在图 12 - 4（a）中，E_0 点为原 IS_0 曲线和 LM 曲线的交点。相应的均衡的国民收入水平和利率是 Y_0 和 r_0。假如政府增加购买支出，使 IS_0 曲线右移至 IS_1 曲线，IS_1 曲线与 LM 曲线相交于 E_1 点，与 E_1 点相对应的新均衡国民收入水平和利率水平已上升到 Y_1 与 r_1，当政府增加购买支出时，如果不考虑利率水平的变动，即利率水平仍为 r_0 的话，新的国民收入水平将是与 E_2 点相对应的 Y_2，Y_2 大于 Y_1。这是因为，当政府购买支出增加后，会引起总需求的增加和国民收入水平的提高，国民收入水平的提高会引起对货币需求的相应增加。在货币供给量不变条件下，导致货币需求大于货币供给，如果要想使货币需求减少，达到与货币供给平衡的水平，利率则必然上升，而利率水平的上升又会引起私人部门投资的减少，从而引起总需求的减少和国民收入的减少。在西方宏观经济学中，把这种由于政府支出的增加引起的利率上升，从而引起投资水平下降的作用就称为"挤出（Crowding Out）效应"。

"挤出效应"的大小可以用图 12 - 4（a）中的 Y_1 到 Y_2 之间的距离来衡量。相对应地，Y_0 到 Y_1 之间的距离就可以用来衡量财政政策效果的大小。很显然，政府支出的"挤出效应"越大，财政政策效果就越小；反之，政府支出的挤出效应越小，财政政策效果就越大。若政府支出的"挤出效应"为 100%，则财政政策就无效；若政府支出"挤出效应"为零，则财政政策十分有效。

由此可见，影响"挤出效应"大小的因素与影响财政政策效果的因素是相同的，主要是投资需求的利率弹性 d 与货币需求的利率弹性 h。若投资需求的利率弹性 d 越大，则一定利率水平的变动会对投资水平的影响就会越大，则"挤出效应"就越大；反之，则"挤出效应"就越小。

若货币需求的利率弹性 h 越大，说明只有当货币需求很大时，才会引起利率的上升，因此，当政府支出增加引起货币需求增加所导致的利率上升幅度较小时，对投资的"挤占"也就越少；反之，若 h 越小，则"挤出效应"就越大。

如果当货币需求的利率弹性 h 为无穷大，而政府需求的利率弹性 d 为零时，即 LM 为水平线，IS 曲线为垂直线时，政府支出的"挤出效应"将为零；反之，若当 h＝0，d→∞ 时，"挤出效应"将是 100%，或者说是完全的"挤出效应"，即政府支出增加多少，私人投资支出就被挤占多少。实际上，完全的"挤出效应"只有在经济中资源得到充分利用，即经济中实现了充分就业时才出现，在经济未实现充分就业时，"挤出效应"不会是完全的。因为 LM 曲线实际上不可能是一条垂线，尽管政府支出的增加会使利率上升，利率上升会挤占一部分私人投资，但国民收入水平仍会增加，即只存在部分的"挤出效应"。尽管"挤出效应"为零，在现实经济中也是极少见的，但政府为了实现其经济目标，使财政政策效果尽可能较强，可以通过在增加政府支出时，采用扩张性货币政策来抵消"挤出效应"。这可从图 12－4（b）中得到说明。

在图 12－4（b）中，原均衡点为 E_0，假定政府为刺激经济，实施扩张性财政政策，增加政府购买支出。政府购买支出的增加使 IS_0 曲线右移到 IS_1 曲线，IS_1 曲线与 LM_0 曲线相交于 E_1 点。与 E_1 点对应的利率为 r_1，国民收入水平为 Y_1，由于政府购买支出的增加，使利率上升，产生了挤出效应 Y_1Y_2。为了消除挤出效应 Y_1Y_2，政府采用增加货币供给量的扩张性货币政策，使 LM_0 曲线右移到 LM_1 曲线，这时利率由 r_1 降为 r_0，国民收入又增加到 Y_2，由此可见，增加政府支出的财政政策会出现挤出效应，但若想消除挤出效应，则可以用扩张性货币政策来实现。

第三节　货币政策及其影响

一、货币

1. 货币的定义

在现代西方经济学中，货币是指在商品和劳务的支付或债务的偿还中被普遍接受的东西。

2. 货币层次的划分

按货币变现能力的强弱或流动性的高低，可以将货币划分为 M_1、M_2、M_3 和

L 等几个层次。其中，M_1 称为狭义货币，M_2、M_3 和 L 都称为广义货币。

M_1 = 通货 + 活期存款（含支票在内）

　　 = 公众手边持有的通货（硬币 + 纸币）+ 活期存款

式中，通货（Currency）是指处于银行外的流通中的通货，包括硬币和纸币，又称现金（Cash），一般用 C 来表示。由于通货是流动性最强的资产，因而经济学家便用 M_0 来表示银行外流通通货总量。通常人们把支票账户存款与旅行支票，统称为活期存款（Demand Deposit），并用 D 来表示。因而狭义货币 M_1 具有完全的流动性，其计算公式可表示为：

$M_1 = C + D = M_0 + D$

在宏观经济学中，一般所使用的货币供给量的概念指的就是 M_1。

二、现代银行体系

现代银行体系是一个由中央银行、商业银行和其他金融机构组成的两级银行体系，中央银行居于核心地位。

1. 中央银行

中央银行是一国金融体系的核心，具有特殊地位和作用，其主要职能是借助各种政策工具以执行国家的货币金融政策，而不是在资金融通中经营牟利。在我国中央银行是中国人民银行。

中央银行具有三个特点：第一，不以盈利为目的；第二，不经营商业银行和金融机构的业务；第三，具有服务机构和管理机构的双重性质，既为政府和商业银行及其他金融机构提供有关的金融服务，又代表政府对整个金融体系及其活动进行管理。

中央银行的职能主要有：

（1）货币发行的银行。中央银行是由政府指定的唯一法定货币发行机构，独占货币发行权，因而中央银行也被称为发行银行。

（2）管理银行的银行。中央银行虽然不直接经营商业银行的业务，但与商业银行有着密切的业务往来，不仅对商业银行的经营业务提供服务，还为其提供保障，成为"银行的银行"。

（3）中央政府的银行。为政府提供金融业务，代表政府对商业银行和其他金融机构的业务活动进行监督、管理、指导，并对金融体系进行监督管理，集中保管黄金和外汇，制定并实施货币政策；中央银行代表政府参加国际金融组织，履行国际货币金融协定，调节外汇汇率，办理国际收支结算，买卖黄金、外汇等。

2. 商业银行

商业银行是一个国家银行体系的主体。商业银行在现代各国金融体系中具有主导地位，是一国金融体系的骨干。在我国目前的商业银行体系的主体是四大商业银行，即中国银行、中国工商银行、中国农业银行和中国建设银行。

商业银行的业务主要有：存款业务、放款业务和委托业务。

3. 其他金融机构

随着金融业的发展，各种非银行金融机构相继出现，如储蓄机构、投资机构、保险公司、信托机构等。

三、存款创造与货币供给

1. 货币供给的几个概念

根据货币的流动性的强弱，货币可分为狭义货币和广义货币。

（1）狭义货币（M_1）。

M_1 = 现金（硬币 + 纸币）+ 支票存款 + 旅行支票

（2）广义货币（M_2、M_3）。

M_2 = M_1 + 商业银行的定期存款

M_3 = M_2 + 各金融机构发行的大额定期再回购合同票据

除 M_1、M_2、M_3 以外，西方经济学家认为还有"近似货币"。

L = M_3 + 储备银行承兑票据、商业票据、美国政府发行的储蓄公债、短期国库券、美国居民持有的欧洲美元定期存款。

2. 法定准备金率

存款准备金是经常保留的供支付存款提取用的一定金额。准备金与活期存款之间的比率称为储备—活期存款比率。在现代银行制度中，这种比率是由政府（具体由中央银行代表）规定的。这一比率被称为法定准备金率，用 r_d（Legel Reserve Ratio）表示，商业银行的储备—活期存款比率主要是由法定准备金率决定的，按法定准备金率提留的准备金是法定准备金（Reserve Requirement）。由于商业银行保留存款准备金得不到利息收入，因而商业银行不愿意保存过多的超额准备金（即超过法定准备金要求的准备金，可用 ER 表示（Excess Reserve）），超额准备金与存款的比率即为超额准备金率（可用 r_e 来表示），用公式来表示，就是：

法定准备金率：$r_d = \dfrac{R_d}{D}$

超额准备金率：$r_e = \dfrac{R_e}{D}$

3. 基础货币

基础货币，又称高能货币（High Powered Money）是指流通中的通货与银行体系的储备之总和。银行储备由两个部分构成：一部分是银行体系的法定存款储备金，属于法定储备，保存在中央银行，没有利息；另一部分是银行的超额准备金，属于超额储备，它保存在商业银行的金库中，是银行的库存现金。如果用 H 表示基础货币，R_d 表示法定准备金，R_e 表示超额准备金，则有 $H = C + R_d + R_e$。

基础货币是货币供给的基础，是一国的银根。它是商业银行借以扩张货币供给的基础，即基础货币的变化，将会引起货币供给成倍地变化。

4. 商业银行的货币创造

假定：第一，法定准备金率为 20%；第二，银行不保留超额准备金；第三，没有现金从银行体系中流失出去，即通货比率 $R_C = 0$。

再假定银行客户会将其一切货币收入以活期存款形式存入银行。在这种情况下，中央银行购买增发的 100 万美元基础货币为甲企业所持有。甲企业将 100 万美元存入自己有账户的 A 银行，A 银行按 20% 的法定准备金率保留 20 万美元作为准备金存入中央银行，其余 80 万美元全部贷给企业乙。企业乙得到这笔从 A 银行开来的支票存款后留下 16 万美元作为准备金存入中央银行，然后再贷放出 64 万美元贷给企业丙……商业银行的创造存款过程可概括为：

	存款	贷款
第 1 次：	100	$100(1-20\%)$
第 2 次：	$100(1-20\%)$	$100(1-20\%)^2$
第 3 次：	$100(1-20\%)^2$	$100(1-20\%)^3$
⋮		
第 $n+1$ 次：	$100(1-20\%)^n$	$100(1-20\%)^{n+1}$

银行吸收的存款总额

$$= 100 + 100(1-20\%) + 100(1-20\%)^2 + \cdots + 100(1-20\%)^n$$
$$= 100[1 + (1-20\%) + (1-20\%)^2 + (1-20\%)^3 + \cdots + (1-20\%)^n]$$
$$= 100 \times 1/[1-(1-20\%)] = 500 （万美元）$$

这样，增发 100 万美元基础货币创造 500 万美元的货币供给量。

值得注意的是，货币乘数是一把"双刃剑"，若中央银行通过出售债券收缩银根时，在法定准备金的要求下，银行存款将发生多倍收缩，即银行存款的多倍扩张的连锁反应也会发生相反的作用。

5. 货币乘数

货币乘数（Money Multiplier），又称货币创造乘数（Money Creation Multiplier）。从上例分析商业银行创造存款的过程可以发现，商业银行在存贷活动中具有创造存款的能力，而且其创造存款的能力同法定存款准备金率互为倒数。

货币乘数 = 1/法定存款准备金率

货币总额 = 原始存款 × 货币乘数

四、货币政策及其工具

1. 货币政策的一般分析

货币政策就是中央银行改变货币供给量以影响国民收入和利率的政策。财政政策与货币政策二者的不同之处在于，财政政策是直接影响社会总需求的规模，中间不需要任何变量，而货币政策则是通过货币当局货币供给量的变化来调节利率进而间接地调节总需求；因而货币政策是间接地发挥作用的。

货币政策一般也分为扩张性的货币政策和紧缩性的货币政策两大类。所谓扩张性货币政策是指货币当局（中央银行）通过增加货币供给以刺激社会总需求水平。货币供给增加时，利率会降低，利率的下降会刺激投资水平和消费水平，从而使社会总需求水平上升，因此经济衰退或萧条时多采用扩张性货币政策。而紧缩性货币政策是指货币当局通过削减货币供给的增长来降低社会总需求水平。货币供给减少时，利率会上升，利率上升会使投资水平和消费水平一定程度的收缩，从而使整体需求水平相应下降，因此，在经济过热或繁荣时期，多采用紧缩性货币政策。如图 12 - 5 所示。

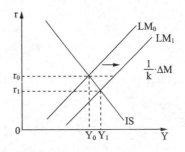

图 12 - 5　货币政策的一般分析（以增加货币供给量为例）

在图 12 - 5 中，增加货币供给量 ΔM，LM 曲线向右移，导致均衡利率下降（由 r_0 下降至 r_1），均衡国民收入增加（由 Y_0 增加到 Y_1）。

所以，IS - LM 分析中的一般预测是，货币供给量增加导致利率下降和国民收入水平上升；反之，货币供给量减少导致利率上升和国民收入水平下降。

2. 货币政策工具

中央银行一般通过公开市场业务、调整再贴现率和改变法定存款准备金率这三种主要的货币政策工具来改变货币供给量，以达到宏观经济调控的目标。

（1）公开市场业务（Open Market Operation）。这是目前中央银行控制货币供给量最重要也是最常用的工具。所谓的公开市场业务是指中央银行在金融市场上公开买卖政府债券，以控制货币供给和利率的政策行为。中央银行在金融市场上公开买进或卖出政府债券，通过扩大或缩减商业银行存款准备金，从而导致货币供给量的增减和利率的变化，最终决定物价和就业水平。

公开市场业务过程大致如下：当经济过热时，即中央银行认为市场上货币供给量过多，出现通货膨胀，便在公开市场上出售政府债券，承购政府债券的既可能是各商业银行，也可能是个人或公司。当商业银行购买政府债券后，准备金会减少，可以贷款的数量也减少。通过货币乘数的作用，整个社会的货币供给量将会成倍数减少。反之，如果经济萧条时，市场上出现银根紧缩，这时中央银行可在公开市场上买进政府债券，商业银行通过政府的购买增加了准备金，个人或公司出售债券所得现金也会存入银行。这样，各商业银行的准备金即可增加，银行的贷款能力也可以扩大，再通过货币乘数的作用，整个市场的货币供给量成倍数增加。同时，中央银行买卖政府债券的行为，也会引起债券市场上需求和供给的变化，进而会影响到债券价格和市场利率。有价证券市场是一个竞争性市场，证券价格由供求双方决定。当中央银行购买证券时，证券的需求就增加，证券的价格也随之上升，从而利率下降，利率的下降又会使投资和消费需求上升，从而刺激经济，增加国民收入；反之亦然。因此，中央银行可以通过公开市场业务增加或减少货币供给量，以实现宏观经济调控的目的。因此，公开市场业务是货币政策的工具之一。

（2）调整再贴现率。贴现和再贴现是商业银行和中央银行的业务活动之一，一般商业银行的贴现是指客户持有未到期票据，因急需使用资金，而将这些票据出售给商业银行，兑现现款以获得短期融资的行为。商业银行在用现金购进未到期票据时，可按该票据到期值的一定百分比作为利息预先扣除，这个百分比就叫作贴现率。商业银行再将贴现后的票据保持到票据规定的时间向票据原发行单位自然兑现。但是，商业银行若因储备金临时不足等原因急需现金时，则商业银行可以将这些已贴现的但仍未到期的票据售给中央银行，请求再贴现。中央银行作为银行的银行，有义务帮助解决银行的流动性问题。这样，中央银行从商业银行手中买进已贴现了的但仍未到期的银行票据的活动就称为再贴现。并且在再贴现时同样要预先扣除一定百分比的利息作为代价，这种利息就叫作中央银行对商业银行的贴现率，即再贴现率。这就是再贴现率的本意。但在当前的美国，商业银行主要不再用商业票据而是用政府债券作为担保向中央银行借款，所以现在都把中央银行给商业银行及其他金融机构的借款称为"贴现"，相应的放款利率都称为"贴现率"。

中央银行通过变动再贴现率可以调节货币供给量。若中央银行感到市场上银根紧缩、货币供给量不足时，便可以降低再贴现率，商业银行向中央银行的"贴现"就会增加，从而使商业银行的准备金增加，可贷出去的现金增加，通过货币乘数的作用使整个社会货币供给量成倍数增加。反之，若市场上银根松弛，货币供给量过多，中央银行可以提高再贴现率，商业银行就会减少向中央银行的"贴现"，于是商业银行的准备金减少，可贷出去的现金也减少，通过货币乘数的作用，社会上的货币供给量将成倍数减少。

中央银行调整贴现率对货币供给量的影响不是很大，实际上中央银行调整贴现率更多的是要表达自己的意图，而不是要发挥调整贴现率对货币供给量的直接影响作用。

（3）改变法定存款准备金率。中央银行有权在一定范围内调整法定准备金比率，从而影响货币供给量。在经济萧条时，为刺激经济的复苏，中央银行可以降低法定准备金率。在商业银行不保留超额储备的条件下，法定准备金率的下降将给商业银行带来多余的储备，使它们得以增加贷款。这样，商业银行的存款和贷款将发生一轮一轮的增加，导致货币供给量的增加。货币供给量的增加又会降低利率，从而刺激投资的增加，最终引起国民收入水平成倍数增加。反之，在经济过热时，中央银行可用提高法定准备金率的方法减少货币供给，以抑制投资的增长，减轻通货膨胀的压力。

在以上三大主要货币政策工具中，从理论上说，调整法定准备金率是中央银行调整货币供给最简单的办法。但由于法定准备金率的变动，在短期内会导致较大幅度的货币扩张或收缩，引起宏观经济活动的震动，其作用十分猛烈，因而这一政策手段在实践中很少使用。调整再贴现率政策除了上述所讲的期限短等限制外，还有它在实行过程中比较被动的缺点。这是因为，中央银行可以通过降低再贴现率使商业银行来借款，但它不能强迫商业银行来借款。若商业银行不向中央银行借款，或借款数量很小，则再贴现率政策执行效果就不明显。尽管再贴现率政策对银行的影响较小，但实施再贴现率政策的意义却重大，这是因为，实施再贴现率政策是利率变化和信贷松紧的信号。一般来说，在贴现率变化以后，银行的利率也随之改变。

公开市场业务与上述两项货币政策工具相比有下述优点：第一，公开市场业务可以按任何规模进行，中央银行既可以大量地也可以少量地买卖政府债券，使货币供给量发生较大的或迅速的变化。第二，公开市场业务比较主动和灵活，而且可以连续进行。在公开市场业务中，中央银行根据经济情况的需要可自由决定有价证券的数量、时间和方向，即使中央银行有时会出现某些政策失误，也可以及时纠正。第三，公开市场业务还可以比较准确地预测出其对货币供给的影响。一旦买进或卖出一定数量金额的证券，就可以根据货币乘数估计出货币供给量增加或减少了多少。基于上述原因，公开市场业务就成为中央银行控制货币供给量最重要、最常用的工具。

除了上述三种调节货币供给量的主要工具外，中央银行还有其他一些次要的货币政策工具。例如道义上的劝告以及"垫头规定"的局部控制。

五、货币政策的效果

所谓的货币政策效果是指变动货币供给量的政策对国民收入水平变动的影响。国民收入水平变动大，货币政策的效果就强。国民收入水平变动小，货币政策的效果就弱。在 IS－LM 模型中，由于货币供给量的变动是通过 LM 曲线的移动来反映的，因而，货币政策效果的强弱就可以用既定斜率的 LM 曲线在横轴上移动的距离的大小来衡量。从 IS 和 LM 图形看，这种距离的大小，同样也是取决于 IS 曲线的斜率和 LM 曲线的斜率。

1. 货币政策效果因 IS 曲线的斜率而异

在 LM 曲线斜率不变时，若 IS 曲线越平坦，一定货币供给量的变动引起的 LM 曲线的移动对国民收入水平变动的影响就越大，货币政策的效果就越强。反之，若 IS 曲线越陡峭，一定货币供给量的变动引起的 LM 曲线的移动对国民收入水平变动的影响就越小，货币政策的效果也就越弱。如图 12－6（a）和图 12－6（b）所示。

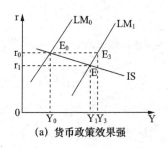 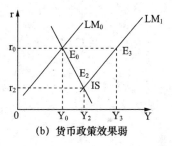

(a) 货币政策效果强　　　　　　(b) 货币政策效果弱

图 12－6　货币政策效果与 IS 曲线关系

在图 12－6（a）和图 12－6（b）中，LM 曲线的斜率是相同的，只是 IS 曲线的斜率不同。假定初始的均衡国民收入水平 Y_0 和利率 r_0 都相同。当中央银行实行扩张性货币政策，增加同样一笔货币供给量时，这两种情况下的国民收入的变动却不同，分别是 Y_0Y_1 与 Y_0Y_2，且有 $Y_0Y_1 > Y_0Y_2$。为什么会有如此差异呢？这是因为，IS 曲线的斜率不同，即投资需求的利率弹性不同（尽管 IS 曲线的斜率还受边际消费倾向 β 的影响，但边际消费倾向一般被认为是较稳定的，故 IS 曲线的斜率就主要取决于投资需求的利率弹性 d）。IS 曲线斜率越小，即 IS 曲线越平坦，表示投资需求的利率弹性 d 就越大，即利率变动一定幅度所引起的投资变动的幅度越大。因此，当中央银行实行扩张性货币政策使 LM 曲线向右移动时，随着利率的下降，投资需求增加得就较多，从而国民收入水平增加得也较多，货币政策的效果就较强。反之，IS 曲线的斜率越大，IS 曲线越陡峭，表示投资需求的利率弹性 d 较小，当扩张性货币政策使 LM 曲线向右移动时，随着利率的下降，投资需求增加量就较少，从而国民收入水平增加量也较少，货币政策的效果就较弱。

2. 货币政策效果因 LM 曲线斜率而异

在 IS 曲线斜率不变时，LM 曲线越平坦，由于货币供给量的变动引起 LM 曲线移动对国民收入水平变动的影响就越小，货币政策的效果就越小；反之，则货币政策的效果就越大。如图 12 - 7（a）和图 12 - 7（b）所示。

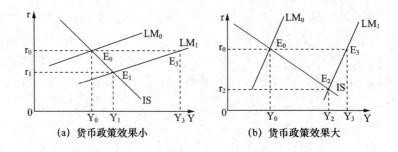

(a) 货币政策效果小   (b) 货币政策效果大

图 12 - 7　货币政策效果与 IM 曲线关系

在图 12 - 7（a）和图 12 - 7（b）中，IS 曲线斜率是相同的，只是 LM 曲线的斜率不同。对于相同的货币扩张，这两种情况下的国民收入水平的变动量不同：图 12 - 7（a）中 Y_0Y_1 小于图 12 - 7（b）中 Y_0Y_2，究其原因：图 12 - 7（a）中 LM 曲线较平坦，图 12 - 7（b）中 LM 曲线较陡峭。LM 曲线较平坦，表示货币需求的利率弹性大（同理，当货币需求的收入弹性 k 较小时，也会使 LM 曲线较平坦，但 LM 曲线的斜率主要决定于货币需求的利率弹性 h），即利率稍有变动就会使货币需求变动很多。反过来说，就是货币供给量变动对利率变动的作用较小。因此，同样的货币供给量增加时，由于货币需求的利率弹性 h 较大，则利率下降较少，从而使投资与国民收入水平增加得也较少，货币政策的效果就较弱。反之，若 LM 曲线较陡峭，表示货币需求的利率弹性小，因此，增加同样的货币供给量会使利率下降较多，从而引起投资与国民收入水平增加得较多，货币政策的效果较强。

总之，当 IS 曲线的斜率较小，同时 LM 曲线的斜率较大，即 IS 曲线较平坦，

LM 曲线较陡峭时，货币政策效果就较强；反之，货币政策的效果就较弱。

【案例】

道义劝告在美国货币政策中的应用

道义劝告，又称"道德规劝"，出自《圣经新约》，原意是指传教士对广大信徒进行道德说教，规劝他们笃信上帝，皈依基督教。世界上最古老的中央银行——英格兰银行在 18 世纪的商业银行管理中就开始使用"道义劝告"一词。当时，不仅英格兰银行缺乏独立性，受政治和宗教势力操纵，而且社会民众依据宗教教义，普遍视银行为赚取不义之财的"钱商"。因此他们认为，英格兰银行作为王室机构，应该对商业银行在道义上进行规劝，促使其降低贷款利率，使借款者免受"高利贷"的盘剥。

20 世纪 30 年代后，凯恩斯主义成为西方经济学中的主流学派，凯恩斯以及后来的货币学派对中央银行货币政策工具进行了总结，明确将道义劝告同贴现率、公开市场业务和法定准备金率并列为货币政策的四大工具。道义劝告在美联储货币政策执行和银行业管理中占有重要地位。在美国的银行体系中，美联储采取会员方式。这种会员制的管理方式为道义劝告在中央银行的日常管理和政策执行中发挥指导作用奠定了制度基础，受美联储监管的两业银行原则上都应成为联储系统的会员银行，而且联储系统在全英设立的 12 家储备银行均被成员银行以控股形式拥有，这种方式不仅将监管者和被监管者的利益集于一身，而且利益纽带增加了联储银行和会员银行之间的日常接触机会。

在 20 世纪 80 年代的金融市场电子化之前，美联储最常使用的道义劝告形式是茶会。由美联储官员用电话邀请商业银行的负责人到美联储银行的办公室地点共进茶点和咖啡，借以交接情况，同时宣讲有关政策，督促商业银行认真地执行联储制定的货币政策。20 世纪 80 年代以后，金融市场掀起了电子化浪潮，信息技术在美国银行体系中得到广泛普及，为美联储使用道义劝告手段执行货币政策提供了有力的支持。

按 1978 年的《充分就业和平衡预算增长法案》的要求，美联储主席在公开市场业务委员会开会之后要接受国会金融委员会的听证。进入 20 世纪 80 年代以后，美联储主席的听证会要通过官方的电视直播，此举扩大了道义劝告在广大投资者和公众中的影响力。《里格—尼尔法案》实施后，国会还对美联储主席举行监督听证会。在新的形势下，美联储进行道义劝告除了使用固有的公开言论方式外，越来越多地借助另一重要渠道——金融行业的中介组织。据不完全统计，截至 2000 年，美国登记的各级、各类领域中的金融中介机构共有 300 余家，他们在上起国会、下至居民社区的广泛领域内，忠实地代表现存企业利益，严格控制新企业的市场准入，同时在金融系统内部发挥自律作用。这些中介机构通过驻首都和州政府的代表机构，同联邦和州政府的监管部门保持良好的沟通和联系。美联储官员利用各种时机和场合，参加这些中介机构组织的活动，届时发表公开言论，对这些机构的会员银行施加影响。道义劝告通过多条途径，发挥了其他三大货币政策工具所无法替代的作用。以至于银行业内人士将道义劝告称为与"公开市场"（Open Market）相提并论的另一项业务——"张嘴说话"（Open Mouth）。

蝉联三任期的美联储主席格林斯潘将道义劝告与公开市场业务相结合，根据经济增长情况适时调节信贷水平，有效地遏制了通货膨胀。格林斯潘的具体做法：利用银行业及金融市场电子化和网络化的特点，在公开市场业务委员会举行会议的前后一段时间内，针对商业银行信贷水平乃至整个金融系统的运行状况发表公开讲话，敦促银行系统的信贷政策向美联储指定的目标靠拢。

在网络泡沫的 1999 年，格林斯潘频繁现身公共媒体（全年达 30 多次），对股市泡沫表示担忧，格林斯潘在当年第三季度的国会听证会上，对处于历史高位的股票市场发出了"非理性繁荣"的著名警告，在国际金融市场上引起了巨大反响，成为道义劝告的经典案例。

案例来源：高钧：《中国金融》2003 年第 6 期。

第四节 宏观经济政策的运用

一、宏观经济政策的选择

究竟选择哪一种政策更有利呢，这涉及许多因素。这里我们以扩张性财政政策与扩张性货币政策为例，通过分析两者对社会经济产生不同的影响来说明这一问题。

从 IS - LM 模型的分析中我们可以看出，扩张性财政政策和扩张性货币政策都可以扩大总需求，增加国民收入，但它们对利率的作用方向却不同。扩张性财政政策会使利率水平上升，而扩张性货币政策会使利率水平下降。正是由于二者对利率作用的方向不同，从而导致总需求内部结构不同。

在 IS - LM 模型中，扩张性货币政策使 LM 曲线向右移动，使国民收入水平上升和利率水平下降，随着国民收入的增加，人们的可支配收入上升，消费需求也相应增加。同时，由于利率水平的下降，也有利于投资需求的增加，尤其是与利率关系密切的住房投资更是如此。因此，扩张性货币政策会使总需求中的消费需求和投资需求增加。

上述两种政策对社会经济的影响如表 12 - 1 所示。

表 12 - 1　财政政策和货币政策对经济的影响

政策工具		国民收入	利率	消费	投资
扩张性货币政策		增加	下降	增加	增加
扩张性财政政策	1. 增加政府购买支出	增加	提高	增加	减少
	2. 减税	增加	提高	增加	减少
	3. 增加转移支付	增加	提高	增加	减少
	4. 投资津贴	增加	提高	增加	增加

由表 12 - 1 可见，由于不同的政策对社会总需求的影响不同，因而，决策者在决定选择哪种政策时，首先要考虑产生社会总需求不足的主要原因是什么，然后对症下药，以促使经济回升。

二、两种政策的混合使用

当经济萧条时可以把扩张性财政政策与扩张性货币政策混合使用，这样能更有力地刺激经济。扩张性财政政策使总需求增加但提高了利率水平，采用扩张性货币政策就可以抑制利率的上升，以消除或减少扩张性财政政策的"挤出效应"，使总需求增加。

当经济出现严重通货膨胀时，可实行"双紧"组合，即采用紧缩性财政政策与紧缩性货币政策来降低需求，抑制通货膨胀。一方面采用紧缩性的财政政策，从需求方面抑制了通货膨胀；另一方面又采用紧缩性货币政策，从货币供给量方面抑制通货膨胀。由于紧缩性财政政策在抑制总需求的同时会使利率下降，而紧缩性货币政策会使利率上升，从而不使利率的下降起到刺激总需求的作用。

当经济萧条但又不太严重时，可采用扩张性财政政策与紧缩性货币政策相混合。这样做是为了在刺激总需求的同时又能抑制通货膨胀，这种混合的结果往往是对增加总需求的作用不确定，但却使利率上升。当经济中出现通货膨胀又不太严重时，可采用紧缩性财政政策与扩张性货币政策相配合，用紧缩性财政政策压缩总需求，又用扩张性货币政策降低利率，以免财政过度紧缩而引起衰退。

应用 IS - LM 模型，可以分析宏观经济政策各种混合使用的政策效应。如表 12 - 2 所示。

表 12 – 2　宏观经济政策的混合

政策混合	产出	利率
1. 扩张性财政政策和紧缩性货币政策	不确定	上升
2. 紧缩性财政政策和紧缩性货币政策	减少	不确定
3. 紧缩性财政政策和扩张性货币政策	不确定	下降
4. 扩张性财政政策和扩张性货币政策	增加	不确定

三、相机抉择

相机抉择是指政府在运用宏观经济政策来调节经济时，可以根据市场情况和各项调节措施的特点，机动地决定和选择究竟应采取哪一种或哪几种政策措施。

宏观财政政策与宏观货币政策各有自己的特点。它们起作用的猛烈程度不同，例如，政府支出的增加与法定准备金率的调整的作用都比较猛烈；税收政策与公开市场业务的作用都比较缓慢；政策效应的时延不一样，例如，货币政策可以由中央银行决定，作用快一些；财政政策从提案到议会讨论、通过，要经过一段相当长的时间；政策发生影响的范围大小不一样，例如，政府支出政策影响的面就大一些，公开市场业务影响的面则小一些；政策受到阻力的大小也不同，例如增税与减少政府支出遇到的阻力较大，而货币政策一般说来遇到的阻力较小。因此，在需要进行调节时，究竟应采取哪一项政策或者如何对不同的政策手段进行搭配使用，并没有一个固定不变的模式，政府应根据不同的情况，灵活地决定。

这种对政策的配合在于要根据不同的经济形势采取不同的政策，例如，在经济发生严重的衰退时，就不能运用作用缓慢的政策，而是要运用作用较猛烈的政策，如紧急增加政府支出，或举办公共工程；相反，当经济开始出现衰退的苗头时，不能用作用猛烈的政策，而要采用一些作用缓慢的政策，例如有计划地在金融市场上收购债券以便缓慢地增加货币供给量，降低利息率。

相机抉择的实质是灵活地运用各种政策，所包括的范围相当广泛。例如，在什么情况下不采用政策措施，可以依靠经济本身的机制自发地调节；在什么情况下必须采用政策措施；等等。这些都属于运用政策的技巧。

四、宏观经济政策实施中的困难

宏观经济政策的实施中会遇到各种困难。这些困难主要是：

1. 政策时延问题

任何一项政策，从决策到在经济中达到预期的目标都会有一定的时间间隔，这种时间间隔就叫政策时延。这种政策时延的长短，对政策能否达到预期的目标有重要的影响。

政策时延可以分为内在时延与外在时延。内在时延是指从经济中发生了引起不稳定的变动到决策者制定出适当的经济政策并付诸实施之间的时间间隔。其中包括从经济中发生了引起不稳定的变动到决策者认识到有必要采取某种政策的认识时延、从认识到有必要采取某种政策到实际做出决策的决策时延、从做出决策到政策付诸实施的实施时延。外在时延是指从政策实施到政策在经济中完全发生作用，达到预期目标之间的时间间隔。

各种宏观经济政策的时延是不同的。一般来说，财政政策从决策、议会批准到实施，需要经过许多中间环节，内在时延较长，但其作用比较直接，见效快，外在时延较短。货币政策由中央银行直接决定，所经过的中间环节少，内在时延较短，但它的作用比较间接，外在时延就较长。缩短政策时延，使政策更快地发挥作用是十分必要的。但是时延是客观存在的，无法消除。这样，在决定政策时一定要考虑到各种政策的时延，以免政策无法达到预定的目标。

2. 预期对政策效应的影响

政策的效应如何，还要受到公众对政策本身和经济形势预期的影响。如果公众认为政策的变动只是暂时的，从而不对政策做出反应，那么，政策就很难达到预期的目标。例如，如果公众认为某次减税只是暂时的、一次性的，那么，他们就不会由于这次减税增加消费或投资，从而减税也就起不到刺激总需求的作用。再假定，如果公众认为未来的经济会发生严重衰退，这样，即使政府减税，公众也不会增加消费或投资，减税也起不到刺激总需求的作用。只有公众认为政策是一种长期的政策，并与政府有大致相近的经济预期时，才会配合政策，使政策发挥作用，达到预期的效应。但要使公众能做出正确的预期，自动配合政府又是困难的，这就使政策在实施中有时得不到公众的配合，从而使政策难以完全达到预期的目标。

3. 非经济因素对政策的影响

经济政策不是孤立的，它要受到许多因素，特别是国内外政治因素的影响。因此制定政策时应考虑的不仅有经济因素，而且有政治因素，有时政治因素比经济因素还重要。例如，在大选前夕，尽管经济中已出现通货膨胀，但本届总统为了连选连任，一般不会采取紧缩性政策。因为紧缩性政策会使失业增加，经济萧条会给他的当选带来不利的影响。另外在政策的实施中也会由于各种因素的影响，而使政策难以达到预期的目标。例如，减少政府支出的政策会遇到被减少了订货的企业集团与工人以及接受政府补助的穷人的反对或抵制。政府出于政治上的考虑，也会中止或减少这种政策，从而使原定政策难以达到预定的目标。此外，国际政治关系的变动，某些重大事件的发生，甚至意想不到的自然灾害，都会影响政策的实施与效应。

以上问题说明，运用宏观政策来调节经济并不是一件轻而易举的事。如何结合实际情况运用各种宏观经济政策，的确是一门艺术。

本章小结

通过本章的学习使学生了解和掌握宏观经济学理论在实际经济中的应用，进一步明白学习宏观经济学的意义。要求学生熟悉财政政策以及货币政策的内容、工具，并能够利用财政政策和货币政策，针对国民经济中的一些经济现象，给出对策。本章的主要内容包括：

1. 宏观经济政策的最终目标，理解失业、通货膨胀、经济增长、国际收支平衡等概念

现在一般经济学家都认为，宏观经济政策应该同时达到四个目标：充分就业、物价稳定、经济增长、国际收支平衡。充分就业并不是人人都有工作，而是维持一定的失业率，这个失业率要在社会可允许的范围之内，能为社会所接受。物价稳定是指物价总水平的稳定。经济增长是指在一个特定时期内经济社会所生产的人均产量和人均收入的持续增长。国际收支平衡的目标要求做到汇率稳定，外汇储备有所增加，进出口平衡。

2. 财政政策的范围、工具，理解财政政策的机制、效果

财政政策是政府变动税收和支出以便影响总需求进而影响就业和国民收入的政策。财政政策的主要类型是税收政策和政府支出。当 IS 曲线平坦而 LM 曲线陡峭时，表明投资的利率弹性较大，扩张性的财政政策使利率上升时，会使私人投资下降很多，即"挤出效应"较大，财政政策效果较小；反之，当 IS 曲线陡峭而 LM 曲线平坦时，表明投资的利率弹性较小，扩张性的财政政策的"挤出效应"小，财政政策效果较大。

3. 货币政策的范围、工具，理解货币政策的机制、效果

货币政策是中央银行通过银行体系变动货币供给量来调节总需求的政策。货币政策的主要工具是公开市场业务、调整再贴现率和改变法定存款准备金率这三种。当 IS 曲线的斜率较小，同时 LM 曲线的斜率较大，即 IS 曲线较平坦，LM 曲

线较陡峭时，货币政策效果就较强；反之，货币政策的效果就较弱。

4. 学会使用 IS－LM 模型来分析财政政策和货币政策的作用

从 IS－LM 模型的分析中我们可以看出，扩张性的财政政策和扩张性的货币政策都可以扩大总需求，增加国民收入，但它们对利率的作用方向却不同。扩张性财政政策会使利率水平上升，而扩张性货币政策会使利率水平下降。正是由于二者对利率作用的方向不同，从而导致总需求内部结构不同。因此，决策者在决定选择哪种政策时，首先要考虑产生社会总需求不足的主要原因是什么，然后对症下药，以促使经济回升。

基本概念

充分就业　财政政策　货币政策　自动稳定器　挤出效应　基础货币　货币乘数　公开市场业务　法定准备金率

复习思考题

一、单项选择题

1. 不影响货币需求的因素是（　　）。

A. 一般物价水平 　　　　　　　B. 银行利率水平

C. 公众支付习惯 　　　　　　　D. 物品和劳务的相对价格

E. 收入水平

2. 某居民预料债券价格将要下跌而把货币保留在手中，这种行为是出于（　　）。

A. 交易动机 　　　　　　　　　B. 预防动机

C. 投机动机 　　　　　　　　　D. 保值动机

3. 凯恩斯的货币交易需求函数表达式为（　　）。

A. $L = f(P)$ 　　　　　　　　　B. $L = f(Y)$

C. $L = f(r)$ 　　　　　　　　　D. $L = f(N)$

E. $L = f(Y, r)$

4. 宏观经济政策的目标是（　　）。

A. 充分就业和物价稳定

B. 物价稳定和经济增长

C. 同时实现充分就业、物价稳定、经济增长和国际收支平衡

D. 充分就业和公平

5. LM 曲线是收入和利率的各种组合，它的条件是（　　）。

A. 收入—支出均衡　　　　　　　　B. 储蓄—投资均衡

C. 货币供给—货币需求均衡　　　　D. 总供给—总需求均衡

E. 出口—进口均衡

6. 产品市场和货币市场同时均衡的组合有（　　）个。

A. 零　　　　　　　　　　　　　　B. 一

C. 两　　　　　　　　　　　　　　D. 无数

7. 属于紧缩性财政工具的是（　　）。

A. 减少政府支出和减少税收　　　　B. 减少政府支出和增加税收

C. 增加政府支出和减少税收　　　　D. 增加政府支出和增加税收

8. 若中央银行在政府增税的同时减少货币供给，则（　　）。

A. 利率必然上升　　　　　　　　　B. 利率必然下降

C. 均衡的收入水平必然上升　　　　D. 均衡的收入水平必然下降

9. 下列各种资产中流动性最大的是（　　）。

A. 股票　　　　　　　　　　　　　B. 名画

C. 长期国债　　　　　　　　　　　D. 活期存款

10. 银行创造货币的做法是（　　）。

A. 把超额准备金作为贷款放出　　　B. 出售自己的部分投资证券

C. 增加自己的准备金　　　　　　　D. 印刷更多的支票

11. 如果银行把存款中的10%作为准备金，居民户和企业把存款中的20%作为通货持有，则货币乘数是（　　）。

A. 2.8　　　　　　　　　　　　　B. 3

C. 4　　　　　　　　　　　　　　D. 10

12. 实际货币量等于（　　）。

A. 实际国民生产总值除以名义货币量　B. 名义货币量除以物价水平

C. 名义货币量减实际国民生产总值　　D. 名义货币量减物价水平

二、问答题

1. 什么是货币需求？人们持有货币的三种主要动机是什么？

2. 不在 IS 曲线和 LM 曲线交点上的非均衡点，能否走向均衡？

3. IS 和 LM 两条曲线相交时的均衡收入是否就是充分就业的国民收入？为什么？

4. 何谓自动稳定器？说明它对缓和经济波动的作用。

5. 什么是财政政策的"挤出效应"，它受哪些因素影响？

6. 什么是公开市场业务？与其他货币政策工具相比它有什么优点？

三、计算题

1. 已知货币需求 $M_d/P = 0.3Y + 100 - 15r$，货币供给 $M_s = 1000$，$P = 1$，请计算：当 M_s 增加到1090时，LM 曲线如何移动？移动多少？

2. 已知消费函数 $C = 300 - 0.8Y^d$，投资函数 $I = 200 - 15r$，净出口函数 $X - M = 100 +$

0.04Y – 5r，货币需求 L = 0.5Y – 20r，政府支出 G = 200，税收 T = 0.3，名义货币供给为 M = 550，价格水平 P = 1。试求：

（1）IS 方程和 LM 方程。

（2）两市场同时均衡时的收入和利率。

（3）两市场同时均衡时的消费、投资、税收和净出口值。

第 十 三 章

失业与通货膨胀理论

从上一章可以看出，总需求曲线和总供给曲线未必相交于充分就业点，即使两者偶然相交于充分就业点，两者的移动也将造成失业或者通货膨胀。因此，失业与通货膨胀是各国经济面对的一个主要问题，同时也是宏观经济学研究的一个主要问题。失业与通货膨胀理论运用国民收入决定理论，分析失业与通货膨胀的原因及其相互关系，从而为解决这些问题，制定相关的政策提供一个理论基础。

第一节　失业的经济学解释

一、失业与充分就业

失业是指有劳动能力的人找不到工作的社会现象。凡在一定年龄范围内愿意工作而没有工作，并正在寻找工作的人都是失业者。按《现代经济学词典》的解释，失业是"所有那些未曾受雇，以及正在调往新工作岗位或未能按当时通行的实际工资率找到工作的人"。就业者和失业者的总和，称为劳动力。失业者占劳动力的百分比称为失业率。

各国对工作年龄和失业的范围都有不同的规定。在美国，工作年龄是 16~65 岁。属于失业范围的人包括：第一，新加入劳动力队伍第一次寻找工作，或重新加入劳动力队伍正在寻找工作已达 4 周以上的人。第二，为了寻找其他工作而离职，在找工作期间作为失业者登记注册的人。第三，被暂时辞退并等待重返工作岗位而连续七天未得到工资的人。第四，被企业解雇而且无法回到原工作岗位的人，即非自愿离职者。

衡量一个经济中失业状况的最基本指标是失业率。失业率是失业人数占劳动力总数的百分比，用公式表示为：

$$失业率 = \frac{失业人数}{劳动力总数} \times 100\%$$

失业人数指属于上述失业范围，并到有关部门登记注册的失业者人数。劳动力总数指失业人数与就业人数之和。各国失业率的统计方法也略有不同。

充分就业并非人人都有工作。失业可以分为由于需求不足而造成的周期性失业，与由于经济中某些难以克服的原因而造成的自然失业。消灭了周期性失业时的就业状态就是充分就业。充分就业与自然失业的存在并不矛盾。实现了充分就业时的失业率称为自然失业率、充分就业的失业率，或长期均衡的失业率。

充分就业时仍然有一定的失业。这是因为，经济中有些造成失业的原因（如劳动力的流动等）是难以克服的，劳动市场总不是十分完善的。这种失业的存在不仅是必然的，而且还是必要的。因为这种失业的存在，能使失业者作为劳动后备军随时满足经济对劳动的需求，能作为一种对就业者的"威胁"而迫使就业者提高生产效率。此外，各种福利支出（失业补助、贫困补助等）的存在，也使得一定失业水平的存在不会成为影响社会安定的因素，是社会可以接受的。

自然失业率的高低，取决于劳动市场的完善程度、经济状况等各种因素。自然失业率由各国政府根据实际情况确定。各国在各个时期所确定的自然失业率都不同。

二、失业的分类

失业是指有劳动能力的人找不到工作的社会现象。所有那些未曾受雇以及正在变换工作岗位或未能按当时通行的实际工资率找到工作的人都是失业者。

一般说来，失业按其原因可分以下几类：

（1）摩擦性失业指经济中由于正常的劳动力流动而引起的失业。经济中劳动力的流动是正常的，所以，这种失业的存在也是正常的。一般还把新加入劳动力队伍正在寻找工作而造成的失业，也归入摩擦性失业的范围之内。

（2）季节性失业指随着季节变化而变化的失业。如农业、旅游业和农产品加工业对劳动的需求有季节性，在需求进入淡季时，就会存在失业。季节性失业也被看作是一种"正常"的失业。

（3）结构性失业指由于劳动者缺乏新创造出来的工作机会所要求的技能而产生的失业。如产业兴衰、技术进步所引起的失业，都属于结构性失业。这是由于劳动力市场结构的特点，劳动力的流动不能适应劳动力需求变动所引起的失业。在这种情况下，往往是"失业与空位"并存，即一方面存在着有工作无人做的"空位"，另一方面又存在着有人无工作的"失业"。这种失业的根源在于劳动力市场的结构特点。

（4）周期性失业。周期性失业又称需求不足的失业，也就是凯恩斯所说的非自愿失业。根据凯恩斯的分析，就业水平取决于国民收入水平，而国民收入又取决于总需求。周期性失业是由于总需求不足而引起的短期失业。它一般出现在经济周期的萧条阶段，故称为周期性失业。

凯恩斯所分析的非自愿失业正是这种周期性失业。凯恩斯把总需求分为消费需求与投资需求。他认为，决定消费需求的因素是国民收入水平与边际消费倾向，决定投资需求的是预期的未来利润率（资本边际效率）与利息率水平。他认为，在国民收入既定的情况下，消费需求取决于边际消费倾向。他以边际消费倾向递减规律说明了消费需求不足的原因。这就是说，在增加的收入中，消费也在增加，但消费的增加低于收入的增加，这样就造成了消费不足。投资是为了获得最大纯利润，而这一利润取决于投资预期的利润率（资本边际效率）与为了投资而贷款时所支付的利息率，如果预期的利润率越大于利息率，则纯利润越大，投资越多；反之，如果预期的利润率越小于利息率，则纯利润越小，投资越少。凯恩斯用资本边际效率递减规律说明了预期的利润率是下降的，又说明了由于货币需求（心理上的流动偏好）的存在，利息率的下降有一定的限度，这样，预期利润率与利息率越来越接近，投资需求也是不足的。消费需求的不足与投资需求的不足造成了总需求的不足，从而引起了非自愿失业，即周期性失业。

（5）需求不足型失业。凯恩斯认为，如果一个经济社会的有效需求水平过低，不足以为每一个愿意按现行工资率就业的人提供就业机会，即失业人数超过了以现行工资率为基础的职位空缺，由此产生的失业便是需求不足型失业。

（6）自愿失业。指劳动者不愿意按照现行货币工资水平和工作条件就业而引起的失业。由此可见，非自愿失业或需求不足型失业才是真正的失业，只要非自愿失业或需求不足型失业已消除，就被称为充分就业。各国政府充分就业政策的着眼点，也就是控制或消除需求不足型失业。

（7）隐蔽性失业。除了上述各种失业之外，经济中往往还存在另一种失业：隐蔽性失业。隐蔽性失业是指表面上有工作，实际上对生产并没有做出贡献的人，即有"职"无"工"的人。或者说，这些工人的边际生产力为零。

三、失业的衡量

劳动力 = 就业者人数 + 失业者人数

$$失业率 = \frac{失业者人数}{劳动力总数} \times 100\% = \frac{失业者人数}{就业人数 + 失业人数} \times 100\%$$

劳工统计局用一个调查来提供劳动力参工率的数据。劳动力参工率衡量美国总成年人口中劳动力的百分比：

$$劳动力参工率 = \frac{劳动力}{成年人口} \times 100\%$$

这个基本统计数字告诉我们：人口中选择参与劳动市场的人的比率，与失业率一样，既可以计算整个成年人口的劳动力参工率，也可以计算较小群体的劳动力参工率。

失业率的局限性。第一，凡被支付了报酬的工人都被统计在就业者之中，而不能明确地区分是全日制工作（Full—time job）还是打短工（Part—time job）。第二，在这种估计计算当中还存在劳动者未能充分利用其技能的问题（Under employment）。例如，一个高级专家，由于经济原因，找不到适合的工作，而只是在做简单的工作，实际上他是处于半失业状态之中，这样也可能低估失业率。第三，劳动者可能由于许多客观因素而虚报、谎报就业状况而谋取好处，骗取失业救济金等，这都可能导致计算的不准确。

第二节　失业的影响与奥肯定律

对于个人来说，如果是自愿失业，会给他带来闲暇的享受；但如果是非自愿失业，则会使他的收入减少，从而使生活水平下降。

对社会来说，失业增加了社会福利支出，造成财政困难；同时，失业率过高又会影响社会的安定，带来其他社会问题。从整个经济看，失业在经济上最大的损失就是实际国民收入的减少。失业表明一部分资源没有得到充分利用，愿意工作并且有能力工作的人没有被用于生产，结果产出减少。

失业的损失 = 潜在的 GDP - 实际的 GDP

美国经济学家 A. 奥肯在 20 世纪 60 年代所提出的奥肯定律，正是要说明失业率与实际国民收入增长率之间的关系的。

奥肯定律是说明失业率与实际国民收入增长率之间关系的经验统计规律。这一规律表明，失业率每增加1%，实际国民收入减少2.5%；反之，失业率每减少1%，实际国民收入增加2.5%。在理解这一规律时应该注意：第一，它表明了失业率与实际国民收入增长率之间是反方向变动的关系。第二，失业率与实际国民收入增长率之间 1:2.5 的关系只是一个平均数，是根据经验统计资料得出来的。在不同的时期并不是完全相同。在 20 世纪 60 年代，这一比率是 1:3；在 70 年代，这一比率是 1:2.5~1:2.7；在 80 年代，这一比率是 1:2.5~1:2.9。第三，奥肯定律主要适用于没有实现充分就业的情况，即失业率是周期性失业时的失业率。在实现了充分就业的情况下，自然失业率与实际国民收入增长率的这一关系就要弱得多，一般估算在 1∶0.76 左右。

第三节　通货膨胀及其原因

一、通货膨胀与通货膨胀的衡量

1. 通货膨胀的定义

通货膨胀（Inflation）：一般指物价水平在一定时期内持续普遍的上升过程，或者是说货币价值在一定时期内持续的下降过程。

通货膨胀不是指这种或那种商品及劳务价格的上升，而是指物价总水平的上升。物价总水平或一般物价水平是指所有商品和劳务交易价格总额的加权平均数。这个加权平均数，就是价格指数。价格指数的变动反映一定时期中发生了多大程度的通货膨胀。

2. 通货膨胀的衡量

衡量通货膨胀率的价格指数一般有三种：

（1）消费价格指数（Consumer Price Index，CPI），又称生活费用指数，指通过计算城市居民日常的生活用品和劳务的价格水平变动而得的指数。

一定时期消费价格指数 = 本期价格指数/基期价格指数 × 100%

很多国家选取一揽子消费品和劳务，以它们在消费者支出中的比重为权数来衡量市场价格变动率。例如，美国的 CPI 就选择 265 种商品和劳务。

（2）生产者价格指数（Producer Price Index，PPI），又称批发价格指数，指通过计算生产者在生产过程中所有阶段所获得的产品的价格水平变动而得的指数。这些产品包括产成品和原材料。

例如，在美国，它包括了 3400 种产品，但不包含劳务。

（3）国内生产总值价格折算指数（GDP Deflator），又称 GDP 平减指数，是指当期国内生产总值与基期国内生产总值之比，或者说是名义国内生产总值与实际国内生产总值之比。

这种指数用于修正 GDP 数值，从中去掉通货膨胀因素，其计算对象包括所有计入 GDP 的最终产品与劳务，因而能较全面地反映一般物价水平的变化。但作为厂商和消费者，主要关心与自己有关的物价水平的变化，从中判断自己受通货膨胀的影响有多大。为了满足这种需要，又有了生产者价格指数和消费价格指数。

二、通货膨胀的分类

按照不同的划分标准，西方经济学家把错综复杂的通货膨胀划分成不同的类型。

（1）按照物价上涨速度可分成爬行的通货膨胀、温和的通货膨胀、飞奔的通货膨胀和恶性通货膨胀四类，但要精确划分这四种通货膨胀的数量界限是困难的。

爬行的通货膨胀，一般指年物价上涨速度不超过 2%～3%，同时不存在通货膨胀预期状态。它被看作实现充分就业的一个必要条件，国外所谓通货膨胀有益无害的观点指的就是这种状态。

一般把年物价上涨速度在 3%～10% 的通货膨胀称为温和的通货膨胀。

两位数的年物价上涨速度是飞奔的通货膨胀。

至于恶性通货膨胀，美国经济学家卡根（D. Cagan）将它定义为物价水平以每年 50% 的速度不断上涨。在恶性通货膨胀中，货币完全失去信任，货币购买力猛降，各种正常的经济联系遭到破坏，以至于货币体系和价格体系最后完全崩溃。在严重的情况下，甚至会出现社会动乱。

（2）按照对价格影响的差别加以区分，则存在着两种通货膨胀类型。第一种为平衡的通货膨胀，即每种商品的价格都按相同比例上升。第二种为非平衡的通货膨胀，即各种商品价格的上升比例并不相同。

（3）根据通货膨胀发生的原因来进行分类，可以把通货膨胀分成需求拉上的通货膨胀、成本推进的通货膨胀和结构性通货膨胀三类。把通货膨胀看成由实际因素或货币因素造成的过度需求拉上的，便是需求拉上的通货膨胀；如果认为通货膨胀是由于特定集团，比如工会，行使其市场权力，而使工资率水平提高从而使总供给函数转移所引发的，便属于成本推进的通货膨胀；假如把通货膨胀的起因归之于特定的经济制度、控制系统、信息系统和决策系统的结构因素或这些结构的变化，那么便属于结构性通货膨胀。

（4）根据人们的预料程度加以区分，可以把通货膨胀分为已预期到的通货膨胀和未预期到的通货膨胀。

（5）根据经济模式中市场机制的作用程度作为分类标志，则可以把通货膨胀分为开放性的通货膨胀和抑制性的通货膨胀。

三、通货膨胀的原因

1. 需求拉动的通货膨胀理论

这是从总需求的角度来分析通货膨胀的原因，认为通货膨胀的原因在于总需求过度增长，总供给不足，即"太多的货币追逐较少的货物"，或者是"因为物品与劳务的需求超过按现行价格可得到的供给，所以一般物价水平便上涨"。总之，就是总需求大于总供给所引起的通货膨胀。对于引起总需求过大的原因又有两种解释：其一是凯恩斯主义的解释，强调实际因素对总需求的影响；其二是货币主义的解释，强调货币因素对总需求的影响。与此相应，就有两种需求拉上的通货膨胀理论。

凯恩斯认为，当经济中实现了充分就业时，表明资源已经得到了充分利用。这时，如果总需求仍然增加，就会由于过度总需求的存在而引起通货膨胀。可以用图 13 - 1 来说明。

在图 13 - 1 中，当政府采用扩张性经济政策使 AD 曲线由 AD_0 右移至 AD_1，价格水平就由 P_0 上升至 P_1，产量由 Y_0 增加到 Y_1。

凯恩斯强调了通货膨胀与失业不会并存，通货膨胀是在充分就业实现后产生的。但实际上，在经济中未实现充分就业时，也可能产生通货膨胀。这就是由于在产量增加的同时总需求增加，也会引起通货膨胀。

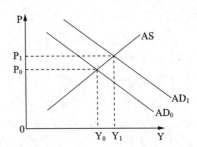

图 13 - 1　需求拉动的通货膨胀

货币主义认为，实际因素即使对总需求有影响也是不重要的，由此所引起的通货膨胀也不可能是持久的。引起总需求过度的根本原因是货币的过量发行。美国经济学家 M. 弗里德曼认为："通货膨胀是发生在货币量增加的速度超过了产量增加速度的情况下，而且每单位产品所配给的货币量增加得愈快，通货膨胀的发展就愈快。"

2. 成本推动的通货膨胀理论

这是从总供给的角度来分析通货膨胀的原因。供给就是生产，根据生产函数，生产取决于成本。因此，从总供给的角度看，引起通货膨胀的原因在于成本的增加。成本的增加意味着只有在高于从前的价格水平时，才能达到与以前同样的产量水平，即总供给曲线向左上方移动。在总需求不变的情况下，总供给曲线向左上方移动使国民收入减少，价格水平上升，这种价格上升就是成本推动的通货膨胀。

引起成本增加的原因并不相同，因此，成本推动的通货膨胀又可以根据其原因的不同而分为以下几种：

（1）工资成本推动的通货膨胀。许多经济学家认为，工资是成本中的主要部分。工资的提高会使生产成本增加，从而价格水平上升。在劳动市场存在着工会的卖方垄断的情况下，工会利用其垄断地位要求提高工资，雇主迫于压力提高了工资之后，就把提高的工资加入成本，提高产品的价格，从而引起通货膨胀。

工资的增加往往是从个别部门开始的，但由于各部门之间工资的攀比行为，个别部门工资的增加往往会导致整个社会的工资水平上升，从而引起普遍的通货膨胀。而且，这种通货膨胀一旦开始，还会形成"工资—物价螺旋式上升"，即工资上升引起物价上升，物价上升又引起工资上升。这样，工资与物价不断互相推动，形成严重的通货膨胀。

（2）利润推动的通货膨胀。又称价格推动的通货膨胀，指市场上具有垄断地位的厂商为了增加利润而提高价格所引起的通货膨胀。在不完全竞争的市场上，具有垄断地位的厂商控制了产品的销售价格，从而就可以提高价格以增加利润。通货膨胀是由于利润的推动而产生的。尤其是在工资增加时，垄断厂商以工资的增加为借口，更大幅度地提高物价，使物价的上升幅度大于工资的上升幅度，其差额就是利润的增加。这种利润的增加使物价上升，形成通货膨胀。

经济学家认为，工资推动和利润推动实际上都是操纵价格的上升，其根源在于经济中的垄断，即工会的垄断形成工资推动，厂商的垄断引起利润推动。

可用图 13 - 2 来这说明上述这种情况。

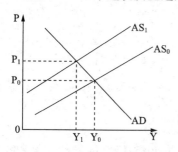

图 13 - 2　成本推动的通货膨胀

在图 13 - 2 中，假定由于工资推动或利润推动的作用而使总供给曲线 AS 由 AS_0 左移至 AS_1，此时，价格水平由 P_0 上升至 P_1，产量由 Y_0 减少到 Y_1。

（3）进口成本推动的通货膨胀。这是指在开放经济中，由于进口的原材料价格上升而引起的通货膨胀。在这种情况下，一国的通货膨胀通过国际贸易渠道而影响到其他国家。例如 20 世纪 70 年代初，西方国家通货膨胀严重的重要原因之一就是世界市场石油价格的大幅度上升。在发生这种通货膨胀时，物价的上升会导致生产减少，从而引起萧条。

与这种通货膨胀相对应的是出口性通货膨胀，即由于出口迅速增加，以致出口生产部门成本增加，国内产品供给不足，引起通货膨胀。

3. 供求混合推动的通货膨胀理论

这种理论把总需求与总供给结合起来分析通货膨胀的原因。许多经济学家认为，通货膨胀的根源不是单一的总需求或总供给，而是这两者共同作用的结果。如果通货膨胀是由需求拉动开始的，即过度需求的存在引起物价上升，这种物价上升又会使工资增加，从而供给成本的增加引起了成本推动的通货膨胀。如果通货膨胀是由成本推动开始的，即成本增加引起物价上升。这时如果没有总需求的相应增加，工资上升最终会减少生产，增加失业，从而使成本推动引起的通货膨胀停止。只有在成本推动的同时，又有总需求的增加，这种通货膨胀才能持续下去。

4. 结构性通货膨胀理论

这种理论从各生产部门之间劳动生产率的差异、劳动市场的结构特征和各生产部门之间收入水平的赶超速度等角度分析了由于经济结构特点而引起通货膨胀的过程。

英国经济学家希克斯对扩展部门与非扩展部门进行了结构分析。扩展部门正在扩大，需要更多的资源与工人，而非扩展部门正在收缩，资源与工人过剩。如果资源与工人能迅速地由非扩展部门流动到扩展部门，则这种结构性通货膨胀就不会发生。但在现实中，由于种种限制，非扩展部门的资源与工人不能迅速地流动到扩展部门。这样，扩展部门由于资源与人力短缺，资源价格上升，工资上升。而非扩展部门尽管资源与人力过剩，但资源价格并不会下降，尤其是工资不仅不会下降，还会由于攀比行为而上升。这样，就会由于扩展部门的总需求过度和这两个部门的成本增加，尤其是工资成本的增加而产生通货膨胀。

5. 预期的与惯性的通货膨胀理论

这两种通货膨胀理论重点不是分析通货膨胀的产生原因，而是分析为什么通货膨胀一旦形成以后就会持续下去。

预期的通货膨胀理论认为，无论是什么原因引起了通货膨胀，即使最初引起通货膨胀的原因消除了，它也会由于人们的预期而持续，甚至加剧。

预期对人们的经济行为有重要的影响，而预期往往又是根据过去的经验形成的。在产生了通货膨胀的情况下，人们要根据过去的通货膨胀率来预期未来的通货膨胀率，并把这种预期作为指导未来经济行为的依据。

惯性通货膨胀理论也是要解释通货膨胀持续的原因，但它所强调的不是预期，而是通货膨胀本身的惯性。根据这种理论，无论是什么原因引起了通货膨胀，即使最初引起通货膨胀的原因消失了，通货膨胀也会由于其本身的惯性而持续下去。这是因为，工人与企业所关心的是相对工资与相对价格水平。在他们决定自己的工资与价格时，他们要参照其他人的工资与价格水平。如果其他人的工资与价格由于通货膨胀的原因上升了10%，那么，他们在决定自己的工资与价格时，也要以这10%的通货膨胀率为基础。所有工人和企业的工资与价格的决定都要互相参照。这样，通货膨胀就会由于这种惯性而持续下去，因为谁也不会首先降低自己的工资与物价水平。只有在经济严重衰退时，才会由于工资与物价的被迫下降而使通货膨胀中止。

预期的通货膨胀与惯性通货膨胀是很相近的。前者由货币主义者提出，强调了现在对未来的影响，即现在的通货膨胀对未来预期及经济行为的影响。后者由凯恩斯主义者提出，强调了过去对现在的影响，即过去的通货膨胀作为一种惯性，对现在经济行为的影响。这两种理论从不同的角度解释了通货膨胀持续的原因。

这些理论描述现象多，而从经济内在根源上分析得少。正因为如此，人们对以上各种解释并不十分满意。探讨更基本的通货膨胀的原因，仍然是经济学家的重要任务之一。

第四节　通货膨胀的经济效应

如果通货膨胀率相当稳定，人们可以完全预期，那么，通货膨胀对经济影响很小。因为在这种可预期的通货膨胀之下，各种名义变量（名义工资、名义利息率等）都可以根据通货膨胀率进行调整，从而使实际变量（实际工资、实际利息率等）不变。这时，通货膨胀的唯一影响是人们将减少他们所持有的现金量。

在通货膨胀不能完全预期的情况下，通货膨胀将影响收入分配及经济活动。因为这时无法准确地根据通货膨胀率来调整各种名义变量，以及相应的经济行为。这时会带来下述效应：

一、通货膨胀的再分配效应

（1）那些名义收入增长快于物价水平上升的人就会从通货膨胀中获益。

（2）通货膨胀对固定收入者不利。

（3）通货膨胀在债权人与债务人之间发生收入再分配作用。

（4）引起财富的再分配效应。财富可以分为两类：货币资产和非货币资产。如果资产本身或者其收益的名义值是固定的，那么这种资产就是货币资产，如现金、活期存款、定期存款和债券。如果资产本身或者其收益的名义值不是固定的，那么这种资产就是非货币资产，如土地、房产、股票等。

二、通货膨胀税

一般来说，政府是通货膨胀的受益者。第一，政府是净的债务人。在通货膨胀时期，财富从债权人向债务人转移，亦即从居民户手中转移到政府手中。第

西方经济学简明教程

二，通货膨胀还会使政府在累进制的税收制度中受益。在通货膨胀时期，政府支配的资源增加，而公众支配的资源减少，因此通货膨胀有一种和政府增加税收相同的效果。这就是所谓的通货膨胀税的含义。

三、通货膨胀的产出效应

（1）随着通货膨胀出现，产出增加。这就是需求拉动的通货膨胀的刺激，促进了产出水平的提高。西方许多经济学家长期以来坚持这样的看法，即认为温和的或爬行的需求拉动的通货膨胀将刺激产出的扩大和就业的增加。

（2）成本推动的通货膨胀引致失业。这里讲的是由通货膨胀引起产出与就业的下降。假定在原总需求水平下，经济实现了充分就业和物价稳定。如果发生成本推动的通货膨胀，则原来总需求所能购买的实际产品的数量将会减少。那就是说，当成本推动的压力抬高物价水平时，一个已知的总需求只能在市场上支持一个较小的产出。

（3）极度膨胀导致经济崩溃。

四、增加交易成本

通货膨胀还会带来不确定性。通货膨胀率越高，不确定性也随之增大。因此，在通货膨胀时期，经济资源更多地被用于预期方面。同时，人们也不愿签订长期合同，导致经济中交易费用上升。另外，在发生通货膨胀时，人们会尽量减少货币的持有，家庭和厂商都会在资产管理和物物交易等方面浪费比较多的经济资源。

那么，通货膨胀对经济发展究竟是有利还是不利呢？经济学家对这个问题并没有一致的看法。大体上可以分为"有利论"、"不利论"、"中性论"三种观点。

"有利论"者认为，通货膨胀，尤其是温和的通货膨胀有利于经济发展，在他们看来"通货膨胀是经济发展必不可缺的润滑剂"。他们的理由是：第一，通货膨胀引起的有利于雇主不利于工人的影响可以增加利润，从而刺激投资。第二，通货膨胀所引起的"通货膨胀税"可以增加政府的税收，从而增加政府的支出，这就刺激了经济发展。第三，通货膨胀会加剧收入分配的不平等，而富人的储蓄倾向又大于穷人，所以，通货膨胀可以通过加剧收入分配不平等而增加储蓄。他们强调，对于资金缺乏的发展中国家来说，利用通货膨胀来发展经济尤为重要。

"不利论"者认为，通货膨胀是不利于经济发展的。他们的理由是：第一，在市场经济中，通货膨胀使价格信号扭曲，无法正常反映社会供求状态，从而使价格失去调节经济的作用，经济无法正常发展。第二，通货膨胀破坏了正常的经济秩序，使投资风险增大，社会动荡，从而经济混乱，经济效率低下。第三，通货膨胀所引起的紧缩政策会抑制经济的发展。第四，在固定汇率下通货膨胀所引起的货币贬值不利于对外经济交往。他们强调，也许通货膨胀在某个时期中可以促进经济发展，但其最终结果却是不利于经济发展。采用通货膨胀的方法来刺激经济无疑是"饮鸩止渴"。

"中性论"者认为，通货膨胀与经济增长并没有什么必然的联系。他们认为，货币在经济中是中性的，从长期来看，决定经济发展的是实际因素（劳动、资本、自然资源等），而不是价格水平。在长期中，由于货币量变动引起的通货膨胀，既不会有利于也不会不利于经济的发展。因此，没有必要把经济增长与通货膨胀联系在一起。

第五节 失业与通货膨胀的关系

失业与通货膨胀是经济中的两个主要问题，那么，这两者之间有什么关系呢？这是许多经济学家所关心的问题。不同学派的经济学家对这一问题做出了不同的回答。

一、凯恩斯的观点：失业与通货膨胀不会并存

凯恩斯认为，在未实现充分就业，即资源闲置的情况下，总需求的增加只会使国民收入增加，而不会引起价格水平上升。这也就是说，在未实现充分就业的情况下，不会发生通货膨胀。在充分就业实现，即资源得到充分利用之后，总需求的增加无法使国民收入增加，而只会引起价格上升。这也就是说，在发生了通货膨胀时，一定已经实现了充分就业。这种通货膨胀是由于总需求过度而引起的，即需求拉动的通货膨胀。

二、菲利普斯曲线：失业与通货膨胀之间的交替关系

菲利普斯曲线是用来表示失业与通货膨胀之间交替关系的曲线，由新西兰经济学家菲利普斯提出。1958 年，菲利普斯根据英国 1861～1957 年失业率和货币工资变动率的经验统计资料，提出了一条用以表示失业率和货币工资变动率之间交替关系的曲线（见图 13－3）。这条曲线表明：当失业率较低时，货币工资增长率较高；反之，当失业率较高时，货币工资增长率较低。

根据成本推动的通货膨胀理论，货币工
资增长率可以表示通货膨胀率。把这样一种
函数关系用曲线的形式反映出来就是菲利普
斯曲线。在图 13 - 3 中，菲利普斯曲线自左
上方向右下方倾斜，表明货币工资上涨率或
通货膨胀率越低，失业率越高；反之亦然。
这就是说，失业率高表明经济处于萧条阶段，
这时工资与物价水平都较低，从而通货膨胀

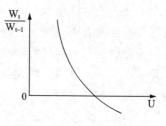

图 13 - 3　菲利普斯曲线

率也就低；反之，失业率低表明经济处于繁荣阶段，这时工资与物价水平都较
高，从而通货膨胀率也就高。失业率与通货膨胀率之间存在反方向变动关系，是
因为通货膨胀使实际工资下降，从而能刺激生产，增加劳动的需求，减少失业。

　　菲利普斯曲线提出了这样几个重要的观点：

　　第一，通货膨胀是由于工资成本推动所引起的，这就是成本推动的通货膨胀
理论。正是根据这一理论把货币工资增长率与通货膨胀率联系了起来。

　　第二，承认了通货膨胀与失业的交替的关系。这就否定了凯恩斯关于失业与
通货膨胀不会并存的观点。

　　第三，当失业率为自然失业率时，通货膨胀率为零。因此，也可以把自然失
业率定义为通货膨胀率为零时的失业率。

　　第四，为政策选择提供了理论依据。这就可以运用扩张性宏观经济政策，以
较高的通货膨胀率来换取较低的失业率；也可以运用紧缩性宏观经济政策，以较
高的失业率来换取较低的通货膨胀率。这也是菲利普斯曲线的政策含义。

　　菲利普斯曲线所反映的失业与通货膨胀之间的交替关系基本符合 20 世纪
50 ~ 60 年代西方国家的实际情况。70 年代末期，由于滞胀的出现，失业与通货
膨胀之间又不存在这种交替关系了。于是对失业与通货膨胀之间的关系又有了新
的解释。

三、短期菲利普斯曲线与长期菲利普斯曲线：货币主义与理性预期学派的观点

　　货币主义者在解释菲利普斯曲线时引入了预期的因素。他们所用的预期概念
是适应性预期，即人们根据过去的经验来形成并调整对未来的预期。他们根据适
应性预期，把菲利普斯曲线分为短期菲利普斯曲线与长期菲利普斯曲线。

　　在短期中，工人来不及调整通货膨胀预期，预期的通货膨胀率可能低于以后
实际发生的通货膨胀率。这样，工人所得到的实际工资可能少于先前预期的实际
工资，从而使实际利润增加，刺激了投资，就业增加，失业率下降。在此前提之
下，通货膨胀率与失业率之间存在交替关系。短期菲利普斯曲线正是表明在预期

的通货膨胀率低于实际发生的通货膨胀率的短期中，失业率与通货膨胀率之间存在交替关系。所以，向右下方倾斜的菲利普斯曲线在短期内是可以成立的。这也说明，在短期中引起通货膨胀率上升的扩张性财政政策与扩张性货币政策是可以起到减少失业的作用的。这就是宏观经济政策的短期有效性。

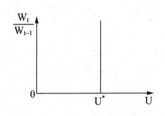

图 13-4　长期菲利普斯曲线

但是，在长期中，工人将根据实际发生的情况不断调整自己的预期。工人预期的通货膨胀率与实际上发生的通货膨胀率迟早会一致。这时，工人会要求增加名义工资，使实际工资不变，从而通货膨胀就不会起到减少失业的作用。这时菲利普斯曲线是一条垂线，表明失业率与通货膨胀率之间不存在交替关系（见图13-4）。而且，在长期中，经济中能实现充分就业，失业率是自然失业率。因此，垂直的菲利普斯曲线表明了，无论通货膨胀率如何变动，失业率总是固定在自然失业率的水平上。以引起通货膨胀为代价的扩张性财政政策与扩张性货币政策并不能减少失业。这就是宏观经济政策的长期无效性。

理性预期学派所采用的预期概念不是适应性预期，而是理性预期。理性预期是合乎理性的预期，其特征是预期值与以后发生的实际值是一致的。在这种预期的假设之下，短期中也不可能有预期的通货膨胀率低于以后实际发生的通货膨胀率的情况，即无论在短期或长期中，预期的通货膨胀率与实际发生的通货膨胀率总是一致的，从而也就无法以通货膨胀为代价来降低失业率。所以，无论在短期或长期中，菲利普斯曲线都是一条从自然失业率出发的垂线，即失业率与通货膨胀率之间不存在交替关系。由此得出的推论就是：无论是在短期还是在长期中，宏观经济政策都是无效的。

失业与通货膨胀关系理论的发展，是对西方国家经济现实的反映。凯恩斯的论述反映了 20 世纪 30 年代大萧条时的情况，菲利普斯曲线反映了 50～60 年代的情况，而货币主义和理性预期学派的论述，反映了 70 年代以后的情况。凯恩斯主义、货币主义与理性预期学派，围绕菲利普斯曲线进行争论，表明了他们对宏观经济政策的不同态度。凯恩斯主义者认为，无论是在短期还是在长期中，失业率与通货膨胀率都存在交替关系，从而认为宏观经济政策在短期与长期中都是有用的。货币主义认为，短期中失业率与通货膨胀率存在交替关系，而长期中不存在这种关系，从而认为宏观经济政策只在短期中有用，而在长期中无用。理性预期学派认为，无论在短期或长期中，失业率与通货膨胀率都没有交替关系，因此，宏观经济政策就是无用的。

【案例】

月薪 9 亿的偷渡者——津巴布韦的恶性通货膨胀

当中国人正在为 8.3% 的 CPI 月度涨幅造成的通货膨胀压力担忧时，是否可以想象，164900% 的通货膨胀率意味着什么？这意味着，8 年前可以购置一栋豪宅的钱，到 2007 年 1 月 2 月只够买一听可口可乐，而到了上个周一，它只能买 1/4 听可口可乐了。

这不是科幻式的疯狂想象，是非洲南部的津巴布韦的居民们现在每天的生活。津巴布韦统计局 2 月公布的截至 2007 年 12 月的通胀率是 66212.3%，比 2006 年上涨 39745 个百分点。国际货币基金组织（1MF）认为，津巴布韦真实的通货膨胀率达到 100580%。而根据最新一份外泄的官方文件统计显示，这个南部非洲国家 2007 年的通胀率已达到 164900%。

8 年前，津巴布韦的货币价值彻底崩溃。首都哈拉雷在 2006 年被人力资源咨询机构 ECA 国际评为全球生活费用最昂贵的城市。每一个来到这里的外国人一出机场，都摇身变为"亿万富豪"。

"我们的基础生活用品每天都在涨价。"刚刚从津巴布韦来到南非的布库托对本报记者说，2000 年 1400 万津巴布韦元可以购置一栋豪宅。而到了 2007 年初，同样的金额只是一听可口可乐的标价。到了 4 月 14 日这天，同样一听可口可乐已经涨价到 5600 万津巴布韦元。"而且大部分商品在商店中找不到，你必须去黑市。"布库托的同伴——36 岁的松温妮每天的营生是在哈拉雷一家外国大型超市门口以 2000 万津巴布韦元一个的价格出售面包。"我的价格是超市的两倍，但生意好极了，因为人们不想在排了一天队之后发现货架上已没有面包。"她说。

哈拉雷街上经常可以见到扛着山一样成捆的钞票购物的人。在餐馆结账，点钞需要耗费半个多小时。小公共汽车的收费是 1500 万津元，只有使用 1000 万面值的纸币才可以使售票员点钞的工作量减少。津巴布韦元兑美元的汇率每天都在变化，波动最大时，津巴布韦元曾在一天内贬值一半。企业给员工的薪酬必须每两周调整一次，能源以及进口配件完全以美元支付。现在，津巴布韦国内的失业率将近 80%。为维持生计，全国有 1/4 的人口在海外打工。另有 400 万人流亡海外，其中包括一些学者。

这也意味着，在津巴布韦与南非边境的拜特桥，许多人不能从桥上走过去，而只能从桥下。桥下过去的人又分为两种：活人和死人。伊诺森特是从桥下走来的，介于活人和死人边界线上的一个。4 月 15 日，当他泅水游过拜特桥下湍急的林波波河，躲过成群的鳄鱼，又走了将近 50 公里的路后，已经疲惫得像一摊泥，连抽一口烟的力气都没有了。当然，比起一同从津巴布韦越境出来，被林波波河里饥饿的鳄鱼群撕成碎片的同伴来说，他要幸运得多。

越境之前，伊诺森特在津巴布韦的学校里教初中一年级，上个月，他的工资涨了两番，达到 9 亿津巴布韦元。但这显然不够，一是没有达到国家许诺的 254% 的涨幅。二是这 9 亿津巴布韦元即便不吃不喝，也只够他买一瓶 5 升的菜油。如同其他津巴布韦家庭一样，他必须以赚外快维持生存。作为老师，学生自然是他最好的客户群，每次上课，他都要先向孩子们兜售糖果，完成销售任务后才上课。课外补习，他以每人每 2 小时 100 万津巴布韦元收费。当凑足 27 名"顾客"后，这笔补课费终于够他买一点蔬菜了。

伊诺森特的学校其实就是在空旷野草地上搭起的帐篷。全校 54 名职工已有 15 名请长期病假。这是不公开的离职，然后到国外去打工维生。伊诺森特说，一份南非的签证要花 18.4 亿津巴布韦元，"比我两个月的工资还多"。有时，为了申请一份签证要等 1 年。或是花了钱，却只得到一个 30 天的临时签证。所以，他选择了桥下这条路。

伊诺森特死里逃生时，南非空军的直升机正在拜特桥附近超低空处盘旋巡逻。机腹下方是林波波河沿岸那些林木茂密的私人农场。那里是偷渡者们首选的泅渡点。"偷渡的人蜂拥而来，政府要求军方出面协助。" 4 月 18 日，一名挎背冲锋枪的南非陆军军士对记者说，今天已是他第 3 趟开车到申报区移交抓获的偷渡者，这一趟移交的有 20 多人。

"今天把他们送回去，明天他们又会跑过来。"军士说，南非边境警方在接收军方移交的偷渡者后，将用警车将这些从桥下抓获的人从桥上遣返回拜特桥对岸的津巴布韦海关。桥下人忙着泅水、攀爬、奔跑的时候，30 岁的津巴布韦黑人艾伯特正坐在他那破旧的轻卡车中抽着烟，眼睛紧盯着前面南非海关的税务人员。

他的车停在南非境内的海关申报区，再过两个关卡就到津巴布韦了。"我没有办签证，但可以直接从桥上走。我和他们讨价还价就可以通关。"在这个申报区，包括商业车和所有长途车的乘客都被要求下车，到海关税务部和移民局盖章以获得出关批准。移民局柜台前长长的队伍，每人都双手抱着排在前面的人，以防被人插队。队伍中发出的汗臭超过气温 35 摄氏度下的公共厕所的气味，迫使申报区的工作人员纷纷逃到户外去呼吸。

几个从津巴布韦方向跑过来的小孩，穿着满身是洞的汗衫在人群中穿来跑去，手里攥着一张破烂的纸，央求穿着稍微好点的外国人施舍。艾伯特不着急。他只要等着税务部内的熟人出现，然后上去说话即可。他满载货物的卡车，可以被这位熟人视为"私家车过境"，只收取约合 10 元人民币的费用。而他整整一车的货物包罗万象，甚至还有几桶汽油。"从南非装满一升油，卖到津巴布韦是 30 倍到 40 倍的价格。"由于恶性通货膨胀，津巴布韦货品供应极其短缺。

案例来源：《东方早报》，http：//www.ynce.gov.on/ynce/site/school/article005.isp？ArtieleID = 20532.

本章小结

通过本章的学习使学生了解和掌握失业和通货膨胀的相关理论。主要内容包括：

1. 失业的类型和成本

失业是指有劳动能力的人找不到工作的社会现象。所有那些未曾受雇以及正在变换工作岗位或未能按当时通行的实际工资率找到工作的人都是失业者。就业者和失业者的总和，称为劳动力。失业者占劳动力的百分比称为失业率。一般说来，失业按其原因可分以下几类：摩擦性失业、季节性失业、结构性失业、周期性失业。对社会来说，失业增加了社会福利支出，造成财政困难；同时，失业率过高又会影响社会的安定，带来其他社会问题。从整个经济看，失业在经济上最大的损失就是实际国民收入的减少。

2. 通货膨胀的含义、原因与效应分析

通货膨胀一般指物价水平在一定时期内持续普遍的上升过程，或者是说货币价值在一定时期内持续的下降过程。根据通货膨胀发生的原因来进行分类，可以把通货膨胀分成需求拉动的通货膨胀、成本推动的通货膨胀和结构性通货膨胀三类。如果通货膨胀率相当稳定，人们可以完全预期，那么，通货膨胀对经济影响很小。因为在这种可预期的通货膨胀之下，各种名义变量（名义工资、名义利息率等）都可以根据通货膨胀率进行调整，从而使实际变量（实际工资、实际利息率等）不变。这时，通货膨胀的唯一影响是人们将减少他们所持有的现金量。在通货膨胀不能完全预期的情况下，通货膨胀将影响收入分配及经济活动。

3. 菲利普斯曲线的含义以及各学派对菲利普斯曲线的各种解释

菲利普斯曲线是用来表示失业与通货膨胀之间交替关系的曲线，由新西兰经济学家菲利普斯提出。短期菲利普斯曲线正是表明在预期的通货膨胀率低于实际发生的通货膨胀率的短期中，失业率与通货膨胀率之间存在交替关系。这就是宏观经济政策的短期有效性。但是，在长期中，工人将根据实际发生的情况不断调整自己的预期。工人预期的通货膨胀率与实际上发生的通货膨胀率迟早会一致。这时菲利普斯曲线是一条垂线，表明失业率与通货膨胀率之间不存在交替关系。这就是宏观经济政策的长期无效性。

基本概念

失业率 均衡（自然）失业率 周期性失业 摩擦性失业 结构性失业 季节性失业通货膨胀 通货膨胀率 通货膨胀税 需求拉动型通货膨胀 成本推动型通货膨胀 菲利浦斯曲线

复习思考题

一、单项选择题

1. 通货膨胀的受益者有（ ）。

A. 工资收入者　　　　　　　　　B. 利润收入者

C. 政府　　　　　　　　　　　　D. 养老金获得者

2. 货币工资上涨一定导致工资推进通货膨胀，这句话（ ）。

A. 肯定对　　　　　　　　　　　B. 肯定不对

C. 由具体情况而定　　　　　　　D. 无法确定

3. 充分就业条件下，最有可能导致通货膨胀的是（ ）。

A. 劳动生产率提高但工资不变　　B. 出口增加

C. 出口减少　　　　　　　　　　D. 税收减少但政府支出不变

4. 成本推动通货膨胀是由于（ ）。

A. 货币发行量超过流通中的黄金量

B. 货币发行量超过流通中的价值量

C. 货币发行量太多引起物价水平普遍持续上升

D. 以上都不是

5. 在通货膨胀中利益受损的人是（ ）。

A. 债权人　　　　　　　　　　　B. 债务人

C. 雇主　　　　　　　　　　　　D. 雇工

6. 成本推动的通货膨胀包括（ ）。

A. 工资推动通货膨胀　　　　　　B. 需求膨胀推动通货膨胀

C. 利润推动通货膨胀　　　　　　D. 部门间生产率增长差别导致通货膨胀

7. 预期不到的通货膨胀会给（ ）带来好处？

A. 政府　　　　　　　　　　　　B. 领固定工资者

C. 持有现款的人　　　　　　　　D. 身负重债的人

8. 非均衡的和预期到的通货膨胀（　　）。

A. 仅影响收入分配 　　　　　　　B. 既影响收入分配也影响就业与产量

C. 仅影响就业和产量 　　　　　　D. 既不影响收入分配也不影响就业与产量

9. 造成通货膨胀的原因不包括（　　）。

A. 需求拉动 　　　　　　　　　　B. 成本推动

C. 经济结构因素的变动 　　　　　D. 消费不足

10. 引起结构性通货膨胀的主要原因在于（　　）。

A. 各部门工资相继上升 　　　　　B. 货币需求过大

C. 部门间生产率提高快慢不同 　　D. 国际市场上的不稳定

11. 通货膨胀在经济上的影响有两个方面（　　）。

A. 对产量、就业量的影响 　　　　B. 对收入分配的影响

C. 对物价的影响 　　　　　　　　D. 对货币供给的影响

12. 导致需求拉动的通货膨胀的因素有（　　）。

A. 投资需求增加 　　　　　　　　B. 货币供给增加

C. 政府支出增加 　　　　　　　　D. 政府收入增加

13. 根据价格调整方程，要降低通货膨胀率可以（　　）。

A. 人为制造衰退 　　　　　　　　B. 减少货币发行量

C. 降低实际 GNP 　　　　　　　　D. 以上都不对

14. 收入政策的主要手段是（　　）。

A. 税收 　　　　　　　　　　　　B. 工资价格管制

C. 工资价格指导 　　　　　　　　D. 道德规劝

二、问答题

1. 简述失业的类型。

2. 简述影响失业的持续时间的重要因素。

3. 简述通货膨胀的类型。

4. 试述通货膨胀的原因。

5. 试述通货膨胀的经济成本或影响。

三、计算题

若充分就业时的国民收入 Y = 5000 亿元，某年的实际总需求为 5600 亿元，试求：该年的通货膨胀压力。

复习思考题参考答案请登录经济管理出版社网站 www. E - mp. com. cn 查询。

参考文献

［1］高鸿业主编：《西方经济学（微观部分）》（第五版），中国人民大学出版社，2011年版。

［2］高鸿业主编：《西方经济学（宏观部分）》（第五版），中国人民大学出版社，2011年版。

［3］尹伯承主编：《西方经济学简明教程》（第六版），格致出版社、上海人民出版社，2010年版。

［4］梁小民编著：《西方经济学基础教程》（第二版），北京大学出版社，2003年版。

［5］叶德磊编著：《西方经济学简明原理》，高等教育出版社，2007年版。

［6］李士金、仲维清：《经济学基础》（第二版），机械工业出版社，2011年版。

［7］斯蒂格利茨：《经济学》（第二版），中国人民大学出版社，2000年版。

［8］蔡继明主编：《微观经济学》，人民出版社，2002年版。

［9］蔡继明主编：《宏观经济学》，人民出版社，2002年版。

［10］蔡继明主编：《微观经济学习题》，人民出版社，2002年版。

［11］蔡继明主编：《宏观经济学习题》，人民出版社，2002年版。

［12］陈恳主编：《西方经济学解析（微观部分）》，高等教育出版社，2004年版。

［13］陈恳、王蕾主编：《西方经济学解析（宏观部分）》，高等教育出版社，2004年版。

［14］梁小民：《西方经济学教程》（第二版），中国统计出版社，2001年版。

［15］曼昆：《经济学原理》（第五版），梁小民译，北京大学出版社，2009年版。

［16］王秋石：《微观经济学原理》、《宏观经济学原理》（第三版修订本），经济管理出版社，2001年版。

［17］厉以宁：《西方经济学》，高等教育出版社，2002年版。

［18］Sachs J.、Harrain F.：《全球视角的宏观经济学》，费方域等译，上海人民出版社，2003 年版。

［19］Robert J. Barro：《宏观经济学：现代观点》，沈志彦、陈利贤译，格致出版社、上海三联书店、上海人民出版社，2008 年版。

［20］Rudiger Dornbusch、Stanley Fischer：《宏观经济学》（第六版），李庆云等译，中国人民大学出版社，1997 年版。

［21］Stephen D. Williamson：《宏观经济学》，郭庆旺译，中国人民大学出版社，2010 年版。

［22］N. Gregory Mankiw：《宏观经济学》（第五版），张帆、梁晓钟译，中国人民大学出版社，2005 年版。